콜린스 박사는 역사적 아담과 하와의 존재에 대해 신중한 옹호론을 펼쳤다. 이 연구는 엄격한 방법론을 적용하여 성서와 성서 밖 문헌 모두에 대한 비평적 인식을 반영하고 더 나아가 과학과 종교에 관한 보다 광범위한 토론을 가능하게 한다. 무엇보다도 이 작품은 학식이 있는 평신도라면 충분히 소화하고 이해할 수 있는 언어를 사용하면서도 성서 본문에 대한 전통적인 해석이 가지는 신학적 중요성을 성공적으로 드러냈다는 점에서 널리 읽힐 만한 가치가 있다.

데이비드 W. 파오
트리니티 복음주의신학대학원 신학과장

콜린스는 신화와 역사, 성서와 과학, 조화와 상보성의 문제를 다루면서 광범위한 사유의 장을 통해 성서의 첫 번째 장이 성서 전체에 영향을 미치는 방법에 대한 이해를 개선할 수 있도록 자극을 주는 신선한 주장을 펼친다.

앨런 밀라드
리버풀 대학교 히브리어 및 고대 셈어 분야 랜킨 석좌 교수

나는 이 논쟁적인 주제에 관해 이보다 더 정직한 책을 상상할 수 없다. 이 책이 지닌 독자 친화적인 형태의 개방성은 단순함에서 오는 것이 아니다. 오히려 이 책은 고대 근동, 최근의 문헌, 그리고 방법론에 관한 논쟁들을 매우 능숙하게 다루고 있다. 중요한 쟁점들에 대해서는 확고한 입장을, 다른 의견들에 대해서는 다양성을 보이는 C. 존 콜린스의 서술을 통해 독자들은 세심하고도 경건한 안내를 받을 수 있을 것이다.

앙리 A. 블로쉐
전 휘튼 칼리지 대학원 군터 크뇌들러 조직신학 교수

아담과 하와에 대해 우리가 무엇을 알 수 있고 무엇을 알 수 없는지에 대해 C. 존 콜린스 교수보다 박식하면서 최신의 의견을 제시할 수 있는 학자는 거의 없다. 콜린스는 창세기 2-3장과 인류의 기원에 대한 현대 이론 사이의 관계를 균형 있고 명쾌하게 논한다. 그는 인간 지식의 한계를 인정하면서도 창세기의 이야기가 인간의 고충을 이해하는 일에 크게 기여한다고 강조한다. 박식함과 건전함이 돋보이는 읽을 만한 책이다.

T. 데스몬드 알렉산더,
벨파스트 유니온 신학대학 성서학과 부교수 겸 대학원장

콜린스는 이처럼 중요한 책을 저술함으로써 교회에 크게 이바지했다. 이 책은 곧 세계 전역의 목회자들, 신학생들, 그리고 평신도들을 위한 중요한 자료가 될 것이다. 콜린스는 신중한 과학적 분석과 확신에 찬 성서주석을 통해 회의주의자들에게 우아하게 답하고 역사적인 유대-기독교적 입장을 철저히 강화한다.

버크 파슨즈
플로리다주 샌포드 세인트앤드류 채플 목사, *Tabletalk* 편집자

우리가 창세기의 처음 몇 장을 읽는 방식이 성서 전체를 읽는 방식을 좌우한다고 해도 과언이 아니다. 콜린스 박사는 성서의 원래 화자가 성서의 이 중요한 부분이 어떻게 읽히기를 의도했는지에 대해 명쾌하고 소상하게 설명한다. 설득력과 해박한 지식의 조화를 보여주는 이 책은 우리 안에 내재된 전제들을 인식하지 못하는 독자들뿐만 아니라 저자의 입장을 지지하지 않는 이들에게도 감사를 받을 만하다.

노부요시 키우치
도쿄 기독교대학교 구약학 교수

이 책은 성서와 특히 모든 사람이 가진 공통의 경험을 다루는 성서의 능력에 대한 당신의 확신을 강화해줄 것이다. 콜린스는 성서를 거룩한 문서로 다루면서 그리스도인들이 신앙과 과학의 문제에 어떻게 접근해야 하는지에 대한 모범을 제시해주었다. 성서는 인간의 곤경과 필요에 응답해왔다. 오직 그것이 말하는 것이 사실일 때만, 참으로 우리는 이 죄악된 세상을 이해하고 그 안에서 앞으로 나아갈 수 있다. 이 책은 아담과 하와의 역사적 실존에 대해 명백한 성서적 증언 이상의 성과를 거뒀다. 두 번째 아담의 실제 삶과 행위를 통해 모든 사람이 구속되고 회복되는 길을 열어놓은 것은 공통의 조상들에게 기초를 둔 인간의 위엄과 이 세상의 비정상성을 감지하는 공유된 이해 덕분이기 때문이다.

나티 탄찬퐁스
방콕 성서신학교 교무처장

독자들에게 이 책을 추천하는 이유는 다음과 같다. 이 논쟁적인 문제를 성서적으로 그리고 과학적으로 다루는 모험에 용기를 갖고 나서라는 것이다. 콜린스의 결론에 완전히 동의하지 않더라도, 그의 주장에 귀를 기울이지 않을 수 없을 것이다.

리아드 A. 카시스
중동, 북아프리카, 중부 유럽 선교 위원회 지역 책임자, 레바논 아랍침례신학교 구약학 겸임교수

인간의 기원이라는 논쟁적인 분야의 책이 성서(본문 주해, 문학적 형태, 그리고 신학적 일관성의 측면에서)와 과학(그것의 발견들과 이론적 가능성들의 측면에서) 모두를 진지하게 다루는 경우는 많지 않다. 그런데 콜린스는 학자적 전문성과 확신, 그리고 겸손함을 가지고 그 주제를 우아하게 다룬다. 그러면서도 성서적 충실함이 우리에게 비타협적이고 확고한 입장을 취하도록 요구하는 지점과 그런 성서적 확신과 맥을 같이 할 수 있는 시나리오에 관해 다양한 의견을 개진할 수 있는 여지를 분명히 밝힌다.

크리스토퍼 J. H. 라이트
랭햄 파트너십 인터내셔널 국제 디렉터, *The Mission of God*의 저자

Did Adam And Eve
Really Exist?

Who They Were And Why You Should Care

C. John Collins

아담과 하와는 실제로 존재했는가

Did Adam
and Eve
Really Exist?

C. 존 콜린스 지음 | 김광남 옮김

그들은 누구이며 우리는 왜 그들에게 관심을 가져야 하는가?

새물결플러스

목차
—

감사의 글

이 책은 내가 자청해서 쓴 책이 아니다. 이 책이 만들어진 과정은 하나님이 우리가 만나는 사람들을 통해 그분의 섭리적 돌봄을 보여주신 증거다.

이 책은 내가 회원으로 속해 있는 미국과학자연맹(American Scientific Affiliation, ASA)의 요청에 의한 논문으로 시작되었다. 그 단체는 2009년 8월 모임에서 인간의 기원에 관한 포럼을 열었다. 나는 그 포럼에서 사회를 맡았던 바이올라 대학교의 월터 브래들리와 칼빈 칼리지의 로렌 하아스마에게 감사를 전한다. 칼빈 칼리지 소속의 또 다른 학자 다니엘 해로우와 존 스나이더는 나의 대화 파트너로서 나의 반대 입장에서 사고를 자극하는 주장을 펼쳤다. 데니스 라무뤄, 테리 그레이, 아리에 리그워터 외에도 포럼에 참석했던 많은 이들이 유익한 질문과 비판과 조언을 해주었다.

나는 많은 친구들과 동료들의 제안과 도움을 받았다. 그들 중에 존 블룸, 파잘레 레나, 번 포이트레스, 존 웨스트, 그리고 딕 피셔가 있다. 그리고 다양한 단계에서 이 원고를 읽고 조언해 준 이들을 떠올린다. 한스 마두에미 박사, 아렌트 횔라렌즈 박사, 다이안 콜린스, 조이 콜린스, 랜섬 포이트리스, 그리고 체릴 이튼 등이 그들이다. 아,

내가 혼자 일할 필요가 없다는 것은 얼마나 감사한 일인가!

내가 1993년부터 가르치고 있는 커버넌트 신학교의 교수진과 행정부서는 나에게 그곳에서 계속해서 일할 수 있는 특권을 주었다. 브라이언 채플 총장은 나와 지속적으로 교제하며 조언해주었고, 마크 달비 학장은 늘 협조적이었다. 심지어 이 프로젝트가 계획에도 없던 안식년 프로젝트가 되어버렸을 때조차 그러했다! 동료 교수들 중 특히 마이크 윌리엄스, 제람 바즈, 그레그 페리, 제이 스크라, 넬슨 제닝스, 지미 아간, 댄 징크, 그리고 댄 킨에게 감사드린다. 그들은 필요할 때마다 나를 돕고 격려해주었다.

물론 나는 이들 모두가, 혹은 심지어 그 누구라도, 내가 이 책에서 주장하는 모든 바에 동의한다고 결코 생각하지 않는다! 종종 그들의 도움은 "철이 철을 날카롭게 하는"(잠 27:17) 방식으로, 고(故) 데릭 키드너가 "인격 혹은 견해 사이의 건강한 충돌"이라고 부르는 방식으로 다가왔다. 나는 그가 한 말이 얼마나 복된 것인지 안다. "참된 우정은 안심시키는 것과 긴장시키는 것 두 가지 모두를 포함한다."

또한 다양한 방식으로 힘을 보태 준 친구들이 있다. 에드와 제니 새비지, 새러 (새비지) 로지프, 수잔 토마스, 그리고 비 쿨터가 떠오른다. 또한 짐과 재키 스위니(그리고 그들의 아들 지미), 그리고 조쉬와 브라이오니 문이 나와 내 가족을 살뜰히 챙겨준 것에 특별히 감사드린다.

클래런스 오드바디는 조지 베일리에게 이렇게 말했다. "친구가 있다면 그 누구도 실패자가 아니다." 나는 많은 친구들이 있다. 하나님은 아담에게 "사람이 혼자 사는 것이 좋지 아니하다"라고 말씀하시고 그에게 배필을 만들어주셨다. 그분은 나에게도 돕는 배필을 보내주셨고, 그로 인해 나는 내 마음을 기쁘게 하고 내 얼굴을 빛나게 하는 "좋은 아내의 행복한 남편"이 되었다(집회서 26:1-4). 그리고 나의 "자식들은 여호와의 기업이요", 그로 인해 나는 진정으로 복을 누리고 있다(시 127:3; 128:4). 하늘과 땅을 지으신 이는 측량할 수 없을 만큼 선하시다!

제1장
———

서론

교회사 대부분의 기간에 걸쳐 그리스도인들은 그들의 뿌리로 여겨지는 유대인들과 마찬가지로, 성서가 말하는 아담과 하와가 온 인류의 기원이 되는 실제 사람들이며 하나님에 대한 그들의 불순종으로 인해 죄가 인간의 경험 속으로 들어왔다고 믿어 왔다. 하지만 오늘날 교육받은 서구 그리스도인들은 이런 역사적 합의를 그렇게 대단한 것으로 여기지 않는다. 그들은 그저 교회사의 상당 기간 동안 대부분의 그리스도인들이 창조가 가까운 과거에 문자적으로 달력상의 6일 동안에 일어났다고 생각했으며, 심지어 지구를 우주의 물리적 중심으로 여겨왔다고 쉽게 추론할지도 모른다. 나는 우리가 이런 견해를 수정하거나 혹은 그러한 수정이 극적인 방식으로 이루어진다 해도, 그것이 기독교의 기본적인 내용을 바꾸는 것이 아니라고 주장하는 사람들의 의견에 동의한다. 내가 볼 때 효과적인 수정은 성서 자체에 대한 면밀한 해석에서 비롯되어야 한다. 즉 많은 학자들이 면밀한 검토를 거친 후 더 이상 성서가 그런 내용을 "가르친다"고 여기지 않게 될 때에야 수정이 효력을 갖는다는 것이다. 그렇다면 우리의 신앙을 위협받지 않으면서도 성서를 더 면밀히 연구하고 아담과 하와에 대한 전통적인 이해를 바꿀 수는 없는 것일까?

사람들은 대체 어떤 요인들로 인해 아담과 하와가 실제로 존재했다는 믿음을 버리게 되는 것인가? 사람들은 각기 다른 요인에 의해 영향을 받는다. 예컨대 어떤 신학자들과 철학자들은 아주 오래전에 있었던 일이 우리 내면의 심연에 영향을 주는 것이 불가능하다고 여긴다. 또한 창세기에는 사실상 다른 고대 근동 문화에서 전래된 이야기의 주제들이 병행적으로 나타난다. 어떤 신학자들은 이를 근거로 창세기도 고대 근동의 다른 이야기들과 마찬가지로 그 의도와 의미에 있어서 "신화적"이라는 결론을 내린다. 최근 생물학 분야에서 이루어진 진전은 최초의 인간 부부를 통해 죄와 죽음이 세상에 들어왔다는 개념을 우리에게 점차 낯선 것으로 만들고 있다. 인류 진화의 역사는 처음부터 죽음과 투쟁이 이 세상에서의 실존의 일부였음을 알려준다. 인간 DNA의 특성과 관련해 최근 이루어진 발견은 최초의 인구가 적어도 1천 명은 되었을 것이라는 추정의 근거가 된다.

전통적인 사고를 하는 신학자들이 생물학의 이런 호소에 진지하게 주목하게 된 데에는 인간 게놈 프로젝트(Human Genome Project)를 성공시킨 그리스도인 과학자 프랜시스 콜린스(Francis Collins)의 역할이 크다. 콜린스는 신앙과 자신이 받은 과학 훈련의 상관관계에 대해 쓴 글을 통해 "바이오로고스"(Biologos)의 견해라고 칭하는 일종의 유신 진화론을 옹호하면서,[1] 아담과 하와에 대한 전통적 믿음이 더 이상 유효하지 않다는 생물학자들의 주장에 동조한다.

세계 선교학을 연구하는 한 동료에 따르면, 오늘날 전 세계 그리스도인의 대부분은 여전히 아담과 하와에 관한 전통적인 견해를 고수하고 있다고 한다. 최초의 부부가 얼마나 오래전에 살았던 것인지 또는 그들의 죄와 죄책이 어떻게 후손인 우리에게 전이되었는지와 같은 문제에 대해 의견이 일치하지 않음에도 불구하고, 사람들은 공통적으로 전통적인 견해를 갖고 있다는 것이다. 다시 말하지만, 교육받은 서구인들은 이런 "합의"를 특별히 인상적인 것으로 여기지 않을지도 모른다. 하지만 범세계적인 교회가 존재한다는 사실 자체가 전통적인 입장에 호소력을 더해준다는 것이 나의 입장이다.

내가 이 연구를 통해 목표하는 바는, 전통적인 견해를 포기하라는 그 어떤 압력에도 굴하지 않고 우리가 여전히 전통적인 견해의 **한 형태를** 고수해야 한다고 내가 믿는 이유가 무엇인지 보여주는 것이다. 아담과 하와에 관한 전통적 입장이나 그것의 **몇 가지 변형들은** 다음 두 가지를 설명하는 데 유용하다. 첫째로 성서의 자료들을 설명하는 데 효과적이다. 둘째로 죄를 포함하는 일상의 경험을 설명하는

---

1   Francis Collins, *The Language of God: A Scientist Presents Evidence for Belief* (New York: Free Press, 2006, 『신의 언어』, IVP 역간). Collins는 몇 사람들과 함께 웹 사이트(biologos.com)를 갖춘 바이오로고스 재단(Biologos Foundation)을 설립했다.

데 적합하다. 여기서 죄는 인간의 삶을 더럽히고 혼란케 하므로 맞서 싸워야 하는 것, 또는 하나님과 주변 사람들의 용서를 받아야 할 무언가를 의미한다.

우리는 먼저 창조부터 타락, 구속 및 최종적 완성에 이르는 성서 이야기의 형태와 그에 의존하는 세계관을 들여다보고, 이어서 그것이 성립하기 위해서는 역사적 아담과 하와 그리고 역사적 타락을 인정해야 하는 것인지 짚어볼 것이다. 다음으로 그 문제를 다루는 중요한 성서 본문들과 제2성전기 유대교의 본문이 실제로 전통적인 입장을 지지하는지 알아볼 것이다. 마지막으로, 인간의 독특성과 위엄에 대한 성서의 견해와 일상의 도덕적이고 종교적인 경험을 연관시킴으로써 과연 그런 견해들이 전통적 입장을 위한 증거가 되는지 살펴볼 것이다.

제2차 세계대전 초기의 암울함이 지속되던 1941년의 상황을 돌이켜보자. 그해 C. S. 루이스(Lewis)는 기독교 신앙의 옹호를 목적으로 하는 일련의 방송 대담 프로그램을 시작했다. 그는 가능한 한 "순전한 기독교"(mere Christianity)[2]의 범위 안에 머물기로 했다. 순전한 기독교는 영국의 위대한 청교도 목회자 리처드 박스터(Richard Baxter, 1615-1691)의 사상에서 처음 유래된 용어다. 루이스는 전통

---

2   C. S. Lewis는 『순전한 기독교』(Mere Christianity, 홍성사 역간)의 서문에서 자신의 접근법을 설명한다. 그 책은 여러 판본으로 출판되었는데, 내가 소장한 책은 1952년 London의 Geoffrey Bles에서 출판된 것이다.

적인 기독교 교단들이 공통으로 지닌 기독교의 핵심에 초점을 맞추고자 했다. 나는 루이스의 선택을 존중하는 의미에서 이 책 전반에 걸쳐 "순전한 기독교"를 내 입장으로 삼고, 내가 주장하고자 하는 바를 "순전한 역사적 아담-과-하와-주의"(mere historical Adam-and-Eve-ism)라고 부를 것이다. 사실 이 용어는 루이스가 쓴 것만큼 우아하지도 않고 리처드 박스터 같은 청교도 시대의 유명한 고안자도 없다. 다만 내 입장을 이렇게 축약하여 표현한 이유는 이 책의 집필 목적을 드러내기 위함이다. 내가 이 책을 통해 하고자 하는 일은 아담의 몸을 구성하는 물질의 기원이나 아담의 실제 수명, 또는 "하나님의 형상"의 의미, 아담과 하와의 죄가 우리에게 미치는 영향, 창세기 1-2장이 성경의 일부가 된 과정과 같은 주제에 대한 기독교 내의 다양한 입장을 구분하려는 것이 아니다.[3] 나는 프랜시스 콜린스가 제시하는 특별한 견해 중 몇 가지를 비판적으로 살펴보겠지만, 이 시점에서 바이오로고스의 견해 전체를 비판하지는 않을 것이다. 언급된 주

---

3   Lewis는 자신의 입장이 영국 성공회의 신실한 신자들의 입장과 같음을 분명히 밝혔다. 또한 그는 자신이 39개 조항(the *39 Articles*, 영국 성공회의 신학적 선언을 담은 기독교 문서로 1556년 발표되었다-역주)에 대해 전반적으로 동의한다고 고백했다. 나는 Lewis의 모델을 따르면서, 다시금 내 고백을 밝힌다. 나는 그것이 「웨스트민스터 신앙고백」(*Westminster Confession of Faith*)에 대한 "선한 믿음의 동의"(good faith subscription)라고 부르는 것을 실천하는 보수적인 장로 교단 소속 목회자다. 그 누구도 실제로 철저하게 "순전한 기독교"를 따라 살아갈 수 있다고 기대되는 것은 아니며, 다만 그 자신이 교회와 하나가 되어야 한다고 설명했던 루이스처럼, 나 역시 "순전한 역사적 아담-과-하와-주의"가 모든 문제에 답하려는 의도를 지니고 있지 않으며 적절한 제동 지점도 아니라는 것을 기꺼이 인정한다.

제 모두 심도 있는 논의가 필요한 중요한 문제들이기는 하나, 내가 옹호하고자 하는 전통적인 견해를 강조하는 데 있어 결정적인 역할을 하지는 못한다. 나는 이런 계획 아래 인간의 기원을 과학적으로 이해하기 위한 몇 가지 표본적인 시나리오를 묘사하면서 내 주장을 마무리하려고 한다. 나는 그 시나리오들이 "순전한 역사적 아담-과-하와-주의"에 얼마나 충실한지 평가할 것이다. 나는 그 어떤 시나리오도 지지하지 않을 것이고, 다만 전통적 입장이 고인류학의 문제들과 어떻게 연관되는지 설명할 것이다.

어떤 사람들은 단순히 성서 저자들의 특정 사고 방식을 알려주는 것만으로도 설득할 수 있다. 그것 역시 성서의 권위가 작용하는 방식이다.[4] 하지만 나는 그 방법을 당연한 것으로 여기지 않는다. 어떤 이들은 성서 저자가 어떤 방식으로 "생각했다"는 것에는 동의하면서도, 저자의 사고방식이 성서 전반의 주장을 펼쳐나가는 데 핵심이 된다는 주장에는 동의하지 않을 수도 있다. 그런 경우 우리는 그런 사고방식을 따를 필요가 없다. 또 어떤 이들은 성서 저자의 사고방식과 그것이 관련 논쟁에서 차지하는 위치에 관해서는 나와 의견을 같이하지만, 성서 저자가 자신의 시대가 안고 있는 제약 속에서 그렇게 말하고 있다고 생각할지도 모른다.[5] 그러므로 나로서는 성서

---

4 나는 십중팔구 이 범주에 속한다. 하지만 내 단순한 진술에 비해 상황은 훨씬 더 복잡하다.

5 바로 이것이 Francis Collins 외 학자들이 *The Biologos Foundation: Questions*(biologos.

저자들의 주장을 살펴서 그들의 주장이 우리 모두가 마주하는 세계를 가장 잘 설명하고 있는지 알아볼 필요가 있다.

나는 분명 이 책을 그리스도인의 입장에서 쓰고 있다. 그렇지 않다면 왜 내가 성서 저자들의 사고방식과 성서 이야기의 전개 방식을 강조하겠는가? 만약 당신이 기독교 신자가 아니거나 기독교 신앙에 회의를 품고 있다면, 이런 식의 접근법이 다람쥐 쳇바퀴 돌기와 같이 지루하고 무익한 순환논법이라고 여길지도 모른다. 그러나 당신이 스스로의 실존에 대해 갖고 있는 깊은 직관적 통찰을 떠올려 보라. 예컨대 당신의 삶은 실제이고 의미로 가득 차 있다. 당신은 다른 이들이 당신을 올바로 대해 주기 바란다. 상황의 중심에 무언가 잘못된 것이 있을지라도 세상에는 여전히 참된 아름다움이 존재한다. 사람들은 존경받을 만한 일을 하기도 하고, 때로 혐오스러운 일을 한다. 한 사람이 두 가지를 다 하기도 한다! 당신은 삶의 이런 복잡성에 대해 어떤 설명이 존재하기를 바란다. 나는 기독교 신앙이, 특히 아담과 하와에 관한 성서의 이야기가 그런 직관적 통찰을 긍정하고 그것으로 설명 가능한 하나의 큰 이야기를 제공함으로써 우리의 이해를 돕는다고 확신한다. 나는 과학의 작업을 매우 존경하고, 독자들 역시 그러기를 바란다. 그와 동시에 나는 어떤 과학적 이해가

---

org, 2009년 7월 13일 접속)의 "질문 16: 타락 이전에도 죽음이 있었는가?"라는 항목에서 사도 바울의 믿음을 다루면서 제안하는 방식이다.

좋은 것이 되기 위해서는 그것이 우리가 공유한 이런 직관적 통찰을 포함한 모든 범위의 증거를 설명해야 한다고 본다.

독자들은 내가 앞에서 전통적 개념의 "어떤 한 형태"(a version)과 "몇 가지 변형들"(some variation)이라고 말했던 것을 기억할 것이다. 나는 이 책 전반에 걸쳐 건전하고 비판적인 사고의 중요성을 논하려고 한다. "오용이 유용을 제거하지 못한다"(*abusus usum non tollit*)는 말은 그런 사고의 기본적 원리 중 하나다. 흥을 깨는 어떤 이들은 아담과 하와가 저지른 최초의 죄에 대한 전통적 관점을 이용하여 삶 전체를 음침하고 슬프게 만들고 모든 쾌락과 아름다움에 대한 기쁨을 잠재워버린다. 바로 그런 것이 오용이다. 그러나 오용의 가능성이 전통적 견해에 대한 반론으로서 논리적으로 타당한 주장은 아니다. 물론 우리는 어떤 어려움을 발견하게 될 가능성을 염두에 두어야 하고, 이것은 우리가 전통적 견해와 관련하여 몇 가지 조정을 시도해야 한다는 뜻일 수도 있다. 하지만 그렇다고 해서 우리가 전통적 견해를 모두 폐기해야 하는 것은 아니다.

또한 건전하고 비판적인 사고를 하기 위해서는 "타락"이나 "원죄"와 같이 전통적으로 사용되는 용어에 대해 조심스럽게 접근해야 한다. 신학적이고 철학적인 이유를 들어 역사적 아담과 하와를 부인하는 사람들은 보통 이런 개념에 반대한다. 그러나 그들의 반대가 해당 개념 중 **몇 가지** 형태에 대한 것인지 아니면 **모두**에 대한 것인지는 분명하지 않다. 그러나 방금 언급했듯이, 비록 우리가 어느 한 가지 형태를 거부하는 것이 옳을지라도 그것이 곧 우리가 모든 형태를 거부해도 된다는 뜻은 아니다. 더 나아가 성서가 그런 용어들을 사용하지 않기 때문에 그 용어들이 "비성서적"(*un*-Biblical)이라는 의미도 아니다. 대부분의 사람들은 이런 용어가 성서 본문에 들어 있지 않다는 언어학적 사실을 아주 잘 알고 있음에도, 그런 용어를 신학적 표현의 일종으로 사용해왔다. 나 역시 그렇다. 내가 말하고자 하는 바는 단순히 인간이 "악하다"(우리 모두가 알 수 있는 것이다)는 것이 아니라, 그 악함이 우리를 원래적으로 구성하는 일부가 아니며, 그것이 최초의 조상들에 의한 어떤 근원적인 반역에서 유래된 것이라는 점이다. 그러므로 나는 "원죄" 교리를 전개하려는 것이 아니다. 왜냐하면 근원적인 반역이 우리 모두에게 영향을 주게 된 과정을 설명하려는 것이 아니기 때문이다.[6]

우리가 무언가를 읽을 때는 그것이 어떤 종류의 문헌인지 주의를 기울여야 한다. 창세기의 이야기는 분명 아담과 하와라는 인물을 포함하고 있고, 형태상 "역사와 같은"(history-like) 내러티브를 사용한다. 그러나 그 형태를 확인하는 것 자체로는 무언가를 결정할 수 없고, 적어도 다음 네 가지 방법으로 창세기의 자료를 살펴볼 수 있다.

---

[6] 원죄라는 개념을 옹호하는 몇 가지의 최근 시도들은 주목할 만하다. Edward Oakes, "Original Sin: A Disruption," *First Things* 87 (November 1998): 16-24; Henri Blocher, *Original Sin: Illuminating the Riddle, New Studies in Biblical Theology* (Grand Rapids: MI: Eerdmans, 1997).

① 저자는 비유 언어를 최소한으로 사용하여 "객관적인" 역사를 전달하고자 한다.

② 저자는 스스로 실제 사건이라고 생각하는 것에 관해 이야기하면서 그 사건에 대한 독자의 태도를 형성하기 위해 수사학적이고 문학적인 기법들을 사용한다.

③ 저자는 하나님과 인간에 관한 "무시간적 진리들"을 전달하기 위해 식별 가능한 문학적 관습들을 사용하여 가상의 역사에 관해 이야기하려 한다.

④ 저자는 그 사건들이 실제인지 상상에 의한 것인지 고려하지 않고 이야기를 전개한다. 그의 주된 목표는 다양한 신학적·도덕적 진리를 전하는 것이다.

나는 이 중 ②의 방법이 우리가 창세기에서 발견하는 것을 가장 잘 담아내고 있으며, 성서와 인간의 경험과 아담과 하와 사이의 관계를 설명하는 데 가장 적합하다고 본다. ①의 방법에는 모순이 있다. 그것은 많은 전통적 그리스도인들, 특히 "젊은 지구 창조론자"라고 불리는 이들과 "역사비평"(historical criticism, 성서가 현재 형태로 편집된 방식을 식별하는 것에 중점을 둔 연구 방식으로서 이들은 종종 전통적 견해가 과도하게 단순화되었다고 여긴다)을 채택하는 많은 성서학자들의 지지를 받고 있다. 둘 사이의 차이는 창세기에 대한 인식이다. 젊은 지구 창조론자들은 창세기가 진실을 말하고 있다고 여기는 반면,

비평학자들은 창세기가 역사적 측면에서 크게 부정확하다고 여긴다. 그렇다고 하더라도 비평학자들이 창세기에서 그 어떤 가치도 발견하지 못하는 것은 아니다. 그들은 대개 ④의 방법 같은 것에 의지하고 있다.

비평학자들은 창세기의 저자가 실제 사람들에 관해 **저술하고자 했다**는 것에 대해 동의하면서도, 종종 (늘 그런 것은 아니지만) 아담과 하와가 실제 사람이었다는 것을 부정한다. ③의 방식을 따르는 이들에 의하면 창세기 저자의 의도는 결코 우리가 아담과 하와를 실제 인물로 여기도록 만드는 것이 아니다. 반면에 ④의 방식을 따르는 자들은 그것이 아무런 문제가 되지 않는다고 본다. 어떤 특정한 학자가 아담과 하와는 역사적인 실존 인물이 아니었다고 주장할 때, 나는 그 학자가 따르는 해석의 방법이 무엇인지 늘 정확히 알지는 못한다. 가끔씩 그 학자는 과연 그것을 알고 있는지 궁금하기까지 하다! 우리 모두는, 자신이 전통주의자든 그렇지 않든 간에, 아담과 하와가 실제로 존재했다는 것을 인정하거나 부인하는 것에서 **출발**하고, 거기에 맞춰 우리의 출발점을 지지하는 성서 해석 방식을 찾는 위험을 무릅쓴다.

나는 ②의 방법을 주장할 것이다. 이 방법을 채택하는 것은 성서의 이야기들에도 수사학적이고 문학적인 기술이 쓰이는 것이 과연 적절한지에 관한 논의로 이어진다. 성서 저자들과 성서 속 이야기의 화자들은 전반적으로 회화적이고 상징적인 언어를 많이 사용하는데, 이것은 일견 단점으로 보인다. 우리는 그런 식의 글쓰기와 실제 역사를 어떻게 연관시켜야 하는가? 성서가 미래를 설명하는 부분을 읽을 때도 우리는 동일한 어려움을 겪는다. 이에 대한 성경의 서술은 매우 상징적이기 때문에 우리는 성서가 설명하는 미래와 실제 사람들이 겪게 될 일은 아무런 상관이 **없다**고 쉽게 결론내리게 된다. 늘 그렇듯이, C. S. 루이스는 이와 관련해 몇 가지 유익한 조언을 준다.[7]

어떤 짓궂은 자들은 "영원히 수금을 켜면서 지내고" 싶지 않다며 "천국"에 대한 기독교의 소망을 우스운 것으로 치부하지만, 우리는 걱정할 필요가 없다. 그런 사람들에게는, **어른을 위해 쓰인 책을 이해할 수 없다면 그에 관해서는 말하면 안 된다고 답하면 된다.** 성서에 등장하는 모든 표상들(수금, 면류관, 황금 등)은 표현이 불가능한 것을 표현하기 위한 상징적인 시도다. 여기에 악기들이 언급되는 이유는, 악기는 보통 많은 사람들(모두가 아닌)에게 현세의 황홀경과 무궁함을 가장 강력하게 암시하는 수단으로 사용되기 때문이다. 면류관은 영원 속에서 하나님과 연합한 이들이 그분의 영광과 권능과 기쁨을 공유한다는 사실을 암시하기 위해서 쓰였다. 황금이 언급되는 것은 녹슬지 않는 황금의 특성을 통해 천국의 무

---

7   Lewis, *Mere Christianity*, book 3, chapter 10 ("Hope"). 강조는 덧붙여진 것임.

시간성과 그것의 귀함을 암시하는 것이다. **상징을 문자적으로 받아들이는 사람들은 그리스도가 우리에게 비둘기처럼 되라고 말씀하셨을 때, 그분의 바람은 우리가 알을 낳는 것이었다고 생각하는 편이 나을 것이다.**

그렇다. 나는 루이스가 "어른"이라고 여길 만한 독자가 되기를 원한다. 즉 나는 표상이라는 것이 **실제적인 무언가와 관련되어 있음**을 의심하지 않는다. 또한 나는 표상이 무언가를 그리도록 도와주는 도구라고 여긴다. 이런 사고방식은 우리로 하여금 어떤 표상이 실제로 무엇인지 질문하게 하며, 상징이 등장하는 이야기라고 해서 그 이야기마저 단지 상상일 뿐이라는 잘못된 결론을 섣불리 내리지 않도록 돕는다.

그것들은 문화 안에서 기능하는 것의 일부다. 어쨌거나 우리는 비가 "억수같이"(cats and dogs) 퍼붓고 있다는 말을 들을 때 실제로 하늘에서 쏟아져 내리는 개와 고양이를 잡아 새로운 애완동물로 삼기 위해 밖으로 달려나가지 않을 것이다. 만약 가장 가까운 친구가 당신에게 "온 세상이" 당신의 고약한 성격에 대해 알고 있다고 말한다면, 예외가 있는지 토론을 하느라 시간을 허비해서는 안 된다. 대부분의 사람은 이런 판단을 할 때 몇 가지 경험에 의거한(rule-of-thumb) 법칙을 기준으로 사용한다. 만약 우리가 이런 기준들을 일일이 말로 옮긴다면, 그 기준들은 반대 심문을 견뎌내지 못할 것이다.

그런 방법은 일상의 의사소통을 위해서는 괜찮다. 그러나 저자가 죽은 지 오래된 어떤 거룩한 문서에 대해 올바른 혹은 오도된 해석을 끌어내는 요인이 도대체 무엇인지 알고자 한다면, 우리가 어떤 타당한 판단을 내릴 때 자신의 생각과 행동의 이유를 명료하게 설명할 수 있는지 살펴보아야 한다. 이와 더불어 우리가 알기에 정상적인 인간 행동 방식에 부합하기 위해 최선의 노력을 다해야 한다.

나는 이 프로젝트를 통해서 개인적 경험에 의거한 몇 가지 기준을 공식화시킬 기회를 얻었다. 그 기준은 내가 성서를 읽는 동안 이런 종류의 판단을 내리는 데 사용하기 위한 것이다. 이 연구에는 다음 세 가지 질문이 유용하게 쓰였다(아마도 다른 연구를 위해서는 몇 가지 질문을 첨부해야 할 것이다). 독자들은 내가 논지를 전개하는 과정에서 이 질문들을 어떻게 적용하는지 보게 될 것이다.

① **인물과 사건은 어떻게 기본적인 스토리라인에 영향을 주는가?** 나는 그동안 성서 연구를 수행하면서 성서 저자들이 하나의 포괄적인 세계관 이야기라는 맥락에서 세계를 자의식적으로 해석하고 있다는 확신을 얻었다. 인물과 사건을 "단순히 상징적인 것으로" 만들면 이야기의 형태가 왜곡되는가?

② **다른 저자들, 특히 성서 저자들은 이 인물과 사건을 어떻게 다뤘는가?** 성서의 권위에 관한 개념들은 우리에게 성서 저자들의 시각을 존중할 것을 요구한다. 상식은 나와 타인의 시각 차이를

점검하게 한다. 나는 바로 이런 이유로 나에게 동의하지 않는 사람들도 대화의 상대로 삼으려고 한다.

③ **이 인물과 사건은 평범한 인간의 경험과 어떤 관계가 있는가?**
우리가 살펴볼 다른 고대의 저자들과 마찬가지로, 성서 저자들은 그들이 발견한 것과 동일한 세상에서 독자들이 살아갈 수 있도록 애쓰고 있었다. 사람들이 공유하고 있는 여러 직관적인 지식들이 있다. 가령, 하나님을 향한 열망, 용서에 대한 필요, 사랑과 정의가 통치하는 인간 공동체에 대한 갈망 같은 것들이 그에 속한다. 대부분의 문화에서 전해지는 이야기들은 인간의 이런 필요가 생겨난 역사적 이유를 밝히면서, 이것이 어떻게 충족되고, 완화되고, 설명되고, 부정되는지 설명한다. 이런 것들에 대한 성서의 접근법은 그럴듯해 보인다.

독자들은 이 책의 참고문헌을 통해 나의 주장에 대한 찬반 의견을 모두 아우르고자 한 나의 노력을 알 수 있을 것이다. 내 글은 이런 견해들과 나눈 교류의 결과물이며, 각주는 좀 더 심화된 교류를 담아 내고 있다. 그동안 많은 책들이 세상에 나왔지만, 문제들은 더 복잡해졌다. 그렇기에 우리는 더 신중하고 철저해야 한다. 나는 그 어떤 방법을 써도, 설령 각주를 통해서라도, 내가 읽은 **모든 것**과 내가 그에 대해 생각하는 **모든 것**을 문서화할 수 없음을 알았다. 참고문헌은 독자들에게 내가 읽은 다른 책들에 대해 알려줄 것이다. 그러나 경우에 따라서는 단순히 필자의 다른 저작을 소개하기도 했는데, 독자들은 그곳에서 온전한 참고문헌과 함께 상세한 논의를 접할 수 있을 것이다.

내 목표는 독자들이 이 책을 통해 이런 문제를 스스로 숙고하도록 돕는 것이다. 나는 독자들이 모든 주장이나 성서와 신학의 상세한 내용에 관해 자세히 알아야 한다고 생각하지 않는다. 나는 다만 독자들에게 논쟁의 주제를 명쾌하게 설명하고자 최선을 다할 뿐이다. 필요한 경우에는 기술적인 용어를 사용할 것이다. 그러나 모든 논의를 지나치게 단순화하지는 않을 것이다. 독자들 역시 그런 것을 원치 않을 거라 기대한다. 내가 독자들의 책임 있고 비판적인 사고를 돕고자 힘쓸 때, 독자 역시 그 과정에 대해 인내해주기 바란다.

나는 또한 다음과 같은 사실을 인정한다. 나는 과학 교육을 받은 서구인이고, 나보다 교육을 덜 받은 이들에 대한 우월감으로 인해 쉽게 자만에 빠진다. 나와 같은 배경을 가진 사람들은 성서 안에 회화적 언어가 만연한 것을 문제로 여길 수 있다. 어째서 이 저자들은 우리에게 단순하고 직접적인 방식으로 말할 수 없었던 것인가? 그러나 성서의 저자들이 인물과 사건에 대해 묘사할 때, 그들은 우리에게 단순한 사실 이상의 것을 전달하고자 한다. 그들은 우리의 전인(全人)이 강력한 신앙과 선에 대한 열정을 지닌 삶에 의지할 수 있도록 우리의 상상력을 사로잡기 원한다. C. S. 루이스 역시 사람들이 하나님과 함께하는 영원한 삶을 쉽게 상상할 수 있도록 표상을 사용했다. 기독교 철학자 리처드 퍼틸(Richard Purtill)은 루이스의 표상 사용 방식을 옹호하면서 이렇게 말했다. "아마도 죽음 이후의 삶에 대한 믿음의 주된 장벽은 주장의 문제라기보다 상상력의 문제일 것이다."[8] 물론 제기되어야 할 주장이 있다. 그러나 우리는 머잖아 우리가 내린 결론을 따라 행동해야 하고, 이를 실행하기 위해 매력적인 상상력이 필요하다.

성서의 회화적 접근법이 지닌 또 다른 이점이 있다. 신실하고 온전한 삶을 사는 문제와 관련하여, 그런 접근법은 나처럼 자만에 빠진 교육받은 서구인들로 하여금 나의 자녀들이나 세계 전역에 있는 사람들과 동일한 발판 위에 서도록 만들어준다. 나는 그들과 공유할 필요가 있는 연구를 위한 도구에 쉽게 접근할 수 있다. 하지만 그들 역시 나에게 가르쳐줄 무언가를 갖고 있다.

논쟁에 있어서 중요한 것은, 어떤 입장에 서든지 간에 그 논거가 평범한 인간의 경험을 실제로 얼마나 잘 설명하는지 확인하는 것이다. 나 역시 인간으로서의 우리의 경험을 논의의 일부로 만들고자 한다. 이것은 오늘날의 학문적 연구에서 통상적인 일이 아니다. 또한 앞서 말했듯이 이 작업은 어느 학술 대회 발표를 위한 논문의 형태로 시작되었다.[9] 그러나 고대 세계와 고전적인 기독교 안에 있었던

---

8   Richard Purtill, *C. S. Lewis's Case for the Christian Faith* (San Francisco: Ignatius, 2004 [1981]), 170.

9   현재 그 세션을 위한 모든 논문은 *Perspectives on Science and Christian Faith* 62:3

저자들은 신학과 철학이 실제 삶에 관한 것임을 알았다. 만약 당신이 아리스토텔레스나 아퀴나스 혹은 칼뱅의 글을 읽는다면, 조밀한 사고를 담고 있는 매우 어려운 문장들과 몇 가지 아주 지루한 구절들을 만나게 될 것이다. 그러나 결국 당신은 그 저자가 실제적인 감정과 필요를 지닌 인간임을 알게 될 것이다.

이와 같은 맥락에서 나는 이 책을 통해 신학적 글쓰기의 전통을 회복하려고 한다. 그리고 그것이 우리의 매일의 삶에 관해 무언가를 말한다고 주장하고자 한다. 이 작업을 하는 동안 많은 일이 일어났다. 그 일들은 무시할 수 있는 일들이 아니었고, 내 인생에 관한 총체적인 관점을 형성하는 데 영향을 미쳤다. 이웃 가정의 중증 장애인 아들이 갑자기 예기치 않게 세상을 떠났고, 우리 가족은 그 가정의 슬픔과 장례 과정을 함께 겪었다. 나와 가까운 한 젊은 부부가 지난한 난임 과정 끝에 쌍둥이를 임신했는데, 조산을 하게 되었고 아이는 모체 밖에서 생존할 수 있는 최소 기간을 채우지 못하고 세상에 나왔다. 아이는 세상에 나와 1시간 남짓 살았다. 얼마 후 그 부부는 다시 아이를 가졌다고 여겼으나, 그 임신 역시 실패하고 말았다.

이 세상에는 슬픈 일들이 아주 많다. 그리고 우리들은 대부분 그런 슬픔이 **잘못된** 상황으로부터 온다고 느낀다. 나는 사람들이 아담과 하와에 대해 건강한 견해를 가짐으로써 이런 잘못을 이해하고,

---

(September 2010)를 통해 출판되어 있다.

하나님을 향한 온전한 믿음 안에서 우리의 슬픔을 충분히 분출할 수 있게 된다는 것을 알게 되었다. 어느 공연장에서 하이든(Haydn)의 오라토리오 〈천지창조〉(*The Creation*)를 처음으로 들었던 때가 떠오른다. 그 곡은 시와 음악이 어우러져 하나님의 선하신 일에 대한 억누를 수 없는 기쁨을 노래하고 있었고, 우리로 하여금 기쁨의 가능성을 감소시키지 않으면서도 인간의 경험 안에 들어온 비극을 보다 분명히 볼 수 있게 해주었다. 비극과 기쁨의 조화가 빚어낸 큰 감동은 내가 아내를 위해 선물한 베토벤(Beethoven)의 피아노 콘체르토 5번("황제"[Emperor]) 음반에도 있었다. 그 음반은 1945년 1월 23일 베를린에서 녹음되었는데, 음반의 일부 구간에는 독일군 대공 포화의 포성이 섞여 있다. 음악적 화려함, 탁월한 연주, 그리고 절망적인 상황이 한데 뒤섞여 영광과 수치를 큰소리로 외치고 있었다. 또한 나는 딸아이가 생태학과 보존 생물학을 공부하고 있는 대학을 방문하는 동안 아이의 생물학 교수와 함께 진화가 말하는 것과 말하지 않는 것에 대해 멋진 대화를 나눈 것을 기억한다. 그 교수는 인간이 다른 모든 동물과 구별된다는 것에 격한 동의를 표했다! 그리고 마침내 나 역시 그동안 잘못된 일을 수없이 행하는 방식으로 우리 자신의 구별됨을 드러내 왔음을 인정해야 했다. 나는 이 책을 소년 성가대원처럼 쓸 수는 없다. 하물며 성자처럼은 더더욱 아니다.

제2장

———

성서 이야기의 형태

2.a 이야기와 세계관

지난 수십 년간 성서학 연구 분야에서 이루어진 많은 발전들은 우리가 성서를 제대로 읽어 내는 데 크게 이바지했다. 19세기와 20세기에 걸쳐 성서학자들은 고대 문헌이 어떻게 만들어졌는지 그 과정을 밝혀내는 연구에 집중하면서, 서로 결합되었다고 가정되는 자료와 그것들이 합쳐져 새로운 무언가로 재형성되는 편집 과정을 중점적으로 다뤘다. 그 자료들은 (설사 존재했다 하더라도) 더 이상 존재하지 않기 때문에 학자들은 그것이 실제로 어떠했을지에 대해 나름의 견해를 제시했다. 우리는 종종 그 자료의 형태상의 차이와 외관상의 불일치를 찾아냄으로써 자료들 사이에 존재하는 경계를 식별한다. 한편 20세기 말에 이르러 많은 성서학자들이 성서의 책들이 지닌 문학적 특성에 대해 새롭게 이해하기 시작했다. 그 결과 우리는 성서 본문이 현재의 형태에 이르게 된 과정을 추정하고 재구성하는 것보다,

지금 우리가 가진 성서의 본문 자체에 초점을 맞추는 문학적 읽기 (literary reading)를 선호하게 되었다. 즉 성서 저자들이 자신의 견해를 어떤 문학적 수단과 방법을 통해 전달하고자 했는지에 대해 관심을 갖게 된 것이다. 실제로 예전에는 문체상의 차이와 이데올로기적 불일치로 여겼던 부분들을 이제는 문학 작품의 일관성 있는 문학적 장치로 설명할 수 있게 되었다.[1]

그렇다면 성서 저자들은 어떤 문학적 특징들을 사용했을까? 저자마다 나름의 스타일과 취향이 있으므로 섣불리 일반화하는 것은 위험하다. 그럼에도 불구하고 우리는 모든 성서 저자의 서술 방식에서 공통된 몇 가지 특징을 발견할 수 있는데, 그중 주목할 만한 내용은 다음과 같다.[2]

- 화자가 **믿을 만하고 전지적이다.** 그는 하나님의 음성과 관점의 역할을 한다.
- 서술이 **생생하다.** 환경에 대한 상세한 설명보다는 등장인물들의 직접적인 행동과 상호 작용이 강조된다.

---

1   Meir Sternberg, *The Poetics of Biblical Narrative: Ideological Literature and the Drama of Reading* (Bloomington, Indiana University Press, 1985)은 이런 접근법을 훌륭하게 설명한 저작으로 평가된다.

2   이 내용은 V. Philips Long, *The Reign and Rejection of King Saul: A Case for Literary and Theological Coherence* (Atlanta: Scholars, 1989), 특히 "Selected Features of Hebrew Narrative Style"(21-41)에서 가져왔다.

- 이야기가 **주요 골자를 중심으로 쓰였다.** 이야기는 핵심적인 것에 초점을 맞춰 서술된다.
- 저자는 시적 어법을 사용해 **고조된 언설**을 드러낸다. 중요한 내용일수록 고양된 어조로 전달된다. 신탁이나 하나님의 말씀이 주로 이런 형식으로 표현된다.

이런 서술 방식을 사용하면 간접적이고 간결한 수단을 통해 저자의 관점을 전달할 수 있다. 강조점은 **말하기**(telling, 화자가 우리에게 등장인물이 어떤 사람인지를 명시적으로 말해주는 것)보다는 **보이기**(showing, 행동과 말을 통해 심중을 보여주는 것)에 놓인다.

그러므로 우리가 구약성서를 잘 읽어내고 싶다면, 우리는 화자와 등장인물이 말하는 방식에 주목해야 한다. 예를 들면, 우리는 등장인물의 말과 그가 실제로 하는 일을 살펴야 한다. 또는 화자가 보고한 것과 등장인물이 보고하는 것을 비교해서, 만약 등장인물이 무언가를 덧붙이거나 삭제한다면 이것이 어떻게 "해석"을 반영하는지 알아내야 한다. 또는 화자가 어떤 등장인물이 무슨 말을 할 것이라고 예고하거나 그 사실을 전해 듣는다면, 그것과 등장인물이 실제로 말하는 것 사이의 관계를 살펴보아야 한다. 성서의 화자들은 인간이란 악한 존재이며 그중 최상이라는 사람들조차 혼합된 동기와 불완전한 도덕성을 지녔다는 것을 아주 잘 알고 있다.

이런 문학적 특징을 잘 알고 있는 사람들마저도 각 문학적 특징이 특정 구절 안에서 어떤 의미를 드러내는지에 대해 의견이 다르다. 그러므로 우리는 제안된 읽기 방식을 평가해볼 필요가 있고, 그 중 우리가 끌리는 것이 있다면 그에 대한 이유를 제시해야 한다. 어떤 방식들은 언어학의 발전에 따라 발견되는 차이를 탐색하는 데 도움이 된다. 예컨대 오늘날 우리는 "담화 문법"(discourse grammar)이라는 분야를 통해 히브리 저자들이 독자의 시선을 끌기 위해 동사의 시제와 단어의 순서를 어떻게 활용했는지 자세히 알 수 있다. 로버트 롱에이커(Robert Longacre)는 이 분야의 주요 개척자 중 하나로서, 수많은 비서구 언어(히브리어는 비서구 언어에 속한다)에 능통한 언어학자이자 숙련된 성서 번역 자문가다. 또한 20세기 중반부터 단어가 사용된 문맥을 통해 단어의 의미를 식별하는 어휘 의미론(lexical semantics)이 크게 발전해왔다.

"사회 언어학"(sociolinguistics) 역시 큰 발전을 이룬 언어학의 한 분야다. 사회 언어학은 사람들이 다양한 사회적 상황에서 언어를 사용하는 방식을 연구한다. 특히 "화행 이론"(speech act theory)은 사람들이 말을 통해 어떻게 **일을 하는지**에 초점을 맞춘다. 사람들은 주로 말을 통해 정보를 전달하지만, 실제로 그 이상의 일들이 이루어진다. 화자는 상대방이 어떤 태도를 형성하기 바라는 의도로 말을 할 수도 있고, 혹은 청중이 믿는 바를 상기시킴으로써 그들이 믿는 바를 행동으로 옮기도록 할 수도 있다. 때로 화자는 청중이 올바른 반응을 추론해내기 원한다. 예를 들어 당신이 "차가 길을 달려 내려오고 있다"고 말하는 것은, 당신의 아이에게 길을 건너지 말라는 뜻일 수도 있고, 또는 길 저쪽에 있는 친구에게 차가 지나갈 때까지 공을 던지지 말고 잡고 있으라는 부탁일 수도 있다. 누군가 식사 시간에 "식탁에 소금이 있나요?"라고 묻는다면, 식탁에 소금이 정말로 있는지를 확인하는 것이 아니라 자기에게 소금 통을 갖다 달라고 정중하게 요구하는 것이다.

우리가 성서 본문에서 저자의 의도를 파악하고자 할 때, 여기 언급된 언어학의 연구 결과를 참고하면 된다. 우리는 성서 저자가 사용하는 실제 단어에 얽매여서는 안 된다. 예를 들어 창세기 3장은 죄나 불순종을 뜻하는 어떤 단어도 사용하지 않는다. 하지만 그렇다고 해서 아담과 하와가 한 행동이 "죄"가 아니라고 결론 내리는 것은 어리석은 일이다. 창세기 저자는 아담과 하와의 행동이 실제로 죄에 해당하며, 그것도 두려워할 만한 죄라는 것을 우리가 알기 원한다.

성서학의 발전은 또한 세계관에 대한 인식의 지평을 넓혔다. 사람들은 세계관에 관심을 갖게 되면서 더 온전하고 성서적인 세계관을 원하게 되었다.[3] 여기서 나는 "세계관"(worldview)이라는 용어를 사상을 연구하는 사람들이 사용하는 방식으로, 즉 사람들과 공동체가 하나님, 타인, 그리고 세상에 대해 견지하고 있는 기본적인 입

---

3   David K. Naugle, *Worldview: The History of a Concept* (Grand Rapids, MI: Eerdmans, 2002)에 등장하는 이에 대한 유용한 논의를 참고하라.

장이라는 의미로 사용하고자 한다.[4] 세계관은 웅장한 이야기, 즉 거대 서사(grand story)라는 수단을 통해 공동체의 일원에게 주입된다. 이 이야기는 우리가 어디서 왔는지, 무엇이 잘못되었는지, 그와 관련해 무슨 일이 있었던 것인지(신들에 의해서든, 인간에 의해서든, 혹은 둘다에 의해서든지 간에), 지금 우리가 전체 과정의 어느 지점에 있는지, 그리고 온 세상이 어디로 향하고 있는지 설명해준다. 언젠가 세계 선교를 공부하는 학생 하나가 주장하기를, (문명화 되지 않은) 부족민들은 그들의 문화를 통해 전해지는 거룩한 이야기를 통해 자신들의 세계관을 배운다고 말했던 적이 있다. 그의 주장에 대해 내가 교정해준 유일한 것은 단지 부족민들뿐 아니라 **모든** 사람들이 그렇게 세계관을 학습한다는 것이었다.[5]

그동안 많은 신학자들이 이런 견해를 성서에 적용해 왔다. 신학

---

4 어떤 저자들은 "세계관"이라는 용어를 사용하면서 세계의 상태와 그 안에 있는 것들 같은 개념들을 포함한다. John H. Walton, *Ancient Near Eastern Thought and the Old Testament: Introducing the Conceptual World of the Hebrew Bible* (Grand Rapids, MI: Baker, 2006, 『고대 근동 사상과 구약성경』, CLC 역간), 참조. 165-78을 보라. 비슷한 예로 Peter Enns, *Inspiration and Incarnation: Evangelicals and the Problem of the Old Testament* (Grand Rapids, MI: Baker, 『성육신의 관점에서 본 성경 영감설』, 기독교문서선교회 역간), 53-56이 있다. 나는 이런 개념 정의가 혼란스럽다고 여겨, 세계관(world*view*)과 세계상(world *picture*)을 구분하는 쪽을 선호한다. 이에 대해 *Genesis 1-4: A Linguistic, Literary, and Theological Commentary* (Phillipsburg, NJ: P&R, 2006), 260-62에서 논한 바 있다. 더 혼란스러운 것은 Francis Collins, *The Language of God* (New York: Free Press, 2006)에서도 "과학적 세계관"과 "영적 세계관"을 동일한 사람에 의해 견지되는 잠재적이고 보충적인 견해로 묘사하는 것이다.

5 Don Pederson, "Biblical Narrative as an Agent for Worldview Change," *International Journal of Frontier Missions* 14:4 (1997): 163-66.

자들은 성서가 그저 한 묶음의 교훈적인 이야기들(a bunch of edifying stories)이 아닌, 세계관을 형성하는 하나의 포괄적인 이야기 (an overarching worldview-shaping story)를 전달한다고 주장해왔다.[6] 우리는 곧 이 이야기의 세부적인 내용을 살펴볼 예정이다.

알버트 월터스(Albert Wolters)와 마이클 고힌(Michael Goheen)은 다음과 같은 말로 이 주장이 지닌 통찰력을 보여주었다.[7]

성서의 웅장한 이야기를 놓치는 것은 심각한 문제다. 그것은 단순히 성서의 일부를 잘못 해석하는 문제가 아니다. **우리의 삶을 형성하고 있는 이야기가 무엇인지** 망각하는 것이다. 어떤 이야기는 우리의 삶을 형성한다. 성서가 신학적이고, 경건하고, 영적이고, 도덕적인 작은 조각들이나 세계관과 관련된 파편으로 나뉠 때, 각 조각

---

6   여기에는 N. T. Wright, *The New Testament and the People of God* (Minneapolis: Fortress, 1992, 『신약성서와 하나님의 백성』, CH북스); Craig G. Bartholomew and Michael Goheen, *The Drama of Scripture: Finding Our Place in the Biblical Story* (Grand Rapids, MI: Baker, 2004, 『성경은 드라마다』, IVP 역간); Michael D. Williams, *Far as the Curse Is Found: The Covenant Story of Redemption* (Phillipsburg, NJ: P&R, 2005); Albert M. Wolters and Michael W. Goheen, *Creation Regained: Biblical Basics for a Reformational Worldview* 2nd ed. (Grand Rapids, MI: Eerdmans, 2005); Christopher J. H. Wright, *The Mission of God: Unlocking the Bible's Grand Narrative* (Downers Grove, IL: InterVarsity Press, 2006) 등이 포함된다. 이런 접근법에 대한 간략하고 이해하기 쉬운 요약을 위해서는 C. John Collins, "The Theology of the Old Testament," in Lane T. Dennis et al., eds., *The ESV Study Bible* (Wheaton, IL: Crossway, 2008), 29-31을 참고하라. 여기에는 신약성서의 독해와 적용에 대한 내용도 포함되어 있다.

7   Wolters and Goheen, *Creation Regained*, 125.

은 관련된 모든 우상과 어우러져서 우리가 속한 문화의 지배적인 이야기에 아주 딱 들어맞기도 한다. 우리는 신학적으로 정통이고, 신앙적으로 경건하고, 도덕적으로 올바르고, 심지어 올바른 세계관의 범주에 머물러 있으면서도, 여전히 우상숭배적인 서구 이야기의 영향을 받을 수 있다. 성서가 포괄적이고 세속적인 이야기 속으로 흡수되면 성서가 본래 지닌 강력한 형성력을 잃게 된다.

세계관과 포괄적인 이야기의 관계에 관해 글을 쓰는 이들은 그 관계를 묘사할 때 동일한 동사를 사용하지 않는다. 예를 들어 그 이야기는 세계관을 **전달하는가**(carry), 그것과 **동일한가**(equate), 그것을 **알리는가**(communicate) 등의 형태로 표현된다. 어떤 단어로 표현하든지 간에 우리가 확언할 수 있는 것은, 세계관은 포괄적인 이야기에서 뽑아낸 어떤 추상적인 이론이 아니라는 것이다. 포괄적인 이야기 역시 그 안에서 어떤 개념들(아마도 무시간적인)을 발견한 후 언제든 버릴 수 있는 껍질같이 취급되어서는 안 된다. 물론 도덕적 규준 같은 초월적 진리들이 그 안에 존재할 수도 있다. 초월적 진리들은 그 이야기 안에서 차지하고 있는 위치를 통해 힘을 얻고, 공동체의 구성원들이 자신의 역할을 잘 감당할 수 있도록 준비시킨다.[8] 이처럼

---

8 "Theology of the Old Testament," 30b-31a에서 나는 우리가 성경 전체를 하나의 이야기로 읽는 것보다 하나의 이야기와의 연관성 속에서 읽어야 하는 이유에 관해 설명했다. "Proverbs and the Levitical System," *Presbyterion* 35:1 (2009): 9-34,

적절하게 전달되는 세계관 이야기는 그에 속한 이들의 상상력을 자극하고 충성심을 고양한다.

2.b 역사, 신화, 그리고 세계관 이야기

세계관 이야기라는 개념은 C. S. 루이스의 에세이 "위대한 신화의 장례식"(The Funeral of a Great Myth)에 언급되는 "신화"의 의미와 결부된다.[9] 여기서 루이스는 "발전주의"(developmentalism), 즉 우리가 어떻게 여기에 있으며 어디로 가고 있는지에 관한 순전히 자연주의적이고 진화론적인 이야기를 설명한다. 그는 이 이야기를 특별한 과학 이론들과 구분하지만, 그 이야기를 지지하는 범위 내에서 과학 이론들을 사용한다.[10] 신화의 매력은 상상을 통한 호소력에 있다. 루이스

30-32에서 나는 지혜가 하나님의 포괄적인 큰 이야기 속에서 어떻게 신실한 자들을 준비시키고 그들 각자의 작은 이야기를 쓰게 하는지 설명했다.

9 C. S. Lewis, "The Funeral of a Great Myth," in *Christian Reflections* (Grand Rapids, MI: Eerdmans, 1967), 82-89.

10 Lewis는 과학이 신화적인 이야기와 논리적인 이야기로 분리될 수 있다고 본다. 그러나 그와 동시에 인간의 정신에는 그것이 "신화적인" 혹은 "시적인"(즉 상상력을 사로잡는) 특징을 발견할 때까지 기원에 관한 이야기에 만족할 수 없는 무언가가 있는 것처럼 보인다고 말한다. Charles Darwin의 『종의 기원』(Origin of Species, 내가 갖고 있는 책은 1872년에 나온 여섯 번째 판으로 1909년에 뉴욕에 있는 P. F. Collier and Sons 출판사에 의해 Harvard Classics 시리즈의 일부로 출판되었다)의 마지막 문단은 우리로 하여금 다윈이 그의 책에서 묘사한 법칙의 결과로서의 "뒤얽힌 강둑"(tangled bank)에 대해 생각하도록 만든다. 그는 시와 다름없는 표현을 사

는 이렇게 말한다. "나는 이 신화를 믿으며 성장했고, 그것이 지닌 거의 완벽한 장엄함에 사로잡혔으며 여전히 그것을 느끼고 있다." 그렇다면 "신화"는 고대 세계에서 발견되는 이집트, 메소포타미아, 심지어 히브리 사람들의 이야기를 포괄하는 적절한 범주가 될 수 있을까?

일반적으로 "신화"라는 용어를 쓸 때는 그 이야기가 참되지 않다는 판단을 전제로 한다.[11] 물론 다른 범위의 의미가 있을 수도 있지만, 의도가 무엇이든지 간에 "신화"라는 말에는 참되지 않은 (혹은 역사적이지 않은) 것이라는 뜻이 담겨 있다.[12] 예컨대 구약성서학자 피터 엔즈(Peter Enns)가 "신화"를 정의하는 방식에 대해 생각해보자.[13]

용해 이렇게 말한다. "애초에 창조주가 몇 가지 혹은 하나의 형태 안으로 숨을 불어넣음으로써 생명이 그것의 몇 가지 능력과 함께 발생했으며, 이 혹성이 확정된 중력의 법칙을 따라 회전하는 동안, 그렇게 단순한 시작으로부터 가장 아름답고 가장 놀라운 무수히 많은 형태들이 진화했고 지금도 진화하고 있다는 이 견해에는 장엄함이 깃들어 있다." 나는 이런 "시적 지향"을 결함으로 여기지 않는다. 오히려 이런 표현은 그 누구도 밀폐된 객실 안에서 살지 않는다는 일반적인 사항을 예시해준다. 루이스가 다른 곳에서 주장했듯이, "모든 세계관은 그것이 믿어진다는 단순한 사실로 인해 그것을 믿는 이들에게 시를 안겨준다." "Is Theology Poetry?" in *The Weight of Glory and Other Addresses* (New York: Simon & Schuster, 1996[1965]), 90-106, 여기서는 97을 보라.

11 Lewis조차 그런 상태를 드러낸 바 있다. "나는 지금까지도 내 안에서 그것이 **신화적인** 것이 아니라 **사실**이기를 바라는 마음을 발견하는 경우가 있다"("Funeral of a Great Myth," 88, 강조는 덧붙여진 것임).

12 G. B. Caird, *The Language and Imagery of the Bible* (Philadelphia: Westminster, 1980), 219-24에 실려 있는 여러 의미들에 관한 매력적인 논의를 보라. 또한 J. W. Rogerson, "Slippery Words, V: Myth," *Expository Times* 90 (1978), 10-14을 보라.

13 Enns, *Inspiration and Incarnation*, 40.

그것[신화]은 우리가 누구이며 어디로부터 왔는가와 같은 궁극적 기원과 의미의 문제를 이야기의 형태로 다루는 고대의, 근대 이전의, 그리고 과학이 발생하기 이전의 방식이다.

엔즈의 정의는 현대의 과학적 세계에 살고 있는 우리가 고대인들보다 훨씬 수준이 높다고 암시함으로써 현대인의 승리주의를 명백히 드러낸다. 하지만 이는 수학과 공학 분야에서 고대인들이 이룬 놀라운 성과를 간과한 것이다.[14] 우리가 누구이며 어디에서 왔는지에 대한 그들의 설명에 동의하지 않는다 해도, 우리는 그들의 순박함을비꼬는 태도를 보여서는 안 된다. (한 가지를 유의해주기 바란다. 나는 우리의 문화가 고대의 문화에 비해 훨씬 더 발전했다는 사실을 부인하지 않는다. 다만 나는 그들의 문화가 천재성과 우둔함의 결합의 산물이라는 점에서 우리의 문화보다 못하다는 주장을 부인할 뿐이다.)

엔즈의 정의가 갖고 있는 또 다른 난점은 기원과 의미를 설명하는 이야기들이 결코 "고대의, 근대 이전의, 그리고 과학이 발생하

---

14   고대인들의 수학적 성과에 대한 예는, Lucas Bunt, Phillip Jones, and Jack Bedient, *The Historical Roots of Elementary Mathematics* (New York: Dove, 1988[1976]), 1-2장을 보라. Lewis는 "[성장주의라는] 개념은 [현대인들의] 마음속에 있는 수많은 잘못된 유비들, 가령 도토리로부터 나온 참나무, 정자로부터 나온 남자, 원시적인 작은 배에서 나온 현대적인 증기선 같은 것들에 의해 지지를 받는다. 모든 도토리는 참나무에서 떨어지고, 모든 정자가 남자에게서 나오고, 첫 번째 배가 그것보다 훨씬 더 복잡한 무언가로부터, 곧 창의적인 인간으로부터 나온다는 보충적 진리는 간단히 무시된다"고 말했다. Lewis, "Modern Man and His Categories of Thought," in *Present Concerns* (London: Collins, 1986), 61-66, 여기서는 63-64을 보라.

기 이전의" 문화에 국한되지 않는다는 것이다. 현대 서구 문화 역시 정확하게 같은 일을 행한다. 예컨대 생물학자 조지 게이로드 심슨(George Gaylord Simpson)은 진화에 관한 그의 연구를 통해 이런 결론을 내린다. "인간은 스스로를 유념하지 않는 무목적적이고 자연적인 과정의 결과물이다."[15] 이 이야기는 암울하지만 우리의 삶을 염두에 둔 이야기다. 만약 그것이 세상에 관한 참된 이야기라면, 그 말은 셰익스피어(Shakespeare)의 희곡 『맥베스』(Macbeth)에서 맥베스가 한 말의 고조된 버전처럼 들린다. 맥베스는 자기 부인이 자살했다는 사실을 알게 되자 이렇게 말한다.[16] "인생은…소리와 분노로 가득 찬, 아무 의미도 없는, 어느 바보가 전하는 이야기일 뿐이다."

오랫동안 C. S. 루이스와 J. R. R. 톨킨(Tolkien, 공상 과학 소설과 판타지를 쓴 작가다)을 연구해온 철학자 리처드 퍼틸(Richard Purtill)은 "신화"를 다음과 같이 정의한다.[17]

원래적 의미에서 신화는 대개 종교적이거나 도덕적 목적을 지닌 신이나 영웅에 관한 이야기였다.…인간이 신화를 이야기하기 시작할 때는, 그 이유가 무엇이든 그런 이야기들이 참되다고 여기기 때

---

15   George Gaylord Simpson, *The Meaning of Evolution* (New Haven, CT: Yale University Press, 1967), 365.

16   William Shakespeare, *Macbeth*, V.v.26-28.

17   Richard Purtill, *J. R. R. Tolkien: Myth, Morality, and Religion* (San Francisco: Ignatius, 2003[1984]), 1-2.

문에 그렇게 한다. 그러나 신화 작가는 이야기의 모든 세부사항 혹은 심지어 모든 중요한 요소가 사실이라고 여길 필요가 없다.…

원래 신화 작가들은 흥미로운 이야기를 말하는 것만을 목적으로 삼지 않았다. 적어도 그들에게 그런 의도가 있었다는 사실을 기억하는 것이 중요하기는 할지라도 말이다. 그들은 신들과 영웅들을 **기리고** 청중을 **고무하고자** 하는 갈망을 표현하려고 했다.

이어서 퍼틸은 "신화"와 그가 "복음"이라고 부르는 것을 구분한다.[18]

신화는 내가 복음이라고 부르는 것과 관련이 있다. 복음은 네 개의 신약성서 이야기들을 포함하고 있으나 그것들에 국한되지 않는다. 복음에서 우리는 하나님과 그에 가까운 존재들, 즉 영웅이라기보다 성인과 같은 자들의 행동에 관한 이야기를 듣는다. 톨킨 자신을 포함한 전통적인 신자들은 중요한 요소와 상세한 내용 두 가지 측면에서 모두 복음을 문자적·역사적으로 사실인 것으로 간주한다. 내가 그 용어를 사용하는 경우에는 복음 안에서 인간의 상상력이 어떤 역할을 한다는 것이 특별히 부정된다.

원래의 신화에 의해 만족되었고, 또한 많은 이들이 복음을 통해 여

---

18 Ibid., 3, 5-6.

전히 만족을 얻고 있는 인간적 필요라는 것이 존재하는데, 그것이 충족되지 않은 채 지속될 경우에는 인격에 해를 끼칠 수 있다.…
철학적이고 문학적인 신화는 충족시킬 수 없으나, 복음과 원래의 신화가 충족시키는 것처럼 보이는 이 필요는 도대체 무엇인가? 나는 그것이 우리의 경험 안에 존재하는 **의미 있는 형식**(significant form)을 위한 필요라고 여긴다. 우리는 우리에게 발생하는 일들이 우리가 이해할 수 있는 전체의 일부이기를 바란다.
내가 생각하기에 그것을 가능하게 하는 것은 진리와 이야기의 결합이다.

나는 퍼틸이 "중요한 요소와 상세한 내용의 측면에서 문자적·역사적으로 사실"인 "복음"에 대해 펼친 주장을 다른 표현으로 설명해보려 한다. 나는 그가 말한 "문자적으로"가 어떤 의미인지 모른다. 나는 "복음"이 우리가 함부로 속단해서는 안 되는 나름의 문학적이고 수사학적인 관습을 지닌 다른 종류의 문학적 형태로 우리에게 다가오는 것이 가능하다고 본다. 나는 사복음서가 그의 설명과 무리 없이 잘 맞아떨어진다고 확신한다. 동시에 나는 창세기 1-11장이 보다 높은 수준의 회화적 언어를 사용하는 것을 기꺼이 받아들일 것이다. 그러나 이런 설명이 유익하다는 것을 알기 위해서 퍼틸이 내린 정의의 모든 부분에 동의할 필요는 없다. 예를 들어 퍼틸 같은 그리스도인들은 이방 민족들의 신화가 온전한 역사적 진실성을 결여하고 있다고 판단할지 모르나, 해당 이방 민족의 시각에서 본다면 역사의 일부를 이루는 진리를 말하고 있다고 여길 수 있는 것이다.[19] 이야기의 기능은 현재의 삶을 하나의 일관된 이야기의 측면에서 설명하는 것이다. 즉 이야기들은 하나의 세계관을 전달하고 청중이 몸담고 있는 세상에서 잘 살아갈 수 있도록 준비시키는 역할을 한다.[20]

퍼틸은 "신화"라는 말을 유대인과 그리스도인에게서 유래한 이야기보다 고대 근동이나 그리스-로마 사람에게서 유래한 이야기에 적용하는 데 더 편안함을 느낀다. 그가 그것들을 사실에 근거한 것으로 여기지 않았기 때문이다. 실제로 창세기 1-11장과 가장 가까운 (연관성이 높은) 이야기들을 보유하고 있는 메소포타미아에서는 그 이야기들이 참된 것, 즉 실제 사건들에 관해 이야기한다는 의미에서

---

19 다시 말해, 나는 Purtill이 신화 작가들을 향해 칭찬할 만한 공감을 보였다고 여긴다. 최근에 John Oswalt는 *The Bible among the Myths* (Grand Rapids, MI: Zondervan, 2009)에서 그 주제에 관해 썼다. 하지만 그는 그런 공감을 보이려는 어떤 시도도 거부했는데(36-38 참조), 그가 판단하기로 그런 태도는 성서를 다른 민족들의 이야기와 같은 수준으로 축소시키는 경향을 보이기 때문이다. 나는 성서에 대한 Oswalt의 견해에 동의하지만, Purtill이 보편적인 인간의 필요를 인정함으로써 성서 저자들이 이루고자 하는 것을 더 잘 볼 수 있게 해주었다고 여긴다.

20 John Walton, *Ancient Near Eastern Thought*는 그것을 잘 표현한다. "고대 세계의 대부분의 사람들은 과거가 흥미롭다고 여겼고, 그 안에서 현재의 삶에 의미를 부여하는 사회적 일관성에 대한 열쇠를 찾아냈다"(223). 비슷하게, S. G. F. Brandon은 어느 수메르의 기원 이야기에서 "세 가지 일을 설명하기 위해 고안된 수메르의 원인학적 신화"를 발견하는데, 그중에는 "인간의 목적, 즉 신들을 섬기는 것"이 포함되어 있다. Brandon, "The Origin of Death in Some Ancient Near Eastern Religions," *Religious Studies* I (1966), 217-28, 여기서는 222.

참된 것으로 여겨진 증거들이 있다.[21] 이에 대해 이집트학자 케네스 키친(Kenneth Kitchen)은 다음과 같이 주장한다.[22]

고대 근동 사람들은 신화를 역사화하지(historicize) 않았다(즉 신화를 가상의 "역사"로 읽지 않았다). 실제로는 그 반대다. 오히려 고대 근동에는 역사를 "신화화하려는"(mythologize) 경향, 즉 역사상 실재했던 사건과 사람을 신화적인 용어로 기리고자 하는 경향이 있었다.…고대인들(근동 지역 사람들과 히브리인들)은 실제 사건에 기초를 둔 선전(propaganda)이 순전히 날조된 것보다 훨씬 더 효과적이라는 것을 알았다.

더 나아가 키친은 이렇게 주장한다.[23]

---

21 이 책의 부록 1 "고대 근동 문헌들과 창세기 1-11장"에 실려 있는 보다 상세한 논의는 메소포타미아의 이야기들에 대한 이와 같은 평가를 정당화해준다.

22 Kenneth A. Kitchen, *On the Reliability of the Old Testament* (Grand Rapids, MI: Eerdmans, 2003), 262, 300. 기원 이야기에 적용되는 동일한 문제, 즉 기적적이고 비유적인 이야기들이, 과거의 것이든 혹은 미래의 것이든, 실제 사건들을 가리킬 수 있는가 하는 문제가 복음서와 묵시 문헌에서 발견되는 언어에도 적용된다. N. T. Wright, *The New Testament and the People of God* (Minneapolis: fortress, 1992), 424-27을 보라. Wright가 주장하듯이, "신화의 언어, 그리고 특별히 종말론적 신화들(바다, 터무니없는 괴물 등)은 성서 문헌에서 역사적 사건들을 나타내고 그것들에 신학적 의미를 부여하기 위한 복잡한 은유 시스템으로 사용된다. 그러므로 복음서는 초기 기독교의 세계관을 위한 토대적인 이야기라는 점에서 '신화'다."

23 Kitchen, *On the Reliability of the Old Testament*, 425-26.

수메르인과 바빌로니아인은 [홍수 이야기를] 신화 혹은 "원역사"라는 단어로 정의하는 데 아무런 의심이 없었다는 것에 주목할 필요가 있다. 그들은 홍수 사건 이전과 이후에 등장하는 왕들을 언급함으로써, 가장 이른 시기의 역사적 전승에 홍수 이야기를 확실히 포함시켰다.

창세기 1-11장은 기원, 고대의 왕들, 홍수와 그 이후의 왕들에 관한 메소포타미아의 이야기들과 여러 접점을 지녔다. 그러나 이에 대한 나의 주장은 이렇다. 창세기 1-11장은 메소포타미아의 세계관에 맞서는 대안적 세계관 이야기의 시작이며, 그것의 목적은 "이스라엘이 하나님, 세계, 인류 안에서 갖는 위치에 대한 견해를 형성하는 것"이다.[24] 키친은 계속해서 이렇게 말한다.[25]

창세기 1-11장은 최초로 온전하게 "역사적인" 인물인 족장 아브라함으로부터 야곱에 이르는 시기 이전의 "전역사/원역사"를 히브리인들이 어떻게 제시하는가에 대한 답이다. 다시 말하지만, 히브리인들은 그 시대의 기본적인 도구와 개념, 그리고 그들의 이웃이 공통적으로 사용했던 접근법을 택했다. 그것은 바로 인간 세대의

---

24 Collins, *Genesis 1-4*, 242.

25 Kitchen, *On the Reliability of the Old Testament*, 447. 또한 Claus Westermann, *Genesis 1-11* (Minneapolis: Augsburg, 1984[1974]), 65을 참조하라.

제2장 성서 이야기의 형태 **51**

연속과 그 세대를 측정하는 것이다. 메소포타미아인들은 영웅적인 몇 왕조를 확대하는 쪽을 택했고, 히브리인들의 족보는 대표적인 숫자를 유지하면서 시간을 압축시켰다.

이것은 "역사"와 세계관 이야기 간의 관계를 다루는 문제로 이어진다. 하지만 이 문제를 다루기 전에 우리는 먼저 "역사"라는 말이 무엇을 의미하는지 정해야 한다. "역사"라는 단어는 다양한 의미로 사용되기 때문에, 각 저자에게 "역사"가 무엇을 의미하는지 명백하게 밝히지 않을 경우 우리는 혼란에 빠질 수 있다. 어떤 저자에게 "역사적"인 본문이, 다른 저자에게는 "역사적"이지 않을 수도 있다. 어떤 학자들은 상상적인 요소가 없고 적절한 연대기적 순서로 말해지는 이야기를 "역사적"이라고 한다. 다른 이들은 "역사"라는 단어를 학문적인 훈련을 받은 역사가들이 쓰는 이야기나 심지어 하나님이나 신들의 행위에 대한 모든 언급을 배제하는 이야기에 국한시킨다. 이것은 다음과 같은 이상한 결론으로 이어질 수 있다. "이 이야기는 **역사적**이지는 않지만, 그렇다고 해서 그런 일이 발생하지 않았다는 의미는 아니다!"[26]

"역사"라는 단어를 신중히 사용하지 않을 때 나타날 수 있는

---

26 이에 대한 더 많은 논의를 위해서는, V. Philips Long, *The Art of Biblical History* (Grand Rapids, MI: Zondervan, 1994), 특히 58-87(2장)을 보라.

몇 가지 혼란이 있다. 예를 들어 어떤 이들은 해석에 있어서 "역사성"(historicity)과 "문자주의"(literalism)를 아주 긴밀하게 결부시킨다. 그들은 만약 어떤 이야기가 "역사적"이라는 평가를 얻고자 한다면 비유적인 요소들을 많이 사용해서는 안 된다고 여긴다. 엄격한 젊은 지구 창조론자인 더글라스 켈리(Douglas Kelly)에 따르면, 창세기의 창조 이야기는 "역사적"이기 때문에 그것이 "문자적"이라고 불리는 방식으로 읽혀야 한다.[27] 이것은 창조 이야기에 대한 아주 빈약한 해석으로 이어지기 쉽다. 하지만 그것은 여기서 내가 말하고자 하는 바가 아니다. 반면, 진화적 창조론자인 데니스 라무뤼(Dennis Lamoureux)는 역사성과 문자주의의 긴밀한 연관성에 주목하면서도 아주 다른 결론에 이른다. 그에 따르면 문자적 방식으로 읽을 경우 창조와 관련된 구절은 "참된 것"이 아니기에, 역사적이지 않다.[28] 내가 이런 전제에 대해 충분하게 대답하고자 한다면, 나는 사람들의 의사소통 과정에서 벌어지는 일에 대해 길게 서술해야 할 것이

---

[27] "역사"에 대한 이런 개념은 Douglas Kelly, *Creation and Change: Genesis 1.1-2.4 in the Light of Changing Scientific Paradigms* (Fearn, Ross-shire, U.K.: Christian Focus, 1997)의 의문의 여지가 없는, 눈에 보이지 않는 전제로서의 역할을 한다. 41-42, 51("창세기의 본문은 분명히 문자적이고 역사적인 의미로 취급되어야 한다")을 보라. 이것은 Kelly의 동료인 또 다른 젊은 지구 창조론자 Kurt Wise, *Faith, Form, and Time* (Nashville: Broadman & Holman, 2002)의 전제이기도 하다. 44에서 그는 "액면 그대로 취급되는 것"을 "역사를 전달할 의도를 지닌 것"과 동일시한다.

[28] Denis Lamoureux, *Evolutionary Creation: A Christian Approach to Evolution* (Eugene, OR: Wipf & Stock, 2008), 150을 참조하라. "그러므로, 하늘은 이런 식으로(즉 창세기 1장에 대한 문자적 읽기의 방식으로) 조직되지 않았기에, 창세기 1장은 하늘을 창조한 실제적 사건에 대한 역사적 이야기가 될 수 없다."

고, 그것은 앞서 언급한 화행이론(speech act theory) 및 수사학적 비평(rhetorical criticism)과 관련된 개념들을 다루는 논의가 될 것이다. 하나님의 뜻이 있다면, 다른 책에서 그 문제를 보다 상세하게 논할 기회가 있을 것이다. 그러나 지금 내가 말할 수 있는 것은 "역사"라는 단어의 의미 속에는, 그리고 인간의 공통적인 경험에는, 이와 같은 동일시를 요구하는 그 어떤 것도 존재하지 않는다는 것이다.

"역사"라는 단어가 갖는 단순하고 평범한 언어적 의미가 있다. 바로 그것이 내가 의미하는 바다. 나는 기록된 사건이 실제로 일어났다고 청중이 믿게 만들려는 저자의 의도를 강조하기 위해 "역사적 이야기"(historical account)라는 용어를 사용할 것이다. 이는 문학적 진술이나 묘사 방식과 관련된 모든 문제를 해결하고자 함이 아니다. 왜냐하면 우리는 본문의 소통 목적을 고려해야 하기 때문이다. 특히,[29]

① 이런 의미에서 "역사적"이라는 용어는 "건조한 산문"이라는 말과 같지 않으며, 그 안에 비유적·상상적 요소가 없다는 뜻이 아

---

[29] Collins, *Genesis 1-4*, 249-51을 보라. 거기서 나는 시 105:26-28을 예로 들었다. "애굽에서 있었던 재앙의 이야기를 다시 전하는데, 출애굽기에 등장하는 것과는 다른 순서로 전한다. 또 그것은 그 재앙들 모두에 관해 이야기하지도 않는다. 그러므로 그 시편(한 편의 시)은 비역사적인 것인가? 혹은 그것을 출애굽기에 반하는 것으로 여기고, 출애굽기가 다른 전통의 산물이라고 선언해야 하는가? 아니다. 그것들은 서로 다른 소통 목적을 가진 두 가지의 서로 다른 글쓰기 형태다."

니다.

② "역사적"이라는 용어와 "세부 내용의 완전함" 또는 "편향적 이데올로기 없음"은 같은 의미가 아니다. 둘 중 어느 것도 가능하지 않고 바람직하지도 않다.

③ "역사적"이라는 용어는 본문이 그렇게 주장하지 않는 한 "정확하게 연대기적 순서를 따라 말해진 것"이 아니다.

이런 정의에 따르면 "역사"를 문학적 **장르**(genre, 여러 의미와 규정되지 않은 의미가 있는 또 다른 단어다)가 아니라, 사건에 대한 **지시 방식**(a way of referring)으로 여기는 것이 최선일 수 있다. 만약 어떤 것이 "역사적이다" 혹은 "역사적이지 않다"고 말할 때는, 그것이 어떤 종류의 문학인지 논하는 것이 아니라 실제 사건에 대해 말하는 (혹은 말하지 않는) 방식을 의미한다. 문학적 장르들은 서로 다른 목적을 위해 다른 방식으로 사건을 가리키거나 가상의 사건을 만들어낸다.

이 논의의 결론은 이렇다. 만약 메소포타미아의 기원과 홍수 이야기가 창세기 1-11장에 반하는 상황을 보여준다면, 그를 통해 우리는 이런 종류의 문학을 읽는 방법에 대한 단서를 얻을 수 있다. 이런 이야기들은 신들의 행위, 상징, 그리고 상상적 요소들을 포함함으로써, "문자적" 방식으로 취급되지 않으면서도 하나의 세계관을 위한 기초를 놓는 역할을 한다. 그럼에도 불구하고 우리는 그 이야기가 "역사적 핵심"(historical core)이라고 부를 수 있는 것을 갖고 있다고 여겨야 한다. 물론 그것이 무엇인지 식별하는 데 주의를 기울여야 하지만 말이다. 창세기의 목표는 올바른 방식으로 태초의 이야기를 말하는 것이다.[30]

창세기의 저자가 이야기를 쓸 때 사용했던 자료가 무엇인지는 알 수 없다. 그가 메소포타미아의 이야기 중 몇 가지 버전을 알고 있었을 것이라고 가정할 이유가 있지만, 그 이상으로 다른 무엇을 갖고 있었는지는 오직 하나님만 아신다. 아마도 아브라함으로부터 시작하는 히브리 족장들에 관한 이야기들이 있었을 것이다. 이에 관해서는 앙리 블로쉐(Henri Blocher)의 주장이 일리가 있다. 블로쉐는 창세기의 저자가 평범한 인간 경험에서부터 그것을 야기했음이 분명한 원인을 추적해 올라가면서, 다른 이야기들과 대조되는 이야기를 제공하는 방식으로 과거를 "재구성했다"고 주장했다.[31]

창세기는 다른 것들에 의해 재구성된 판타지와 오류에 맞서, 신적

---

30 Martin Emmrich(저작권에 관한 그의 결론은 나의 "좌측"에 속해 있다)는 "The Temptation Narrative of Genesis 3:1-6: A Prelude to the Pentateuch and the History of Israel," *Evangelical Quarterly* 73:1 (2001): 3-20에서 그 문제를 잘 다루고 있다. "그 본문은 적어도 역사적 지시성(historical referentiality)의 핵심을 인정할 것을 요구한다." 그는 그 핵심에 "J 자료[창세기 2-3장으로 추정되는 자료]의 많은 부분에서 발견되는 신비적인 특징에도 불구하고, 두 명이 거주하던 실제 동산(우리는 그 위치를 확신할 수 없다)을 포함한다. 아마도 이것은 원래의 청중이 그 이야기를 대했던 방식이었을 것이다"(4, 각주 6번). 이 마지막 확언을 뒷받침하기 위해 그는 Gerhard von Rad, *Genesis* (London: SCM, 1961[1956]), 73을 인용한다.

31 Henri Blocher, *In the Beginning* (Downers Grove, IL: InterVarsity Press, 1984), 159.

영감을 통해 인도되고 보증되는 재구성을 이루어 낸다. 우리가 그 사건을 상징으로 여기도록 만드는 것은 없다.

또한 블로쉐가 지적하듯이, "본문 안의 상징적 요소와 본문이 지닌 핵심적 의미의 역사성은 결코 서로 모순되지 않는다."[32]

만약 우리가 이것을 인정한다면, "창세기 1-11장은 우리에게 역사나 과학이 아닌 신학에 대해 말하려 한다"[33]는 주장이 창세기 1-11장의 성격에 대해 논할 만한 가치가 있는 무언가를 말하고 있으나 실제로는 문제가 있는 선언적 판단에 속한다는 것을 알 수 있다. 세상을 창조한 존재가 변덕스러운 신이 아니라 자신을 이스라엘에 계시하신 선한 하나님이고(이것은 하나의 역사적 선언이다!), 이것이 "신학적 진리" 중 하나라는 사실을 통해 알 수 있듯이, 신학은 이야기에서 분리될 수 없다.

어떤 저자들은 이보다 더 나아가 창세기 앞 장의 주된 목표는

---

32   Ibid., 155.

33   예컨대 John Stek, "What Says the Scripture?" in Howard J. Van Till, Robert E. Snow, John H. Stek, Davis A. Young, *Portraits of Creation* (Grand Rapids, MI: Eerdmans, 1990), 203-265,여기서는 42을 보라, 참조. 263. Gordon Wenham은 훨씬 더 조심스럽다. 그는 이렇게 쓴다. "비록 우리가 그 본문에 접근할 때 우리의 마음에 가장 먼저 떠오르는 게 역사적이고 과학적인 질문들이라고 할지라도, 과연 저자가 그런 것들을 염두에 두었는지는 의심스럽다. 그러므로 우리는 저자가 관심을 두지 않은 문제들에 대한 답을 찾는 것과 관련해 조심할 필요가 있다." Gordon Wenham, *Genesis 1-15*, Word Biblical Commentary (Dallas: Word, 1987), liii. 또한 Bruce Waltke와 Cathy J. Fredericks, *Genesis* (Grand Rapids, MI: Zondervan, 2001), 75-78을 보라.

"무시간적 진리"를 전하는 것이라고 주장한다.[34] 그러나 이런 진리들이 실제로 "무시간적"인지는 불분명하다. "하나님이 창조하셨다"는 "무시간적인 신학적 진리"(그것은 실제로 역사적인 것으로서, "무시간적"이 아니다) 외에도, 그런 식으로 사고하는 학자들은 창세기 3장이 "인간은 악하다"는 사실을 가르친다고 가정할지 모른다. 그러나 이것은 그 자체로 무시간적 진리가 아니다. 머지않아 어떤 이들은 하나님이 인간을 죄를 짓고자 하는 경향(혹은 적어도 그것에 대한 개방성)을 지닌 존재로 만드셨는지, 혹은 그분은 인간을 선하게 만드셨는데 인간이 스스로 악하게 된 것인지에 대해 알고 싶어 할 것이다. 우리의 가장 내밀한 직관적 통찰은 인간이 이전의 선함과 건강함을 얼마간 잃었다는 설명을 선호하지 않는가? 다시 말해, 가정된 무시간적 진리는 실제 인간의 경험과 상호작용하면서 역사적 질문에 대한 답을 요구한다.

이쯤에서 블로쉐가 제기하는 또 다른 주장이 도움이 될 것이다.[35]

---

34 예컨대 Daniel Harlow, "Creation according to Genesis: Literary Genre, Cultural Context, Theological Truth," *Christian Scholars Review* 37.2 (2008), 163-98을 보라. 198에 보면 그가 말하는 "무시간적인 신학적 진리들" 중 하나는 "하나님이 창조하셨다"라는 진술이다. 실제로 그의 설명 전체에 비추어 볼 때, 우리는 인간의 경험적인 사악함이 어떻게 "무시간적 진리"가 되는지가 궁금하다. 그것은 "하나님이 죄를 짓는 경향을 지닌 인간을 창조하셨다"는 주장처럼 보이는데, 이는 논쟁의 여지가 매우 많은 역사적 진술이다!

35 Henri Blocher, *Original Sin: Illuminating the Riddle*, New Studies in Biblical Theololgy (Grand Rapids, MI: Eerdmans, 1997), 50. Blocher는 최근의 논문 "The

우리가 창세기 2-3장을 해석하고자 할 때 제기되는 실제적인 문제는 우리가 타락에 관한 역사적 이야기를 갖고 있는지가 아니라, 그 이야기를 역사적 타락에 관한 이야기로 읽을 수 있는지다. 문제는 좁게 정의된 하나의 장르로서의 역사기술(연대기나 무용담이나 대서사)에서와는 달리, 우리의 일상적인 공간 및 연속적인 시간 안에 존재하는 별개의 실재들과 그 이야기가 조화를 이루고 있는지의 여부다.

이런 이야기들이 하나의 세계관을 전달하기 위한 것임을 인정한다면, 우리는 그 이야기들을 성서로 받아들이는 방법에 대해서도 알게 될 것이다. 그 이야기들은 하나님과 인간의 선택과 행동의 조합이 어떻게 우리의 현상황에 대한 실마리가 되었는지 알려줌으로써, 우리가 선택을 통해 배우기를 원한다. 또한, 신실한 자들에게는 계속되는 이야기 속에서 그들의 역할을 감당해 나가라고 요청한다.

그러나 기독교와 유대교의 설교자들과 경건한 저자들이 늘 이런 방식으로 이야기에 접근한 것은 아니다. 이들은 대개 그 이야기들을 "무시간적인" 도덕적·영적 진리에 대한 예시로 여겼다. 예컨대

Theology of the Fall and the Origins of Evil," in R. J. Berry and T. A. Noble, eds., *Darwin, Creation and the Fall: Theological Challenges* (Leicester, U.K.: Apollos, 2009), 149-72에서 그의 견해를 다시 확인했다. 논문 전반을 통해 Blocher는 나의 책 *Genesis 1-4*에 실린 연관된 주장에 동의하고 있음을 밝혔다.

다윗이 골리앗에 맞서 싸운 이야기(삼상 17장)는 위협적인 상황에 맞선 위대한 믿음의 예로 자주 인용되어왔고, 그로 인해 역사적 사건은 시야에서 지워졌다. 그 이야기가 주는 메시지는 "당신이 맞닥뜨린 도전들을 골리앗과 동일시하고 믿음을 발휘해 다윗처럼 용감하게 행동하라"가 되었다. 그러나 사무엘서의 본문은 다윗이 그의 민족 전체를 **대신해** 블레셋에 맞서 싸우는(삼상 17:4, 8-10) "투사"의 역할을 감당함으로써 사울보다 더 이상적인 왕의 모습이라는 것을 입증한 역사적 사건에 관심을 기울인다. 실제 사건은 다윗 계열에서 나온 모든 왕들을 위한 하나의 유형을 정해줄 뿐 아니라, 심지어 그리스도인들에게 다윗의 후손 예수를 그들의 왕으로 갖는 것이 무슨 의미인지를 이해할 수 있게 해준다.

내 말은 성서의 이야기들 안에서 도덕적 혹은 영적 "교훈들"을 찾을 수 있는 접근법이 없다는 뜻이 아니다. 예컨대 우리는 히브리서 11장에서 그와 같은 무언가를 발견한다. 신실한 왕의 의무 중 하나는 모든 백성에게 신실함의 본을 보이는 것이다. 거기에는 늘 역사적 요소가 존재한다. 하지만 일반적으로 경건한 그리스도인들과 유대인들은 대개 "무시간적인 것"을 얻기 위해 역사적 요소를 완전히 잃어버리는 접근법을 취한다. 이런 접근법은 아리스토텔레스(Aristotle)라는 강력한 이론가에 의해 지지를 받는데, 그는 그의 책 『시학』(*Poetics*) 9.1-3에서 그가 "역사"(시로 표현될지라도, 실제로 일어난 일들에 관한 이야기)보다는 그 자신이 "시"(허구적인 이야기)라고 부르는 장르를 더 좋아하는 이유를 말한다. 아리스토텔레스에게 "시"는 보편적인 것을 다루며, 따라서 보다 "철학적"인 것이다. 반면에 "역사"는 개별적이며 특수한 것이다.

S. R. 드라이버(Driver)와 같은 구약학자는 기독교 신앙 안에 자리한 이런 굳건한 태도를 바탕으로 창세기의 이야기들이 지닌 충분한 역사적 신빙성을 거부하고, 그 이야기들이 우리에게 "유혹에 굴복하는 불멸의 약점들"을 제공한다고 간주함으로써 어떤 형태의 경건을 쉽게 유지하도록 만들었다.[36] 이것은 사람들이 이미 성서에 대한 비역사적이고 도덕주의적인 접근법에 익숙해졌고, 그로 인해 역사적 의심이 경건을 훼손하는 것처럼 보이지 않게 되었기 때문에 가능한 일이다.

오늘날 많은 이들은 누군가가 오래전에 행한 무언가로 인해 현재 우리의 삶이 심각한 영향을 받을 수 있다는 것에 대해 깊은 의심을 품고 있다. 이런 태도는 독일의 극작가 고트홀트 레싱(Gotthold Lessing, 1729-1781)을 따른 20세기 신학의 많은 부분에서 발견된다. 이에 동조하는 신학자들은 역사적 사건과 오늘날 개인의 경험은 서로 관계가 없다고 여긴다. 이들에 따르면 신학은 무시간적 진리에 기초를 두어야 하며, "역사의 우발적 진리들은 결코 이성의 필연적

---

36   S. R. Driver, *The Book of Genesis*, Westminster Commentary (London: Methuen, 1904), lxviii-lxix.

진리들에 대한 증거가 될 수 없다."[37] 로마서에 대한 칼 바르트(Karl Barth, 1886-1968)의 해석의 배후에는 비역사적 타락을 가리키는 무언가가 놓여 있는 것처럼 보인다. "아담을 통해 세상 안으로 들어온 죄는 세상에 대해 나타난 무시간적이고 영원한 의와 같다."[38]

레온 카스(Leon Kass)가 최근에 쓴 창세기 주석은 창세기를 "역사적으로"가 아니라 "인류학적으로" 그리고 "철학적으로"(나에게 이 용어는 아리스토텔레스의 표현을 의도적으로 반복하는 것처럼 느껴진다) 읽을 것을 강조한다. 즉 그것을 실제로 **일어난** 일이 아니라 **일어날 수도 있는**, 그리고 **언제나 일어나고 있는** 일에 대한 기록으로 읽을것을 권유한다.[39] 그는 이것이 보다 풍성한 읽기 방식이라고 본다. 그러나 문학자 앨런 제이콥스(Alan Jacobs)에 따르면, 창세기 자체는 분명 이런 식의 읽기를 권장하지 않는데, 그 이유는 그 책의 청중이 그 사건들의 후손이기 때문이다. 제이콥스는 카스의 책에 대한 서평에서 다음과 같이 주장한다.[40]

---

37   Long, *Art of Biblical History*, 102-103에 실려 있는 논의를 보라.

38   Karl Barth, *Romans* (Oxford: Oxford University Press, 1933[1921]), 170-72 (롬 5:12에 관한 주석 중에서).

39   Leon Kass, *The Beginning of Wisdom: Reading Genesis* (New York: Free Press, 2003), 9-11을 보라.

40   Alan Jacobs, "Leon Kass and the Genesis of Wisdom," *First Things* 134 (June/July 2003): 30-35. 나는 개인적으로 Kass에 대한 Jacobs의 존경심을 공유하고 있다. 나와 Jacobs는 탐구심이 강한 Kass가 "그것이 그에게 복이 될 때까지 그 책을 굳건히 붙들고 있기를"(Jacobs, "Leon Kass," 35b) 기도한다.

철학적 읽기는 본문 안에 보편적인 인간 경험을 배치하고 특별한 사람들의 특별한 경험을 가능한 한 가장 보편적이고 적절한 용어로 묘사하고자 한다.…

그러므로 언약 공동체에 속한 사람으로부터 성서 이야기를 전유하는 것은 카스가 언급한 철학적 수단보다는 **역사적인 것**에 의해 이루어져야 한다. 성서 본문과 우리의 경험 사이에 유비적 다리를 놓는 개념적 어휘를 발견하는 것은 우리의 과제가 아니다. 오히려 우리는 이스라엘 사람들이 오경을 통해 이야기하는 것과 동일한 역사 속에 거하고 있음을 이해해야 한다.…창세기는 우리의 경험과 **유사**한 것이 아니다. 그것은 역사적 측면에서 볼 때 우리의 경험이다.

또한 카스에 의하면 창세기는 주로 "세상에서의 인간의 참된 지위와 일치하면서 인간에게 잠재된 신적 가능성을 완성할 수 있는 삶의 방식을 발견하고 제도화하고 보존하는 것이 가능한지"를 다룬다. 이에 맞서, 제이콥스는 다음과 같이 답한다.[41]

창세기와 그것에 기반을 둔 문화는, 인간이 가진 "세상에서의 참된 지위"와 "신과 같은 가능성"에 대해 신경 쓰는 것처럼 보이지 않는

---

41   Jacobs, "Leon Kass," 34b (Kass, *Beginning of Wisdom*, 661 인용).

다. 오히려, 내가 아는 한, 그것은 하나님에 관한 것이다. 또한 반역적이고 교만한 피조물이 깨뜨린 것, 즉 우리와 우리 자신과의 관계, 서로와의 관계, 창조와의 관계, 그리고 하나님과의 관계를 회복하기 위해 하나님이 행하신, 그리고 지금도 행하고 계시는 일에 관한 것이다.

역사에 대한 이런 불편한 태도는 무시간적인 것에 대한 선호와 더불어 계몽운동의 결과로 알려져왔다. 또한 실존주의는 의미를 개인적 경험으로 축소시킨다. 아마도 전자는 카스에게, 후자는 바르트에게 영향을 주었을 것이다. 신약성서 학자 조지 래드(George E. Ladd)는 이런 경향에 맞서 다음과 같이 말한다.[42]

예수의 사명에서 하나님 나라는 불가피하게 실존적이고 개인적인 결과를 갖고 있음이 분명하다. 하나님 나라는 나의 실존, 나의 개인적 대응과 책임, 나의 과거와 죄와 교만과 세상의 굴레로부터의 자유 등과 연결되어 있다. 그러나 이 모든 것이 참인 까닭은 무언가가 **역사 속에서** 일어났기 때문이다. 예수는 역사적 인물이었다. 그의 말은 역사적 사건이었다. 그의 행위는 개인적 실존의 경계보다

---

42 George E. Ladd, *The Pattern of New Testament Truth* (Grand Rapids, MI: Eerdmans, 1968).

훨씬 더 큰 범위에서 타인과 연관되었다. 그의 행위에는 사람과 사람 사이의 교제와 정신뿐 아니라 육체의 치유가 포함되어 있었다. 그의 사명은 사람들 사이의 새로운 교제를 만들어냈다. 이 교제는 그의 부활 이후에 기독교 교회가 되었고, 서구 문화에서 가장 영향력 있는 제도 중 하나가 되었다. 그리고 우리가 실존의 차원에서 다른 결과를 경험하는 것은, 역사 속에서 어떤 사건들이 먼저 일어났기 때문에 가능한 것이다. 실존적 의미는 오직 역사적 사건으로부터 나온다.

역사적 사건의 특수성을 강조한다고 해서 결코 개인적이고 경험적인 측면을 폄하하는 것이 아니다. 오히려 역사적인 것은 우리의 경험과 실재가 연관되어 있음을 확증한다. 그러므로 성서의 이야기들을 포괄적인 세계관 이야기와 연관시키는 것은 그것을 다루는 마땅한 방식인 셈이다.

2.c 성서 이야기의 특징들

이제 성서의 스토리라인 중 몇 가지 세부사항들을 살펴보자. 다음은

성서 이야기와 성서의 역할에 대한 간략한 요약이다.[43]

그러므로 구약성서는 유일하게 참된 창조자이신 하나님에 관한 이야기다. 그분은 아담과 하와의 죄를 통해 세상 안으로 들어온 오염을 치유하기 위해 아브라함의 가족을 부르셨다. 하나님은 이 계획을 완성하기 위해 애굽에서 종살이하던 이스라엘을 구출하셨고, 세상 전체에 자신의 존재와 특성을 드러내시기 위해 이스라엘의 신정국가를 세우셨다. 하나님은 이스라엘 백성이 그 목적을 추구하도록 만들기 위해 그들에게 복과 저주를 선포하셨다. 하나님은 이스라엘의 지독한 불성실함이 드러날 때도 자신의 일을 결코 그치지 않으셨다.

이 포괄적인 이야기는 이스라엘을 위한 거대 서사 혹은 세계관 이야기의 역할을 한다. 이야기에 속한 공동체의 사람들은 모든 영광과 수치와 더불어 자신들을 그 이야기의 **상속자**로, 다음 세대에 이야기를 전할 책임을 맡은 이야기의 **청지기**로, 또한 하나님의 신비로운 지혜 안에서 자신들의 신실함을 통해 주어진 역할을 감당하는 이야기의 **참여자**로 여겨야 했다.…

신약성서의 저자들은 대부분 유대 그리스도인들이었다. 그들은

---

43 Collins, "Theology of the Old Testament," 30b. 잠언의 논쟁적인 해석의 문제를 해결하는 데 이 견해를 어떻게 적용하는지 알고 싶다면 나의 또 다른 에세이 "Proverbs and the Levitical system"을 참고하라.

스스로를 구약성서 이야기의 상속자로 여겼고, 예수의 죽음과 부활 및 그로 인해 시작된 메시아 시대의 완성을 설명할 권한을 위임받았다고 생각했다. 이런 저자들은 구약성서를 기독교의 성서로 전용했다. 또한 그들은 이방의 그리스도인들이 다수 포함된 자신들의 청중 역시 그렇게 하기를 촉구했다. 신약성서 저자들이 구약성서를 어떻게 성서로 사용했는지에 관한 논쟁이 있다.…이에 대한 신약성서 저자들의 입장을 한마디로 정리하면, 구약성서는 현재 그리스도인들이 포함된 이야기의 앞부분 몇 장에 해당되는 것이다.

성서 이야기를 어떤 형식으로 풀어내든지 간에 **죄**라는 개념이 포함되어야 한다. 인간은 하나님으로부터 소외되었다. 그리고 이스라엘은 세상에 빛을 가져다주는 하나님의 수단이다. 신학자 코넬리우스 플랜팅가(Cornelius Plantinga)는 죄를 "샬롬에 대한 엄중한 방해 행위"라고 한다. 비록 이 표현이 히브리어와 그리스어 단어에 대한 적확한 정의가 아닐지라도, 성서의 세계관 속에 포함된 지배적인 개념 중 하나를 포착해낸다.[44] 우리는 개인적이고 집단적인 죄를 다루는 이스라엘의 제의 시스템 조항을 통해, 죄를 침입적인 요소 혹은

---

[44] Cornelius Plantinga, Jr., *Not the Way It's Supposed to Be: A Breviary of Sin* (Grand Rapids, MI: Eerdmans, 1995), 16.

방해가 되는 어떤 것으로 여겨왔다. 이스라엘의 몇 가지 희생제사들(번제, 속죄제, 속건제)은 "속죄를 행하는"(레 1:4; 4:20; 5:16) 것으로 알려져 있다. 비록 레위기를 연구하는 학자들 사이에 이 표현의 의미와 관련된 논쟁이 있기는 하나, 적어도 우리는 이 표현을 통해 죄가 인간의 실존을 파괴하고 사람들을 하나님 앞에서 존재할 가치가 없는 것으로 만드는 일종의 오염적 요소로 다뤄지고 있음을 알 수 있다.[45] 신약성서 저자들은 예수의 죽음이 우리의 죄 문제를 어떻게 해결했는지 설명하기 위해 속죄 제사의 개념을 사용한다. 예컨대 베드로는 그리스도인들에게 "오직 흠 없고 점 없는 어린 양 같은 그리스도의 보배로운 피로"(벧전 1:19) 그들의 죄를 용서받았다고 말한다. 그는 예수가 속죄용 희생제사 중 하나인 번제를 통해 이룬 일을 설명한다.[46] (나는 이것이 십자가를 이해하기 위한 유일하고 우선적인 모델이라고 주장하려는 것이 아니다. 예수의 죽음은 여러 측면에서 그 이상의 많은 일을 이뤘다.)

더 나아가 성서 저자들은 신자들의 도덕적 발전에 깊은 관심을 보인다. 근본적으로 성서에서 도덕의 형성은 훼손된 창조 형태를 회복하는 것으로 간주된다. 크리스토퍼 라이트(Christopher Wright)가

---

45 이와 관련해 최근에 벌어진 훌륭한 토론을 참고하려면, Jay Sklar, *Sin, Impurity, Sacrifice, Atonement: The Priestly Conceptions* (Sheffield, U.K.: Sheffield Phoenix Press, 2005)를 보라.

46 이런 용례에 대한 간략한 개관은, C. John Collins, "The Eucharist as Christian Sacrifice," Westminster Theological Journal 66 (2004): 1-23, 특히 21-23을 보라.

주장하듯이, 도덕적 행위의 두 가지 중요한 측면은 "하나님의 특성과 방법"을 모방하는 것과 창조의 선한 형태로 되돌아가는 것이다.[47] 라이트는 계속해서 이렇게 말한다.

> 구속의 맥락에서 주어지는 윤리적 조항들은 구약성서의 언약법과 신약성서의 하나님 나라 윤리를 포함하고 있으며, 인간에게 창조의 패턴, 즉 인간을 위한 하나님의 원래 목적에 순응하고자 하는 갈망과 능력을 회복시키는 데 그 목적이 있다.

사도 바울은 예수를 "보이지 아니하는 하나님의 형상"(골 1:15)으로 묘사하면서 도덕적 혁신이라는 동일한 그림을 그려낸다. 바울이 이렇게 말하는 까닭은, 아마도 예수가 "새로운 아담"(아담이 그렇게 해야 했던 것처럼, 예수는 하나님의 형상이며 그 형상을 담지하고 있다)이고, 또한 하나님이 기독교 신자들의 훼손된 형상을 회복시키면서 만들어 가는 기준과 목표가 바로 그의 성품이기 때문이다(골 3:10; 엡 4:24; 롬 8:29; 고전 15:49).

---

47 Christopher Wight, *Walking in the Ways of the Lord: The Ethical Authority of the Old Testament* (Downers Grove, IL: InterVarsity, 1995), 13-45. 또한 Wright, *Old Testament Ethics for the People of God* (Downers Grove, IL: InterVarsity Press, 2004); Gordon Wenham, *Story as Torah: Reading Old Testament Narratives Ethically* (Grand Rapids, MI: Baker, 2000)를 보라. 나의 책 *Genesis 1-4*, 129-32, 142-45에 실려 있는 창조의 법령에 관한, 그리고 창 2:24에 근거한 결혼에 대한 성찰과 관련된 나의 주장은 이런 개념들을 적용하고 있다.

창세기가 아브라함의 부르심(창 12:1-3)을 설명하는 방식을 보면, 하나님은 인류의 나머지 사람들이 아브라함과 그의 가족을 통해 복을 발견하기 원하셨음을 알 수 있다. 이 책의 3장에서 논하겠지만, 창세기가 아브라함의 부르심을 설명하는 방식이야말로 아브라함이 새로운 아담으로서 아담이 저지른 일을 원상태로 되돌리는 과업을 맡았음을 잘 보여준다.[48] 이것은 모든 인간이 공통적으로 무언가를 갖고 있음을 전제하는데, 그것은 바로 하나님을 알아야 할 필요, 죄로 인한 그분과의 거리, 메시지를 받을 때 그들에게서 나타날 도덕적 변화의 가능성 등이다.[49] 전통적인 주장에 따르면, 이런 공통성은 인간의 공통된 기원에서 나온다.

성서는 하나님을 온갖 사람들 사이에서 자신의 영향력을 확장하려는 분으로 제시하고 있지만, 하나님의 빛에 대항하는 저항 역시 만만치 않다. 그럼에도 성서의 이야기는 영광스러운 결론, 즉 죄의 패배와 추방을 향해 나아간다. 자신들의 죄에 집착하는 이들은 그런 영광 가운데서 자리를 얻지 못할 것이다(참조. 계 21:1-8). 나는 인간에게 주어진 원래의 과업이 에덴으로부터 밖을 향해 일하면서 에덴

---

48 이 책의 3.b에 실려 있는 논의를 보라. 또한 나의 책 *Genesis 1-4*, 87-88을 보라.

49 성서의 설명이 보여주는 또 다른 측면은, 그것이 이방인들에게서조차 나타나는 도덕적 성취를 인정한다는 것이다. 즉 신실하지 못한 이스라엘에 대한 비난뿐만 아니라 때로는 하나님의 백성을 위한 모델로서의 역할을 하는 것(잠 31:1-9처럼)이다. 이에 관해서는 나의 논문 "Echoes of Aristotle in Romans 2:14-15: Or, Maybe Abimelech Was Not So Bad After All," *Journal of Markets and Morality* 13:1: (2010): 123-73을 보라.

의 복을 지구에 퍼뜨리고 온 세상을 하나의 성소로 만드는 것이었다고 여긴다. 인간의 죄는 이를 수행하는 인간의 능력을 가로막았으나, 하나님이 그 계획을 고수하는 것은 막지 못했다. 요한계시록은 믿는 유대인과 이방인을 위해 영광스럽게 된 인간의 삶을 묘사하는 데 에덴이라는 표상과 성소라는 표상을 사용함으로써 하나님의 목적이 최종적 승리를 거두는 것을 보여준다.[50]

다른 한편으로, "악"을 이성적 존재가 자유의지를 행사할 수 있다는 창조의 개념 안에 내재된 무언가로 여기는 현대 철학자들과 신학자들이 있다. 예컨대 W. 시블리 타우너(Sibley Towner)는 20세기에 발견되는 창세기 3장의 해석 경향과 그것이 오늘날의 "원죄" 개념 형성에 미친 영향을 조사했다.[51]

오늘날의 신자들과 불신자들은 한결같이 모든 인간이 죄를 지었고 모든 죽음은 유전적·시간적으로 한순간을 살았던 한 쌍의 사람들

---

50 이것이 Gregory Beale, *The Temple and the Church's Mission: A Biblical Theology of the Dwelling Place of God*, New Studies in Biblical Theology (Downers Grove, IL: InterVarsity Press, 2004, 『성전 신학』, 새물결플러스 역간)의 주요 주제다. 나는 Beale이 상세하게 논한 것 중 많은 것에 대해 그의 방식과 달리 말하는 편을 좋아하지만, 여전히 나는 그가 논지를 잘 유지하고 있다고 여긴다. 나는 독자적으로 이 개념을 지지해 왔다. 이에 대해서 Collins, *Genesis 1-4*, 69, 185-86; *NIDOTTE* 2:582-83(히브리어 √k-b-d에 관하여)을 보라.

51 W. Sibley Towner, "Interpretations and Reinterpretations of the Fall," in Francis A. Eigo, ed., *Modern Biblical Scholarship: Its Impact on Theology and Proclamation* (Villanova, PA: Villanova University Press, 1984), 53-85. 특별한 질문들은 57-58, 76에 등장한다.

에 의한 단 한 번의 행위로 인해 초래되었다는 것을 믿지 않는다. 또한 뱀으로 위장한 사탄이 인간의 범죄의 원인이었다는 것을 새빨간 거짓말로 여기는 경향이 있다.

타우너는 브루스 바우터(Bruce Vawter)의 견해를 인정하며 다음과 같이 인용한다.

그러므로 남자들과 여자들이 애초에 창조되었던 상태와 다른 무언가가 되었다는 의미의 "타락"은 존재하지 않았다.…"타락" 이야기는 생물학에 대한 교훈이 아니라 유혹 앞에서 인간이 취하는 행위의 패러다임이다.

이런 행동 패턴은 분명히 인간 안에 내재되어 있다.

타우너의 연구는 여러 차원에서 비판할 수 있다. 그는 "오늘날의 신자들과 불신자들은 한결같이"라고 언급하면서 주장의 설득력을 높이고자 한다. 그러나 여기에는 온갖 질문이 따른다. 도대체 그가 말하는 오늘날의 사람들은 누구이며, 어째서 우리가 그들을 따라야 하는가? 그들이 특정한 방식으로 생각하는 "경향을 보인다"는 것은 무슨 의미인가? 그의 주장을 뒷받침할 수 있는 여론 조사 결과가 있는가, 아니면 그는 그저 자신이 알고 있는 사람들을 언급한 것인가? 오늘날의 사람들이 그렇게 생각하는 경향에 대한 이유를 제시한

적이 있는가, 그리고 그런 이유들은 사람들이 의심할 바 없이 공유하고 있는 다른 깊은 본능들을 설명해주는가?(이 책의 4장을 보라) 그리고 만약 그들이 대다수를 대표한다면, 도대체 그게 뭐가 어떻다는 말인가? 타우너 자신이 인정하듯이, 많은 사람들이 한때 그가 거부하는 견해를 지지한 적도 있다. 다시 말해, 대다수는 틀릴 수 있다.

　타우너는 이레나이우스(Irenaeus)가 이런 현대적 견해의 선구자라고 주장한다. 그는 이레나이우스가 "타락을 어린아이의 순진함으로부터 어른의 성숙함으로의 움직임"으로 보았다는 점을 이유로 든다. 만약 이것이 옳다면, 우리는 잠시 멈춰 생각해보아야 한다. 기원후 120년 혹은 140년경에 태어나 200년경까지 살았던 이레나이우스는 초기 교회 시대에 그리스어를 사용한 대표적인 신학자였다. 그러나, 사실상 타우너는 이레나이우스의 견해를 왜곡했다. 이레나이우스에 따르면, 최초의 인간들은 도덕적으로 무죄하게 창조되었고, 그들의 결백은 완전한 성인의 것이라기보다 어린아이의 것에 더 가까웠다. 하나님의 목표는 그들이 성숙해져서 도덕적으로 확실한 상태에 이르는 것이었다. 그런데 타락이 그 과정을 **방해했다**(이에 대한 상세한 논의는 3.a에 나온다).[52]

52　Towner, "Interpretation and Reinterpretations of the Fall," 60. 이레나이우스에 대한 상세한 연구를 위해서는, Anders-Christian Jacobsen, "The Importance of Genesis 1-3 in the Theology of Irenaeus," *Zeitschrift für antikes Christentum* 8.2 (2005), 299-316을 보라.

더 나아가 타우너는 성서학자들을 선택적으로 설명한다. 그는 창세기 3장을 다른 방식으로 취급할 수도 있는 사람을 모두 배제한다. 성서 자료를 능숙하게 다룬다고 평가받는 아시리아학자 알렉산더 하이델(Alexander Heidel)은 말할 것도 없고, 온건하며 비판적인 S. R. 드라이버(Driver), 공정하고 보수적인 데렉 키드너(Derek Kidner) 등이 여기에 포함된다.[53] 하이델이 아시리아학자라는 사실은 또 다른 중요한 점이다. 그가 인용하는 성서학자들은 창세기와 고대 근동의 이야기를 모두 비역사적인 것으로 다룸으로써 그 사이에서 인지되는 유사성에 답한다. 그러나 고대 근동의 문화를 연구하는 다른 이들은 종종 아주 쉽게 성서 저자들이 실제 사건에 관심을 갖고 있었다는 결론을 내린다(앞에 있는 2.b와 부록 1을 보라). 마지막으로 타우너는 주석의 경향이 성서 자체의 특징보다 "오늘날의 신자와 불신자들"이 선호하는 것 때문에 주목을 끌게 되는 것은 아닌지에 대해서는 분석하지 않는다.

두 번째 예는 제임스 바(James Barr)다. 그는 1993년, 창세기 3장에 대한 그의 연구서인 『에덴동산과 불멸에 대한 소망』(*The Garden*

---

53   S. R. Driver, *Genesis*, Westminster Commentary (London: Methuen, 1904)를 보라. 56-57에서 그는 타락 이야기에 일종의 역사적 핵심을 부여한다 (아래 5장 참조). Derek Kidner, *Genesis*, Tyndale Old Testament Commentary (Downers Grove, IL: InterVarsity Press, 1967); 2631 참조. Alexander Heidel, *The Babylonian Genesis* (Chicago: University of Chicago Press, 1951); 메소포타미아의 아다파 이야기와 창 3장을 비교하는 122-26을 참조하라.

of Eden and the Hope of Immortality)을 출판하면서 타우너의 연구 결과를 인정하고 인용한다.[54] 그는 자신이 발견한 내용을 다음과 같이 요약한다.[55]

> 하나님이 "좋다"고 선언하신 것은 있는 그대로의 창조된 세계, 죽을 수밖에 없는 있는 그대로의 인간이었다.…그 세계는 우리가 보아온 것처럼 그분이 창조하시지 않은 물과 어둠 같은 요소들을 포함하고 있었으나, 세계가 드러났을 때 그것 전체는 "좋았다."…사실 인간은 결코 "완벽하지" 않아 보였기에 "타락"이라는 개념은 쓸데없는 것이었다. 오히려 우리는 그들이 처음부터 불완전했다고 생각해야 할 것이다.…**인간의 불완전함은 불순종을 오히려 자연스러운 것으로 만들어준다. 모두가 불순종했다.**

타우너의 주장을 통해 알 수 있듯이, 이런 주장 안에도 논쟁의 여지가 큰 요소들이 있다. 예를 들어 나는 창세기가 하나님이 창조하시지 않은 세계의 어떤 요소들을 제시한다고 여기지 않으며, 또한 창세기에서 원시적인 갈등에 대한 그 어떤 흔적도 발견하지 못한다.[56]

---

54 James Barr, *The Garden of Eden and the Hope of Immortality* (Minneapolis: Fortress, 1993). Barr의 저작에 대한 나의 논평은 부록 2를 참고하라.

55 Ibid., 92 (강조는 덧붙여진 것임).

56 나의 책 *Genesis 1-4*, 50-55을 보라(참조. 45 n. 16).

어쨌거나 바는 자신이 창세기를 인간이 "처음부터 불완전"했음을 의미하는 것으로 읽고 있음을 분명히 밝힌다. 그의 표현이 의미하는 것은 인간이 "미성숙하고 성장해야 할 필요가 있다"는 것이 아니라 죄를 짓고자 하는 성향이 있다는 것이다. 전자는 문제가 되지 않지만, 후자는 문제가 된다.

마지막 예는 키스 워드(Keith Ward)다. 그는 『하나님의 행동』(*Divine Action*)이라는 저서를 통해 "예수의 위격으로 성육하시고 기도에 응답하시며 기적을 행하시는, 순전하고 영적인 우주의 창조자이시며 우주 안에 계신 인격적 중개자라는 강력하게 초자연주의적인 하나님 개념"을 옹호한다. 그럼에도 불구하고, 그는 인간의 타락과 사탄에 관한 이야기를 받아들이지 않는 현대 신학자들에게 동의하는 듯한 태도를 보이며 다음과 같이 주장한다. "만약 어떤 세계에서든 고난과 파멸이 존재한다면, 그것은 필연적으로 하나님 안에 들어 있는 것이지, 그분에 의해 자유롭게 선택된 것이 아니다. 그러므로 하나님은 자유롭게 고난의 가능성을 제거하시지 못한다."[57]

이런 다양한 노력의 배후에는 수많은 신학적 동기들이 있고, 학자들은 각 동기의 그룹 안에서 자신의 부분집합을 갖는다. 한 가지 동기는 인간 자유의 실재성을 옹호하는 것이다. 또 다른 동기는 하나

---

57 Keith Ward, *Divine Action: Examining God's Role in an Open and Emergent Universe* (Philadelphia: Templeton Foundation Press, 2007)[1990]); vii, 40, 43에서 인용함.

님이 지으셨다고 여겨지는 세상 안에 존재하는 고통과 고난의 문제를 다루는 것이다.

아무도 이 질문들을 피할 수 없다. 그것은 사실이다. 하지만 우리는 학자들의 노력이 그런 질문들을 공평하게 다루는 데 실패했다고 판단해야 한다. 신학적으로 말해서, 만약 우리가 인간 안에 죄를 지으려는 경향과 자유의지가 함께 내재한다고 말한다면, 우리는 성서 저자들이 속죄를 설명한 방식이 잘못되었다고 지적해야만 한다. 또한 우리는 예수가 자신의 죽음을 그런 맥락에서 설명하는 것(막 10:45)도 잘못이라고 해야 한다. 더 나아가 이런 접근법은 언젠가는 죄와 죽음이 사라지고 영화롭게 된 세상에서 살게 될 것이라는 그리스도인들의 즐거운 기대(계 21:1-8)마저도 무의미한 것으로 만든다. 이런 주장을 하는 오늘날의 저자들은 영화롭게 된 세상에 거주하는 이들이 더 이상 죄를 짓지 않기 때문에 덜 인간적인 존재가 될 것이라고 암시하는 것일까?

이런 현대적 시도들은 하나님을 고통과 고난에 대한 책임에서 해방시켜주지 않는다. 설령 그렇게 하는 데 성공하더라도, 치러야 할 대가가 엄청나다. 하나님은 세상을 만들기 이전부터 악에 대해 알고 계셨을까? 대부분의 신자들은 "그렇다"라고 말할 것이다. 그들은 그분이 악을 "허락하시는" 나름의 이유가 있다고 믿는다. 하지만 현대의 이런 노력은 어떻게든 하나님을 스스로 도울 수 없는 존재로 만들어버린다. 그가 만드실 **수 있는** 유일한 세상은 사람들이 그 안에서 악을 행하는 세상이었다. 적어도 전통적 이해에 따르면, **인간**은 그들이 행하는 악과 그들이 만들어 내는 고통에 대한 책임을 져야 한다. 여기서 우리는 그저 하나님을 비난할 수 있을 뿐이다. 하나님에 대한 성서의 견해는 이와 다르다. 하나님의 권능과 도덕적 순결은 그의 신실한 자들에게 당혹감을 불러일으킨다(참조. 합 1:12-13). 또한 현대적 접근법은 하나님이 최종적 승리를 이루어 내실 것이라고 소망할 수 있는 어떤 이유도 우리에게 주지 않는다.

이런 현대적 대안은 우리가 성서에서 발견하는 이야기와는 아주 다른 이야기를 전하며 끝을 맺는다. 이것이 내가 현대적 대안에 이의를 제기하는 또 다른 이유다. 이 대안들은 하나님을 성서 저자들이 묘사하는 분과는 아주 다른 분으로 만들어낸다. 마지막으로, 우리의 가장 깊은 직관적 통찰 중 하나, 즉 죄와 죽음에는 무언가 잘못된 것이 있으므로 하나님이 우리를 도우시고 치유해주셔야 한다는 통찰을 다루는 일에 철저히 실패한다. 이 통찰이야말로 바울이 예수의 부활을 첫 열매로, 그리고 우리의 최종적 치유에 대한 보장으로 묘사할 수 있었던 이유다(고전 15:23). 바울은 또한 죄와 죽음을 하나님이 신실한 자들을 위해 최종적으로 그리고 완전히 물리치실 적으로 묘사한다(참조. 고전 15:26, 56). 죽음에서 부활하신 예수는 아담의 첫 번째 죄로 인한 결과를 원상태로 되돌리는 일을 시작하신다(고전 15:21-22).

대체로, 성서의 이야기들은 플랜팅가의 요점, 즉 우리가 "죄"

안에서 "그렇게 되어서는 안 되는 방식으로" 존재하는 무언가를 갖고 있다는 주장을 강력하게 지지한다. 그는 이렇게 말한다.[58]

> "샬롬에 대한 엄중한 방해 행위"는 죄가 본래의 것이 아니며 선하고 조화로운 무언가를 방해하고 있는 강도와 같은 침입자라는 것, 그리고 죄를 짓는 사람들은 비난을 받아야 한다는 것을 암시한다.…
>
> 완성된 제품에 나쁜 변형이 생겼고 그로 인해 우리는 마치 그런 일을 위해 태어난 사람들처럼 쉽게, 기꺼이 죄를 짓는다.…성서적이고 경험적인 이런 사실이 원죄에 관한 광범위한 합의의 배후에 있다. 다양한 신학적 지향을 가진 그리스도인은 죄의 보편성, 연대성, 완고함, 그리고 역사적 탄력 등에 동의한다. 비록 부분적으로는 성서의 침묵으로 인해 원죄의 교리 중 핵심적인 문제들, 예를 들어 어린아이가 어떻게 치명적인 죄의 성향을 습득하는가, 이런 성향은 그 자체로 죄인가, 그것에 수반되는 의지의 속박을 어떻게 묘사하고 기술할 것인가에 대해서는 의견을 달리하고 있음에도 말이다.

그런 이유로 성서 저자들은 죄를 하나님의 선한 창조세계 안으로 들어온 이질적인 침입자로 묘사한다. 아담과 하와의 이야기, 특히

---

58   Plantinga, *Not the Way It's Supposed to Be*, 16, 33.

그들의 최초의 불순종에 관한 이야기는 이 침입자가 어떻게 맨 처음 인간의 경험 속으로 들어오게 되었는지 설명해 준다. 다만 뱀의 말로써 표현되는 하나님에 대한 반역이 어떻게 처음으로 나타나게 되었는지는 분명히 드러나지 않는다.[59]

그러므로 성서의 그 부분을 읽는 좋은 방법은 개별적인 성서 저자들이 세계를 해석하는 데 영향을 받은 포괄적인 이야기와 성서가 맺고 있는 관계를 생각하면서 읽는 것이다. 그 이야기는 인간 파트너를 사용해 창조세계 전체에 복을 주시려는 하나님의 계획, 즉 인류의 시원에서 무언가가 잘못되었기에 모든 이들을 "구속"하시려는 하나님의 계획에 초점을 맞춘다. 성서 저자들은 이것이 온 세상의 모든 사람을 위한 참된 이야기라고 한다. 그리고 그 "참됨"에는 실제로 발생한 사건들인 "역사"가 포함된다. 우리가 이 이야기 안에 거하고자 한다면, 우리는 그 이야기에 포함된 사건과 그 의미를 고수하기 위해 최선의 노력을 다해야 한다.

---

59 유혹자로서의 뱀에 대한 문학적 설명에 관한 논의는, Collins, *Genesis 1-4*, 170-72 과 이 책의 3.a에 실려 있는 나의 요약된 설명을 참고하라.

제3장

아담과 하와에 관한
특별한 본문들

지금까지의 논의는 확실히 인류의 역사적 타락이라는 개념을 선호한다. 또한 인간의 단일성이라는 견해를 지지한다. 그 단일성이 죄를 지은 최초의 부부에서 나온 공통 혈통에 근거하고 있는지에 대해서는 의문이 존재하지만, 전반적인 논의의 흐름을 요약하면 그렇다. 이제 우리는 아담과 하와가 이런 큰 그림에 맞아 떨어지는지 확인하기 위해 그들에 관한 특별한 성서 본문들을 살펴보고자 한다.

개별적인 성서 본문들을 살필 때 우리는 "숲과 나무의 문제"에 봉착한다. 큰 그림(숲)에 대한 이해와 본문(나무들)에 대한 해석은 어떻게 상호 작용하는가? 나는 그 질문에 간단한 답을 제시하려는 것이 아니다. 다만 그 둘이 서로 교정하고 보장하는 방향으로 상호 작용을 해야 한다고 주장할 뿐이다. 성향상 큰 그림을 중시하는 사람들은 상세한 내용을 보는 훈련을 해야 한다. 반면 세세한 부분에 집착하는 나를 비롯한 사람들은 부분과 큰 이야기를 연결하려고 노력해야 한다. 성서의 이야기를 보는 내 방식은 세세한 부분들을 살피는 것이다. 다른 방법을 택하는 사람들도 있다.

아담과 하와에 대한 성서의 언급이 빈번하지 않다는 주장이 있다. 확실히 몇몇 구절들에 관해 논쟁의 여지가 있기는 하지만, 그럼에도 그들의 주장이 정확한지는 확실치 않다. 그러므로 먼저 논쟁의 여지가 없는 구절을 살펴본 후에 논쟁의 여지가 있는 구절을 부수적으로 다루는 방법이 최선일 것이다. 또한 (프로테스탄트의) 정경 안에 들어 있지 않은 유대교 본문(외경의 본문들)도 도움이 될 것이다. 그런 본문들은 신약성서 저자들의 저술 배경이 되었던 제2성전기 유대교의 세계를 보여줌으로써 구약성서를 읽는 또 하나의 방식을 제시해준다.

3.a 창세기 1-5장

창세기로 눈을 돌리자마자 마주하게 되는 몇 가지 문제들이 있다. 예를 들어 창세기 1-2장에는 서로 다른 자료를 근원으로 하는 두 가지 이야기(창 1:1-2:3과 2:4-25)가 존재하며, 두 이야기가 서로 상충된다는 주장이다.[1]

---

1   학문적인 자료를 위해서는, Daniel Harlow, "Creation according to Genesis: Literary Genre, Cultural Context, Theological Truth," *Christian Scholars Review* 37:2 (2008): 163-98을 보라. 비전문가의 견해를 위해서는, Francis Collins, *The Language of God:*

이 문제와 관련해서는, 서로 다른 자료의 존재를 인정하는 주장과 부정하는 주장이 영원히 대립할 것이다. 왜냐하면 그런 자료의 실재 여부에 대해 알려진 바가 없기 때문이다. 우리가 갖고 있는 것은 두 구절을 하나로 연결시키고 있는 본문뿐이다. 더 나아가 우리는 그런 구절들을 하나로 연결한 사람이 구절 간의 모순을 인식하지 못할 만큼 멍청한 사람(들)이었다고 여길 이유가 없다. 제임스 바는 비평적 방식을 통해 창세기를 몇 가지 추정 자료로 분할하는 것을 받아들이고 그 최종 편집 시기를 늦춰 잡고 있다. 또한 그가 지적하듯이, 어떤 편집자가 자신이 갖고 있던 자료들 사이의 모순과 긴장을 감추거나 다듬어서, 고대의 독자들로 하여금 "두 가지 이야기 모두 신뢰성이 있다고 인정하게끔 했을 것이라는 추론이 가능하다.[2] (바 자신은 편집자의 작업이 실제로 어떻게 일어났는지에 대해서는 설명하지 않았다.) 그러므로 문자적이고 언어학적인 연구가 전체 작품을 일관성 있게 읽

A Scientist Presents Evidence for Belief (New York: Free Press, 2006), 150을 보라. 거기서 그는 다른 누군가의 견해를 따르고 있다.

[2] James Barr, "One Man, or All Humanity? A Question in the Anthropology of Genesis 1," in Athalya Brenner and Jan Wilem van Henten, eds., Recycling Biblical Figures: Papers Read at a NOSTER Colloquium in Amsterdam, 12-13 May 1997, Studies in Theology and Religion (Leiden: Deo, 1999), 3-21, 여기서는 6. 솔직하게 말하자면, 전통적인 그리스도인인 나는 바가 제공하는 주석학적 "선물"에 대해 조심하는 편이다. Barr가 1984년도에 David Watson에게 보낸 유명한 편지에 대한 나의 비판적 논의는 Collins, Science and Faith: Friends or Foes? (Wheaton, IL: Crossway, 2003), 264-66에서 볼 수 있다. 더 나아가 이 책의 부록 2에는 창 3장에 관한 바의 책에 대한 나의 서평이 실려 있다. 성서학 분야에서 언어학적 엄격함을 강조한 바의 공헌은 매우 중요하다. 그에 대한 타당성을 증명하는 Barr의 논쟁을 볼 때, 우리는 그의 위치를 인정해 주어야만 한다.

는 방법을 제시한다면, 우리는 마땅히 그 방법에 유의해야 한다.

나는 문학적·언어학적인 연구를 통해 그와 같은 일관성을 밝혔다. 나는 전통적인 랍비적 의견의 한 형태에 동의한다. 우리는 두 이야기의 불일치에 집중할 것이 아니라, 창세기 1:1-2:3을 지구가 인간이 살기에 적합한 곳으로 준비되는 창조에 관한 종합적인 이야기로, 그리고 창세기 2:4-25을 창세기 1장의 여섯 날의 사건들에 대한 상술(詳述)로 보아야 한다.[3] 하이든(Haydn)의 오라토리오 「천지 창조」(Die Schöpfung)는 이런 전통적 읽기를 바탕으로 두 이야기를 하나로 엮어낸다. 창조 여섯째 날에 하나님은 자신의 "형상"을 따라 인간을 지으셨고(창 1:27), 그의 코에 생명의 숨을 불어넣으셨다(2:7).[4] 그동안 나는 창세기 2:4-7이 두 이야기를 연결시키는 방식을 살핌으로써 전통적인 접근법에 문법적 정당성을 부여하려고 했다. 이 연구 결과는 출판물의 형태로 잘 정리되어 있으므로, 여기서 나는 그 주장의 타당성이 창세기의 저작권과 저작 시기에 관한 여타 견해에 의존하고 있지 않다는 것만 지적할 것이다.[5]

---

3   C. John Collins, *Genesis 1-4: A Linguistic, Literary, and Theological Commentary* (Phillipsburg, NJ: P&R, 2006), 108-12, 121-22. 전통적인 유대교 의견에서 제시하는 예시를 위해서는, Yehudah Kiel의 히브리어 주석 *Sefer Bereshit* (Genesis), Da'at Miqra' (Jerusalem: Mossad Harav Kook, 1997), 44 n. 7을 보라.

4   Franz Joseph Haydn, *Die Schöpfung* (Hob. xxi:2), §§23-24.

5   그러나 이런 본문들이 남긴 반향으로 인해 훗날 벌어진 토론은 창세기 자료들의 연대에 관한 의견을 요구한다. 만약 그런 것들이 존재하지 않았다면, 반향이 일어날 수 없었을 것이다. 한 가지 수단은 현재의 본문보다 이른 시기에 나온 본문이 있었

문법적 연구에 대한 나의 결론은 1999년 완전한 형태로 출판되었으며, 이는 창세기 2:4-7의 ESV(English Standard Version)에 반영되어 있다.[6]

> [4]이것이 천지가 창조될 때에
> 하늘과 땅의 내력이니,
> 여호와 하나님이 땅과 하늘을 만드시던 날에,
> [5]여호와 하나님이 땅에 비를 내리지 아니하셨고 땅을 갈 사람도 없었으므로 들에는 초목이 아직 없었고 밭에는 채소가 나지 아니하였으며 [6]안개만 땅에서 올라와 온 지면을 적셨더라. [7]여호와 하나님이 땅의 흙으로 사람을 지으시고 생기를 그 코에 불어넣으시니 사람이 생령이 되니라.

창세기 1:1-2:3은 "예전적"인 목적을 지녔다. 이것이 내가 이해하는 바다. 본문은 세상을 인간이 살기에 적합한 장소로 지으신 하나님의 작업을 하나의 위대한 성취로서 경축한다. "이 구절에서 보이는 고양된 어조로 인해 우리는 이 모든 일을 행하신 분의 선하심

고, 그것의 최종 형태의 저작 시기가 결정적 요소가 아님을 가정하는 것이다. 하지만 나는 부록 3에서 창세기가 이스라엘의 아주 이른 시기에 나왔음을 믿을 수 있는 이유를 충분히 설명했다.

6 Jack Collins, "Discourse Analysis and the Interpretation of Genesis 2:4-7," *Westminster Theological Journal* 61 (1999): 269-76.

과 능력과 창조성을 숭배하며 경외감을 갖게 된다."[7] 그 구절은 예배할 때 제창으로 읽는 것이 제격이다. 이어서 창세기 2:4-25은 우리가 아담과 하와라고 알고 있는 인간 부부의 창조에 초점을 맞춘다. 앞서 인용한 2:4-7의 표현은 어느 특별한 지역(5절에서 "땅"이라고 불리는)에서, 1년 중 어느 특별한 시기에(건기의 끝에, 그리고 비구름["안개"]이 일어나 비가 내리기 시작하기 전에) 하나님이 인간을 지으셨음을 알게 해준다. 다시 말해, 우리가 창세기 1장과 2장을 읽을 때, 2:4-25을 앞의 1:24-31을 확장하면서 "여섯째 날"에 일어난 상세한 일들을 메꿔가는 것으로 볼 수 있다.[8] 1:24-31은 하나님이 인간을 남자와 여자로 창조하시고 그들이 생육하고 번성하도록 준비시키는 모습을 자세히 보여준다. 이는 2:18의 "사람이 혼자 사는 것이 좋지 아니하니"라는 말씀과 1:31의 "심히 좋았더라"를 대비할 때 더욱 분명히 드러난다. 창세기 2장에서 남자와 여자가 한 몸을 이루기 전까지는 "심히 좋았더라"는 지점에 이르지 못한다. 남자와 여자가

---

7   Collins, *Genesis 1-4*, 78-79. Moshe Weinfeld는 이 구절이 "예전적"인 기원을 갖고 있다고 주장해왔다. "Sabbath, Temple, and the Enthronement of the Lord—the Problem of the Sitz im Leben of Genesis 1:1-2:3," in A. Caquot and M. Delcor, eds., *Mélanges Bibliques et Orientaux en l'Honneur de M. Henri Cazelles* (AOAT 212; Neukirchen-Vluyn: Neukirchener, 1981), 501-12을 보라. 나는 그런 진술의 배후에 놓인 모든 것에 동의하지는 않지만, 그 주장이 해당 구절에 보이는 경축의 분위기를 포착하고 있다고 여긴다.

8   창 2:19과 사건의 순서에 관한 특별한 문제들에 대해서는, 나의 담론 지향적 문법 연구인 "The Wayyiqtol as 'Pluperfect': When and Why," *Tyndale Bulletin* 46:1 (1995), 117-40, 여기서는 135-40을 보라.

벌거벗은 것을 부끄러워하지 않았다고 전하는 2:25에 이르러서야, 우리는 안도의 한숨을 내쉰다. 그제야 우리는 모든 것이 "심히 좋은" 상황 속에 있는 것을 본다.

창세기 1-5장은 또 다른 방식으로 일치를 보여준다. 창세기 2-4장을 동일한 자료(J, "야웨문서 작가"[Yahwistic writer])에서 나온 하나의 연결된 이야기로 보는 것에는 논쟁의 여지가 없다. 그러나 사람들은 종종 창세기 5장에 나오는 족보가 1:1-2:3(P, "제사장문서 작가"[priestly writer])과 동일한 출처를 갖는다고 주장해왔다.[9] 이에 대해 어떻게 생각하든 간에, 우리는 그 부분 전체가 편집을 통해 일관성 있는 이야기로 구성되었다는 것을 알아야 한다. 예컨대 하나님의 이름이 "하나님"(1장)에서 "야웨 하나님"(2-3장)으로, 이어서 간단하게 "야웨"(4장, 4:25 제외)로 바뀌는 것은 이스라엘의 언약의 하나님이신 야웨를 우주적이고 초월적인 창조주와 동일시하기 위한 수사학적 효과다. 이스라엘의 믿음은 온 인류에게 복을 가져다주기 위함이다(참조. 12:1-3). 더 나아가 창세기 1:28이 말하는 "복"은 3:14-19에서 삼중의 "저주"로 바뀐다(참조. 4:11). "번성하기"(multiplying)는 그때까지 즐거운 과업(1:28)이었으나 곧 "더해진"(multiplied) 고통의 장이 된다(3:16). 창세기 4장에는 명령(1:28)

---

9   가령, S. R. Driver, *The Book of Genesis*, Westminster Commentary (London: Methuen, 1904)를 보라.

을 따라 생육하고 번성하는 인간 가족이 나온다. 그러나 그 후손들의 행위가 낳은 슬프고 수치스러운 결과는 창세기 1:26-31의 열광적인 기대와 대조를 이룬다. 아마도 평균적인 이스라엘 사람들은 창세기 1장이나 2장보다는 창세기 4장의 모습에 가까운 기대를 가졌을 것이다. 여기에는 부연 설명이 필요하다. 또한 내가 앞으로 주장하겠지만, 우리가 이런 사실들을 이해하기 위해서는 어떤 형태로든 창세기 3장에 대한 전통적인 읽기가 필요하다. 마지막으로 나는 창세기 2-4장에서 나오는 아담과 셋의 개인적인 인명이 창세기 5:1-3에 사용되는 것에 주목한다.

"아담"이라고 불리는 인물은 창세기 2-5장에 등장한다. 고유명사 "아담"은 "인간, 인류"에 해당하는 히브리어 'adam을 음역한 것이다.[10] (공인된 히브리어 본문에 따르면) 창세기 2:20에서 "그 사람"은 처음으로 "아담"이라고 불린다.[11] 창세기 2:5은 땅에 일할 사람이

---

10 이런 이유로 "인간"('adam)과 인간이 형성된 근원으로서의 "땅"('adamâ, 2:7)을 연관시키는 것이 일반적이다. 그러나 창세기는 계속해서 다른 동물들 역시 땅으로부터 나왔다고 말하고 있기에(2:19), 이런 설명은 쉽게 납득될 수 없다. 1세기의 유대인 저자 요세푸스(*Antiquities* 1.1.2, line 34)는 그 단어를 "붉다"('adôm)에 해당하는 히브리어와 연관시켰는데, 그것은 (우리가 여기서 언어유희를 발견해야 한다는 전제하에서만 가능) 무의미한 설명이다.

11 일반적인 법칙은 정관사를 지닌 형태, *ha-'adam*이 2:7에서 말하는 새로 지음 받은 인간인 "그 남자"라는 것이다. 공인된 히브리 본문의 2:20에 등장하는 형태에는 관사가 없기 때문에 "아담"으로 번역된다. 어떤 이들은 2:20에 관사를 넣는 것을 선호하며(이것은 *l''adam*에서 *la''adam*으로 단지 모음 하나가 변하는 것이다.), 그렇게 함으로써 고유명사의 최초의 예가 등장하는 것을 3:17까지(혹은 4:25까지) 늦춘다.

아무도 없었다고 말한다. 그래서 2:7에서 야웨 하나님이 땅의 흙으로 **사람**을 지으신다. 2:18에서 **그 사람**은 혼자다. 야웨 하나님은 그를 위해 돕는 배필을 지으신다. 2:4-4:26 전반에서 그는 (그 사람으로 불리든 혹은 아담으로 불리든지 간에) 한 명의 사람으로 제시된다. 그의 아내는 내내 그저 "그 여자" 혹은 "그의 아내"라고 불린다. 그녀는 3:20에서 하와라는 이름을 얻지만, 그 이름은 또 다른 선택 사항이다(4:1에는 두 이름이 모두 사용된다). 아담이라는 이름 역시 5:1-5의 족보에 나타난다.

"우리의 형상을 따라 우리의 모양대로 사람을 만들"(1:26)고자 하는 하나님의 계획은 아마도 (대부분의 주석가들이 생각하는 것처럼) 인류 일반을 가리킬 수도 있고,[12] 혹은 (제임스 바가 주장하는 것처럼) 특별한 사람을 가리킬 수도 있다.[13] 우리가 어느 쪽을 선호하든 간에, 2:4-25은 인류가 어떻게 둘 다 하나님의 형상으로 지음 받은 남자와 여자로 구성되었는지 상세히 설명해준다. "인간"("the Human", ESV "the man")이라는 호칭과 "아담"("Human")이라는 고유명사는 둘 다 인류를 대표하는 행동을 한 그 누군가에 잘 들어맞는 표현이다.[14]

---

12 Richard Hess, "Splitting the Adam," in J. A. Emerton, ed., *Studies in the Pentateuch*, SVT (Leiden: Brill, 1991), 1-15, 여기서는 1을 참조하라.

13 Barr, "One Man, or All Humanity?" 9, 그는 5:1-2의 표현법에 근거해 그렇게 주장한다.

14 Hess, "Splitting the Adam," 12을 보라; 또한 Kiel, *Sefer Bereshit*, 102 (창 4:1)를 보라. 또한 Dexter E. Callender, Jr., *Adam in Myth and History: Ancient Israelite Perspectives on the Primal Human*, Harvard Semitic Studies (Winona Lake, IN:

그는 하나의 의인법으로서, 또는 특별한 구성원으로서, 아니면 두 가지 모두로서 인간을 "대표하는 것"일 수 있다. 여기서는 어떤 의미가 적합할까? 제임스 바는 창세기 5:1-2과 관련해 다음과 같이 주장한다.[15]

족보의 출발점이 되는 이 본문은, 오직 저자가 한 쌍의 사람을 의미할 때만 뜻이 통하는 것처럼 보인다. 이 땅은 점차 그들의 후손들로 가득 차게 될 것이다.

아담과 하와가 특별한 한 쌍이고 온 인류의 최초 조상이라는 이런 식의 읽기는 주석학적 문헌들에 아주 널리 퍼져 있으며,[16] 모종의 전통주의적 입장에서 성서를 신뢰하는 저자들과 그렇지 않은 저자들(가령, 제임스 바 같은)이 쓴 문헌에서도 쉽게 찾아볼 수 있다. 이 생각은 유혹이 어떻게 작동하는지 배울 수 있는 일종의 패러다임이 된다는 의미에서 아담이 대표자가 되는 것을 배제하지 않는다.

Eisenbrauns, 2000), 32을 보라. "우리는 아담이 하나님과 인간 사이에 서 있다는 것을 분명히 이해하고 인식할 수 있다."

15 Barr, "One Man, or All humanity?" 9.

16 Barr, "One Man, or All Humanity?" 5을 참조하라. "우리는 더 이상 모든 인류가 단 한 쌍의 부부에서 유래되었다고 믿지 않는다. 인류에 관한 우리의 믿음과 관련해, 창세기 1장의 이야기는 우리가 실제로 믿는 것에 가깝다." 이는 "사람"이 온 인류에 대한 집합명사라고 여기는 독해에 근거한 것이다. 다만 바는 이에 동의하지 않는다.

어쨌거나, 한때 "혼자"(2:18)였던 그 사람은 이제 아내와 함께 있다. 이 두 사람은 하나님께 불순종했고 에덴동산을 떠났다. 그들은 자녀를 낳았고, 그들 역시 자녀를 낳았다(4장). 창세기 5장의 족보는 이 부부와 그 이후의 사람들을 연결시킨다. 그 연결은 노아까지 이어지고(5:32) 그에게서 이스라엘의 조상인 아브라함이 나온다(11:10-26). 홍수가 노아와 그의 가족을 제외한 **모든** 사람을 죽였는지, 또는 그 족보가 얼마나 많은 세대를 건너뛰었는지는 우리에게 큰 문제가 되지 않는다. 창세기 1-11장의 족보는 이스라엘 백성이 역사적인 인물로 여기는 그들의 조상 아브라함을 아담과 연결시킨다. 그렇지 않았다면 아담은 태고의 안개에 묻혀 이스라엘 백성에게 알려지지 않았을지도 모른다.

내가 "태고의 안개"라고 표현한 이유는 우리가 "전역사"와 "원역사"에 관한 문헌을 다루고 있기 때문이다. 아시리아학자 윌리엄 헬로우(William Hallo)는 인간의 확고한 기록이 발생하기 이전의 기간을 "전역사"(prehistory), 기록이 존재하는 가장 이른 시기를 "원역사"(protohistory)라고 일컫는다.[17] 또한 케네스 키친(Kenneth Kitchen)이 주장하듯이, 기원전 19세기의 사람들은 "그들의 세계가 아주 오

---

[17] William Hallo, "Part I: Mesopotamia and the Asiatic Near East," in William W. Hallo and William K. Simpson, eds., *The Ancient Near East: A History* (Fort Worth, TX: Harcourt Brace College Publishers, 1998), 3-181, 여기서는 25을 참조하라.

래되었다는 것을 **이미 알고 있었다.**"[18] 그러므로 "태고의 안개"라는
표현은 고대인들의 관점을 대표하는 말이다. 나는 전역사에 대한 이
스라엘의 이야기와 앞서 언급한 (그리고 이 책의 부록 1에서 상세하게
논의될) 메소포타미아에서 발견되는 전역사의 이야기 사이에 어떤
관계가 있다는 견해를 논박할 이유를 발견하지 못했다. 우리는 이를
통해 창세기 역시 그런 이야기들처럼 기원에 관한 참된 이야기를 전
하려는 목적을 지니고 있음을 알 수 있다. 또한 우리가 창세기를 읽
을 때 지나치게 문자주의적인 관점을 갖지 않도록 경계하게 만드는
비유적 요소와 문학적 관습이 있음을 알 수 있다.[19] 창세기 1-11장
의 장르를 전역사와 원역사로 규정한다고 해서 저자가 실제 역사에
무관심했던 것은 아니다. 오히려 그것은 실제 사건들이 저자가 전하
는 이야기의 중추를 형성한다는 의미다.

한편, 널리 알려진 바와 같이, 창세기 1-11장과 메소포타미아
의 전역사 이야기들 사이에는 중요한 차이가 있다. 둘은 신, 세계, 그
리고 인간의 소명에 관해 아주 다른 입장을 보인다. 메소포타미아의

---

18 Kenneth A. Kitchen, *On the Reliability of the Old Testament* (Grand Rapids, MI: Eerdmans, 2003), 439.

19 일반적인 문자주의의 과잉이라는 주제에 관한 A. R. Millard의 언급을 참고하라. "저자들은 **문자적 해석을 요구하지 않으면서도** 그런 생각을 분명히 전달하는 구절을 통해 비상한 풍부함을 묘사하고 있었다." Millard, "Story, History, and Theology," in A. R. Millard, James K. Hoffmeier and David W. Baker, eds., *Faith, Tradition, and History: Old Testament Historiography in Its Near Eastern Context* (Winoa Lake, IN: Eisenbrauns, 1994), 37-64, 여기서는 49을 참조하라(강조는 덧붙여진 것임).

전역사 이야기는 곳곳에서 신들이 **한 그룹의** 최초의 인간들을 만들었음을 암시한다. 바는 메소포타미아 이야기들이 지닌 특징을 언급하지만, 그것이 창세기와 같은 역할을 하는 것은 아니라고 말한다.[20]

인간의 창조는 [창세기 1장에서 제시되는 바 다른 동물들 전체의 기원과] 유사한 것이 분명하다. 그러므로 그분은 인간 전체, 즉 온 인류를 창조하신다. 메소포타미아의 병행 이야기들은 이 견해를 일부 뒷받침한다. 몇 가지 중요한 예시를 보면 신들은 개별적인 인간이 아닌 인류를 창조한다. 이것은 훌륭한 주장이며, 강제적인 설득이 아니다. 아마도 히브리 저자로 하여금 이 지점에서 큰 범주를 다루기보다는 개별적인 차원에서 인간을 바라보도록 설득한 이유들이 있었을 것이다.…더 나아가 메소포타미아의 자료들이 한 부류로서의 인간에 대해 생각하기는 하지만, 히브리 문화 속에 개별적인 인간 창조에 대한 견해가 깊숙이 뿌리내리고 있었다는 분명한 증거들이 있다. 즉 창세기 2-3장 자체는 아담과 하와에 관한 이야기다.

---

20 Barr, "One Man, or All Humanity?" 10. John Walton이 주장하듯이, 다른 고대 근동의 이야기들에는 "온 인류의 조상이 되는 최초의 인간 부부(단일기원설)를 암시하는 구절이 없다. 이것은 창세기 이야기의 특징 중 하나다"(John Walton, *Ancient Near Eastern Thought and the Old Testament: Introducing the Conceptual World of the Hebrew Bible* [Grand Rapids, MI: Baker, 1006], 205).

바는 창세기를 쓴 히브리 저자가 메소포타미아인들이 말했던 것과는 다른 이야기를 풀어내게 된 "이유들"에 대해 언급한다. 부록 1에서 보겠지만, 그것은 전역사들이 가진 매우 다른 이데올로기와 관계가 있다.

움베르토 카수토(Umberto Cassuto)는 이것을 간파했다. 그는 다른 이야기들과 창세기 간의 유사성과 차이점을 묘사한 후 이렇게 주장한다.[21]

또 다른 점에서 오경의 설명은 앞서 언급한 본문들의 이야기들과 다르다. 즉 창세기는 오직 한 쌍의 인간 부부의 창조(이것은 인간의 형제됨과 평등을 의미한다)에 대해 말하지만, 이방의 본문들은 인류 전체의 대량 생산을 이야기한다.

창세기의 전역사-원역사의 이념은 창세기의 준비 단계(the front end)라는 그 자체의 문학적 맥락에서 분명하게 드러난다. 즉 창세기 1-11장은 출애굽기의 배경인 아브라함-이삭-야곱 이야기의 배경

---

21 Umberto Cassuto, *From Adam to Noah: Genesis I-VI.8* (Jerusalem: Magnes, 1961[1944]), 71-83, 여기서는 83을 참조하라. Cassuto가 이스라엘로 이민한 이탈리아 태생의 유대인이었고 홀로코스트 기간에 히브리어로 주석을 썼다는 점을 고려한다면, 이것은 매우 통렬한 발언이다. 그동안 그가 무시간적 교훈을 지향해온 것처럼 보인다는 점을 제외하고는, Cassuto가 어떻게 이런 통찰과 역사적 읽기를 통한 그의 일반적인 이의를 화해시키고자 했는지는 분명하지 않다.

이 된다. 전역사는 모든 인간이 어떻게 서로 연결되어 있고, 왜 하나님의 축복을 동일하게 필요로 하는지, 그리고 어떻게 그 축복을 동일하게 얻을 수 있는지를 보임으로써 아브라함의 부르심을 위한 기초를 놓는다. 아브라함은 이 보편적 필요에 대한 하나님의 응답이다(창 12:1-3). 그는 지금 하나님으로부터 소외되어 있는 온 인류가 참된 하나님을 알게 되는 통로가 될 한 가족을 출범시킴으로써 "땅의 모든 족속"에게 복을 가져다주는 수단이 될 것이다.

일단 우리가 이 사실을 알게 되면, 창세기 1-11장의 말하기가 이 목적을 염두에 두고 정교하게 형성되었다는 것을 인식하게 된다. 예컨대 그동안 많은 이들은 에덴동산이 고대 이스라엘의 성소와 심지어 이스라엘의 땅을 묘사하기 위한 하나의 본보기가 되는 방식에 주목해왔다.[22] 다시 말해, 구약성서는 에덴을 하나님이 그분의 언약의 파트너들(아담과 하와)과 함께 계셨던 최초의 성소로 여긴다. 성막과 훗날의 성전은 이런 에덴의 축복을 회복시킨다. 약속의 땅의 비옥함은 온 세상에 하나님의 임재를 드러내는 역할을 함으로써 그곳을 재구성된 에덴처럼 보이게 한다.[23] 우리는 창세기가 이 같은 목표

---

22 예컨대 이것은 Martin Emmich, "The Temptation Narrative of Genesis 3:1-6: A Prelude to the Pentateuch and the History of Israel," *Evangelical Quarterly* 73:1 (2001), 3-20의 논지다. 그의 주장의 모든 측면이 설득력을 갖춘 것은 아니다. 하지만 "창세기 2-3장의 동산은 이스라엘 땅의 원형으로 간주되기를 바라고 있다"는 그의 주장은 훌륭하다.

23 예컨대 Christopher Wright, *The Mission of God: Unlocking the Bible's Grand Narrative* (Downers Grove, IL: InterVarsity Press, 2006), 334을 보라.

에 유념하여 아담을 묘사하고 있다고 여길 만한 충분한 이유를 갖고 있다. 정확히 말하자면, 아담은 이스라엘 백성과 "같다." 따라서 하나님의 백성들은 스스로를 세상에 존재하는 하나님의 "새로운 아담"으로 여긴다. 이런 생각들을 고려한다면, 창세기 저자는 자신의 목적에 따라 시대착오(anachronism) 같은 장치를 사용할 수 있었을 것이다. "역사적 개연화(그럴듯하게 보이도록 구성하기)"는 저자가 삶의 모든 상세한 내용을 등장인물이 알았던 것과 정확히 일치하게 묘사하는 것을 목표로 삼는데, 이것은 본문 자체에 의해 강력하게 주장되지는 않는다.[24]

아담과 하와의 결혼(창 2:23-25)은 인간의 건강한 결혼을 위한 패러다임으로 간주된다. 성서는 이것이 인간의 삶을 위한 계획에 입각한 것임을 분명히 밝힌다. "이러므로 [21-23절이 전하는 사건 때문에] 남자[히브리어 'ish, 그 어떤 남성 인간이라도]가 부모를 떠나 그의 아내와 합하여 둘이 한 몸을 이룰지로다"(2:24).[25]

---

24 적어도 서구에서는 현대에 이르기까지 문학작품에서 역사적 개연화(verisimilitude)가 실제로 일어나지는 않았다. 이것이 바로 족장들의 이야기(창 12-50장)의 배후에서 자유로운 작문보다는 고대의 전통을 보는 것을 선호하는 주장 중 하나다. 이 이야기의 방식과 관습은 그가 누구이든 이야기를 기록한 사람이 살던 때가 아니라 그 사건이 일어난 때에 대한 정확한 회고를 반영한다. 이 마지막 요점과 관련해서는, A. R. Millard, "Methods of Studying the Patriarchal Narratives as Ancient Texts," in A. R. Millard and Donald J. Wiseman, eds., *Essays on the Patriarchal Narratives* (Leicester, U.K.: InterVarsity Press, 1980), 43-58을 보라.

25 아마도 "어찌하여 하나만 만드셨느냐?"라는 말 2:15의 표현 뒤에는 이런 개념이 있을 것이다.

아담과 하와의 불순종은, 그 결과에서 알 수 있듯이, 역사적 의미를 갖는다. 창세기 3:8에 나타나는 하나님을 피해 숨는 것, 3:10-13에 나타나는 두려움과 서로를 비난하는 게임, 3:14-19에 나타나는 엄중한 선언, 4장에 나타나는 악한 행위 등은 축복과 은혜로운 지배(1:28-29) 그리고 순진무구한 즐거움(2:8-9, 18-25)이라는 목가적인 장면과 어울리지 않는다. 어떤 이들은 창세기 3장에 "죄"나 "반역" 같은 단어가 **등장하지 않는 것을 이유로 들어** 그 본문이 아담과 하와가 "죄를 지었다"고 "가르치는" 것이 아니라고 주장한다.[26] 이것은 불합리한 주장이다. 3:11의 질문("내가 네게 먹지 말라 명한 그 나무 열매를 네가 먹었느냐")은 불순종에 관한 훌륭한 바꿔 말하기다. 또한 어떤 이들은 창세기 본문이 이 불순종 때문에 인간이 "타락했다"고 **말하지 않으므로** 창세기는 그런 것을 "가르치지" 않는다고 주장해 왔다.[27] 그러나 우리가 방금 언급한 조화롭지 못한 불일치는 그 점에서 충분히 설명적이다. 이런 반대는 성서의 화자들이 보다 분명한 "말하기"(telling)보다 간결한 "보이기"(showing)를 사용함으로써 기

---

26   예컨대 James Barr, *The Garden of Eden and the Hope of Immortality*, 6을 보라. 이 문제에 관한 더 많은 논의를 위해서는 Collins, *Genesis 1-4*, 155를 보라.

27   예컨대 Harlow, "Creation according to Genesis: Literary Genre, Cultural Context, Theological Truth": "그러나 창세기 자체는 타락이나 원죄 교리를 제안하지 않는다"(189). 또한 Towner, "Interpretations and Reinterpretations of the Fall," e.g., 59: "[창세기의] 어디에서도 그 동산에서 그날 오후에 인간의 본성이 근본적으로 돌이킬 수 없을 정도로 변화되었다는 말이 나오지 않는다.…그것이 성서 이야기가 전하는 모든 것이다. 그것은 그 이상의 것을 결코 말하지 않았다."

록된 말과 행위를 통해 독자들이 올바른 추론을 할 여지를 남기는 것을 선호한다는 사실을 이해하지 못하는 데서 나온다.[28]

또한 나는 창세기 3장의 불순종이 창세기 4장의 폭력과 비교할 때 매우 유순한 것이므로 어떻게 불순종이 폭력의 원인이 될 수 있냐는 식의 반대를 들어왔다. 나는 그 둘의 관계를 "원인"과 "결과"로 규정하지 않는다. 오히려 나는 어둠의 권세의 영향력 아래에서 발생한 창세기 3장의 죄가 인간의 삶을 파괴하는 것을 목표로 세상의 온갖 악을 향해 문을 열어놓았다고 말하고자 한다. 더 나아가 나는 과연 창세기 3장의 불순종이 정말로 그렇게 "사소한" 것인지 묻고 싶다. 그것은 하나님이 인간에게 복과 기쁨을 가득 채워주신 후에 나타났을 뿐 아니라, 자신을 선함이 넘쳐흐르는 분으로 알리신 하나님의 성품에 대한 교묘하고도 비열한 공격에 굴복한 것이다. 이스라엘 백성과 이 이야기를 읽는 모든 이들은 이를 통해 교훈을 얻어야 한다. 그리고 겉보기에 사소해 보이는 죄가 지닌 힘을 과소평가해서는 안 된다.

---

28   "보이기"(showing)와 "말하기"(telling)라는 개념은 1984년에 Towner의 논문이 나오기 전인 1981년에 문학 연구에서 확정된 것들이다. V. P. Long, *The Reign and Rejection of King Saul: A Case for Literary and Theological Coherence*, SBL Dissertation Series (Atlanta: Scholars, 1989), 31-34을 보라. 그러나 성서에 대한 문학적 읽기와 관련해 이루어진 후속적 발전에 비추어 볼 때, 앞의 주에서 언급된 주장은 매우 서툴러 보인다. 어느 저명한 주석가(Westermann)가 "말하기"에 대한 "보이기"의 우위를 설명하는 데 실패한 또 다른 예를 위해서는, Collins, *Genesis 1-4*, 173 n. 66을 보라.

죄가 **어떻게** 가인에게, 라멕에게, 그리고 다른 이들에게 전이되는지와 관련해 창세기가 우리에게 보여주는 단서가 있는가? 세부적인 것은 불확실하다. 아담과 하와가 그들의 후손에게 나쁜 선례를 남겼다고 말하는 것만으로는 충분치 않다. 아마도 가장 좋은 답은 바울의 말에 있다. 바울이 사용하는 "아담 안에서"라는 표현은 사람들이 아담 안에 "포함되는" 어떤 방식을 의미한다. 바울의 본문을 논의할 때 이 말을 다시 설명할 것이다.

그렇다면 우리는 창세기 2:17에서 하나님이 위협적으로 말씀하시는 "죽음"을 어떻게 판단해야 할까? 그동안 나는 그것이 창세기 3:8-13에 드러나는 것처럼 일차적으로 "영적인 죽음"을 지시한다고 주장해왔다. 하지만 그것이 전부는 아니다. 적어도 나는 여기에 육체적 죽음이 수반된 것으로 본다(19절). 이 문제는 5.b에서 상세히 다룰 것이다. 여기서 나는 영적 죽음과 육체적 죽음을 **구별**하는 것은 정당하지만, 그것이 두 죽음의 **분리**로 이어지는 것을 조심해야 한다고 주장할 것이다. 성서 본문의 저자는 그것들을 하나의 경험이 지닌 두 측면으로 제시하는 것처럼 보인다. 다시 말해, 인간의 경험에 있어서 육체적 죽음은 영적 죽음만큼이나 "자연스러운" 것이 아니다.

창세기 3:20에서 여자는 "하와"라는 이름을 받는다. 이것은 어떤 면에서 "살다"에 해당하는 히브리어와 연관되어 있고, 70인역(LXX)은 그것을 "생명"을 의미하는 그리스어 조에(*Zoe*)로 번역한다. 그러나 히브리어 이름의 형태는 "살다"를 의미하는 어근 *kh-w-h*에서 나온 *Khawwâ*인데 이것은 아마도 사역적 의미, 즉 "생명을 주는 그녀", "생명의 수여자"라는 뜻을 담고 있을 것이다(ESV의 각주 참조).[29] 이것은 기원후 4세기 경에 쓰인 타르굼 옹켈로스(*Targum Onkelos*), 즉 고대 유대인들의 아람어 번역본에서 발견되는 "인간의 모든 자녀들의 어머니"[30]라는 해석을 지지한다.

때때로 우리는 창세기 2-3장에 나오는 "원인론적" 목적(가령, 결혼의 기원), 말하는 뱀, 그리고 "마법의 나무" 같은 "민속학적" 요소를 언급하는 학자들과 마주하게 된다. 나는 그런 요소를 "민속학적"이라고 칭하는 것은 수많은 오류에 기인하고 있다고 본다. 그에 대해 여러 곳에서 길게 논한 바 있으므로, 여기서는 나의 주장을 간단히 정리하려 한다. 이에 대한 상세한 논의를 접하고 싶다면 각주를 참고하기 바란다.

나는 현대인의 삶의 어떤 특징의 참된 기원을 아는 데 원인론적 이야기가 도움이 된다는 점을 지적하면서 논의를 시작하고자 한다. 그것을 단순히 "원인론적"이라고 치부하는 것은 어떤 문제도 해결해 주지 않는다.[31] 예를 들어 나는 독자들에게 내 왼쪽 무릎의 큰 상처가 어떻게 생긴 것인지 얘기해줄 수도 있다. 그것은 나와 내 아이들에게

---

29   Scott C. Layton, "Remarks on the Canaanite Origin of Eve," *Catholic Biblical Quarterly* 59:1 (1997): 22-32를 인용하는 Collins, *Genesis 1-4*, 154 n. 22을 보라.

30   Kiel, *Sefer Bereshit*, 87 (창 3:20에 관한)을 보라.

31   이 점에 관해서는 Millard, "Story, History, and Theology," 40-42을 보라.

는 아주 흥미로운 이야기다. 왜냐하면 그 이야기는 내가 시력을 잃을 뻔한 상태에서 극적으로 구출된 상황에 관한 것이기 때문이다. 그 실화는 하나의 원인론이다.

더 나아가 뱀이 말을 한다는 사실은 그 이야기에서 그것이 갖는 기능에 대한 단서가 된다. 주석가 헤르만 궁켈(Hermann Gunkel)은 이것이 요정 이야기와 전설의 특징임을 밝혀냈는데, 흔히 우리는 그런 이야기를 읽으면서 말하는 동물이 나올 것이라고 기대한다. 기이하게도 그는 실제로 민수기 22장에 나오는 발람의 나귀를 언급한다. "히브리의 전설들 역시 말하는 나귀에 대해 알고 있다."[32] 내가 이것을 "기이하다"고 말한 것은 민수기 22:28의 화자가 여호와께서 "나귀의 입을 여셨다"고 말하기 때문이다. 나귀는 여호와께서 나귀의 입을 여셨기 때문에 말을 할 수 있게 되었다. 이 구절의 저자는 나귀가 말을 하는 세상을 묘사한 것이 아니다. 그는 자신이 **기적**이라고 여기는 것에 대해 이야기한 것이다.[33] 다시 말해, 말하는 동물에 관한 성서의 유일한 다른 예는 해당 동물의 적절한 "본성"에 대한 일종의 간섭으로 인해 동물이 말을 한다고 여긴다. 또한 우리는 그 뱀이 하나님의 엄중한 명령에 대한 불순종을 촉구하고, 하나님을 거짓말쟁

---

32   Hermann Gunkel, *Genesis* (Macon, GA: Mercer University Press, 1997[1910]), 15.

33   이 점에 관해서는 *The God of Miracles: A Exegetical Examination of God's Action in the World* (Wheaton, IL: Crossway, 2000), 96-97에 실려 있는 나의 해설을 참고하라.

이라고 부르고, 하나님의 동기를 신뢰해서는 안 된다고 암시함으로써 악을 행하는 것을 본다. 또한 하나님이 창세기 2:17에서 "반드시 죽으리라"고 하신 말씀을 뱀이 그대로 되풀이하는 것을 3:4에서 목격한다. 이를 통해 우리는 악한 자("사탄" 혹은 "마귀")가 자신의 대변자로 그 뱀을 사용하고 있다고 여기는 유대적이고 신약성서적인 해석(지혜서 1:13; 2:24; 요 8:44; 계 12:9; 20:2)이 아주 굳건한 기반을 가지고 있음을 알게 된다. 창세기가 그 악한 자를 결코 언급하지 않는다고 주장하며 이를 부인하는 것은 사실상 그 본문을 오독하는 것이다. 왜냐하면 그것은 **말하기**를 요구할 뿐, **보이기**에 대해 설명하지 않기 때문이다. 만약 우리가 그런 읽기 방식을 택한다면, 이야기의 핵심을 놓치게 될 것이다.[34]

궁켈은 창세기 3장을 자연사와 관련된 교훈을 주는 것으로 해석함으로써 또 다른 실수를 한다. 그는 14절의 저주("네가 모든 가축과 들의 모든 짐승보다 더욱 저주를 받아 배로 다니고 살아 있는 동안 흙을 먹을지니라")가 뱀이 지금과 같은 모습으로 기어 다니며 흙을 먹는 이유를 설명해준다는 식의 해석을 한다.[35] 나는 어릴 적에 이런 말을 들은 기억이 있는데, 아마도 교회에서 들은 말은 아니었을 것이다. 왜냐하면 청년 때까지도 교회에 잘 나가지 않았기 때문이다. 나는 파

---

34 나의 책 *Genesis 1-4*, 171-72을 보라.

35 Gunkel, *Genesis*, 20.

충류학에 지대한 관심을 갖고 있던 10대 때 (창세기에 나온 것처럼!) 보아뱀이 퇴화된 다리를 갖고 있다는 사실을 알고 기뻐했었다. 그러나 그것은 그 본문을 제대로 읽지 못한 것이다. 창세기 3:14-19의 저주는 수사학적으로 매우 강렬하다(오늘날의 성서에는 시로 표현되어 있다). 이것은 우리로 하여금 생생한 비유적 언어를 기대하게 한다. 구약성서의 다른 곳에서는 "흙을 먹을지니라"에 가까운 표현이 치욕과 패배의 상징으로 사용된다(가령, 사 49:23; 미 7:17; 시 72:9). 이스라엘 사람 대부분은 뱀이 "문자 그대로" 흙을 먹는다고 생각하지 않았을 것이다. 그들은 뱀이 광야에서 쥐, 도마뱀, 다른 뱀 등을 먹는다는 사실을 일찌감치 발견했을 것이다(출 7:10-12 참조).[36] 그 외에도 양식이 있는 독자들은 창세기의 뱀이 독자적으로 행동하지 않는다는 것을 이미 알아챘을 것이다. 뱀은 인간에게 해를 입히려는 어둠의 세력의 도구일 뿐이다. 그러므로 "흙을 먹을지니라"를 그 어둠의 세력이 경험하게 될 치욕으로, 그리고 "배로 다니고"를 그 세력이 전능하신 하나님 앞에서 보일 비굴한 태도의 묘사로 여기는 것이 그 본문에 대한 더 나은 해석일 것이다.

우리로서는 "선악과나무"와 "생명나무"를 미묘한 의미상의 차

---

36 출 7장에서 "뱀"에 해당하는 히브리어는 *tannin*이다. 반면에 창세기 3:1은 그것 대신 *nakhash*라는 단어를 사용한다. 그럼에도 불구하고 출애굽기 7:10-12의 선례가 되는 출애굽기 4:3이 *nakhash*를 사용하고 있으므로, 나의 주장은 성립된다. 이 문제에 관해서는 United Bible Societies, *Fauna and Flora of the Bible* (London: United Bible Societies, 1980), 73을 보라.

이 없이 그저 "마술적"인 것으로 묘사해야 할 이유가 없다.[37] "선악과나무"의 본질에 대해서는 의견이 분분하다. 나는 최초의 인간들이 선악과나무를 통해 선과 악에 대한 지식을 얻을 수 있었다고 여기는 이들에게 동조한다. 만약 그들이 그 시험을 통과했더라면, 그들은 유혹의 정복자와 같은 시각으로 세상을 위에서 내려다보면서 선과 악을 분별했을 것이다. 하지만 안타깝게도 그들은 시험에 굴복했고 아래에서 위를 올려다보며 선과 악에 대해 알게 되었다. 이런 설명은 인간들이 실제로 어떤 지식을 얻었다는 사실을 하나님이 인정하셨던 것과 잘 들어맞는다(3:22). 그것은 또한 그 표현이 사용된 다른 예와도 부합한다. 히브리 성서의 다른 부분에 등장하는 "선과 악을 알다"라는 개념은 (종종 성숙을 통해 얻어지는) 분별력을 표현하는 데 사용된다.

우리는 이런 해석의 도움을 받아 그 유혹을 통해 어떤 일이 진행되고 있는지 이해하게 된다. 그동안 나는 그 사람들이 도덕적으로 결백한 상태로 창조되었으나 필연코 "완벽하게"("결백"이라는 말이 천진난만함이나 도덕적 중립을 의미하지 않는 한) 창조되지는 않았다고 주장해왔다. 그들의 임무는 순종의 훈련을 통해 성숙해지고 도덕적 선함을 강화하는 것이었다. 우리는 이 시점에서 그들이 필연코 "불멸하는 존재"였다고 말할 수 없다. 그러나 이야기는 그랬을지도 모르

37　나의 책 *Genesis 1-4*, 115-16을 보라.

는 것에 의존하지 않는다. 사실 이것은 창세기 1-3장에 대한 이레나이우스(Irenaeus)의 해석과 몇 가지 흥미로운 유사성을 지니고 있다. 그가 이해한 바에 따르면, 창세기 2장의 결백은 완전한 성인보다는 어린아이의 그것과 더 가깝다. 그들을 향한 하나님의 목표는 그들이 성숙해지는 것이었다("선과 악을 아는 것"이 가능하게 된다는 의미에서, 신 1:39을 보라). 그런데 그들의 타락이 성장의 과정을 망가뜨렸다.[38]

그러나 "생명나무"는 어떠한가? 그것은 "자동적으로" 혹은 사람들이 말하는 것처럼 "마술적"으로 작동하는가? 창세기는 그것에 관해 말을 아낀다. 창세기가 말하는 것(3:22에서 하나님은 사람들이 그것을 먹고 영원히 살게 될 것을 두려워하신다)은 같은 개념을 사용하는 다른 구절들과 함께 평가되어야 한다. 잠언 3:18, 11:30, 13:12, 15:4에 언급되는 다양한 복은 생명나무와 연관된다. 잠언에 따르면 이 복은 신자를 영원한 행복에 이르는 길 위에 머물도록 한다. 요한계시록 2:7; 22:2, 14, 19에 등장하는 나무는 거룩함 안에 확고하게 자리하는 것에 대한 상징으로 쓰인다. 이 나무는 도덕적 상황에 놓인 사람을 지탱하고 강화하는 일종의 "성례전"(sacrament)의 역할을 한다. 그렇기에 하나님은 사람들이 그 나무의 열매를 먹는 것을 원치 않으셨다. 내가 그 나무를 성례전이라고 일컫는 이유는, 내가 성서의

---

38 Anders-Christian Jacobsen, "The Importance of Genesis 1-3 in the Theology of Irenaeus," *Zeitschrift für antikes Christentum* 8.2 (2005), 299-316, 여기서는 302-303을 참조하라.

희생제사나 정결례나 세례나 주의 만찬의 영향력을 제대로 알지 못하는 것만큼이나, 그 나무의 작용과 영향력에 대해 알지 못하기 때문이다.[39] 그 나무가 "마술적"이라고 불린다면 오직 이런 의미에서 가능할 것이다. 하지만 이런 의미는 우리를 민속학으로부터 멀어지게 한다.[40]

요약하자면, 우리는 본문 자체를 통해 그것을 지나치게 문자적으로 읽는 것을 조심해야 하는 이유와 동시에 어떤 역사적 핵심을 받아들여야 할 이유를 발견하게 된다. 역대상 1:1과 누가복음 3:38에서 아담의 역사성은 당연한 것으로 간주된다. 하지만 그 이야기를 말하는 방식은 구체적인 질문에 자세히 답하지 않는다. 가령, 아담의 육체가 형성된 과정이 정확히 어떠했는지, 두 개의 나무가 실제 나무였는지, 또는 그 악한 자의 실제적인 대변인이 말하는 뱀이었는지에 대해 우리는 정확히 알 수 없다. 그럼에도 불구하고 우리는 저자의 의도를 알 수 있다. 창세기 이야기의 저자는 독자들이 아담과 하와의 불순종을 세상에 존재하는 죄의 이유로 받아들이길 원했다. 이것은 훗날 모세 언약에 왜 사람들의 죄와 관련된 항목이 포함되는지 설명

---

39 곧 출간될 책에서 나는 성서의 의식 체계 안에 있는 "성례전적 현실주의"(sacramental realism)의 문제를 다룰 것이다.

40 C. S. Lewis, *Prayer: Letters to Malcolm* (London: Collins, 1966), 105을 보라. 그는 성찬의 전례를 "거대한 의료 행위와 강력한 마술"이라고 묘사한다. 그리고 이어서 자신의 용어를 이렇게 정의한다. "나는 이런 의미에서의 '마술'을 더 이상 분석될 수 없는 '객관적 효험'이라고 정의한다."

해준다. 모세의 종교와 그것의 적통인 기독교는 죄인들의 구속과 관련되어 있다. 이 구속은 우리 안에서 하나님의 형상을 회복하기 위해 용서와 도덕적 변화를 가져온다. 또한, 이 이야기는 이스라엘뿐만 아니라 온 인류가 하나님의 구속적이고 치유하는 손길을 필요로 하는 이유를 설명해준다.

3.b 구약성서의 나머지 부분에서 나타나는 아담, 하와, 그리고 타락

창세기 1-5장에 대한 해석이 타당함을 확보하기 위해서는, 히브리 이야기의 구체적인 내용, 그 이야기와 고대 근동 다른 곳에서 나온 병행문들 사이의 차이, 그리고 창세기 전체의(실제로는 오경 전체, 또는 구약성서 전체의) 준비단계로서의 위치 등을 설명할 수 있어야 한다.[41] 이 단락에서 나는 창세기 1-5장의 주제들이 히브리 성서의 나

---

41   이런 관점에서 이 이야기 혹은 그 일부에 대한 수많은 읽기 방식이 제시되었으나 지금 나는 그것들을 다루는 데 시간을 쓰지 않을 것이다. 예를 들어 Lyn M. Bechtel, "Genesis 2.4b-3.24: A Myth about Human Maturation," *Journal for the Study of the Old Testament* 67 (1995): 3-26은 여기서 성장 과정에 관한 신화를 발견한다. 하지만 그녀는 순종과 불순종이라는 그 이야기의 주제들, "저주"의 의미와 같은 그 이야기의 주제들, 혹은 창 4장에 등장하는 커지는 죄를 묘사하는 그 이야기의 속편 등에 주목하지 않았다. 더 나아가 그녀의 읽기는 창세기의 나머지 부분과 부합하지 않으며, 훗날 성서 저자들이 그 이야기 속에서 발견한 것을 설명하지도 않는다.

머지 부분에서 어떻게 전개되는지 보고자 한다.

사람들은 종종 구약성서의 나머지 부분에 타락 이야기가 별로 언급되지 않으며 심지어 아예 나오지 않는다고 말한다. 예컨대 클라우스 베스터만(Claus Westermann)의 말을 살펴보자.[42]

무엇보다도 창세기 1-5장의 본문이 모든 것을 포괄하는 [한 가지의] 의미를 갖고 있지 않았다는 점이 분명하게 언급되어야 한다. 그것은 구약성서 어디에서도 인용되거나 전제되지 않으며, 그것의 의미는 태고의 사건들에 국한된다.

이런 주장에는 몇 가지 문제가 있다. 첫 번째, 정확하게 무엇이 "인용"이나 전제 혹은 반향을 이루는가 하는 것이다. 또 이와 연관된 문제는 창세기 1-5장의 어떤 부분에 대한 암시적 언급이 이런 반향 중 하나로 간주되는가 하는 것이다. 그 이상의 문제도 있다. 타락 이야기에 대한 암시나 언급이 거의 등장하지 않는다는 이런 인식은 순환론적 주장의 일부가 되었다. 즉 일단 우리가 타락 이야기가 언급되지 않는다고 여기면, 이에 해당한다고 여길 수 있는 것들마저 무시하게 된다. 왜냐하면 우리는 그런 언급 자체가 희귀하므로 있을 법

---

42 Claus Westermann, *Creation* (London: SPCK, 1974), 89을 참조하라. Towner, "Interpretations and Reinterpretations of the Fall," 72에서 인정되며 인용되었던 것처럼.

하지 않다는 것을 "알기" 때문이다. 마지막으로, 암시적 언급의 존재 여부는 성서 저자들의 소통 의도와 독자의 필요에 대한 그들의 인식에 달려 있지 않은가? 훗날의 어떤 저자는 이 구절을 반향하는 것이 자신의 글을 통해 시도하고자 하는 일에 유용하다고 여길 수도 있고 그렇지 않을 수도 있다. 이것은 인용이 희소하다고 해서 (또는 그것을 인지한다고 해서) 이 이야기가 히브리 성서의 나머지 부분에서 아무런 의미를 갖지 못한다는 뜻이 결코 아니다.

　　나는 이 섹션에서 이 모든 요소들에 신경을 쓸 것이다. 그러나 이 책에서 다루는 본문이 가진 문학적 단일성은 (이미 설명한 바 있지만) 암시적 언급의 희소성에 대한 주장에 제한을 두는 것을 정당화해 준다. 어쨌거나 창조에 대한(시 8, 104) 그리고 결혼에 대한(창 2:24을 사용하는 말 2:15) 수많은 언급이 있다. 하나님이 창조 사역을 마친 후에 쉬신 것을 모방하여, 사람들은 이스라엘인들의 안식일에 쉰다(창 2:2-3의 반향인 출 20:11).[43]

　　창세기 1-5장이 창세기 전체와 1-11장의 전반적인 흐름 속에 잘 통합되고 있다는 점을 지적하면서 논의를 시작하려 한다. 이미 나는 창세기 5장과 11장에 등장하는 족보가 어떻게 최초의 부부와 그 이후의 세대(특별히 아브라함)를 연결해주는지에 대해 언급한 바 있다. 더 나아가 전역사와 원역사에 대한 창세기와 메소포타미아 이야

---

[43]　나의 책 *Genesis 1-4*에서 그런 여러 가지 "반향들"에 대해 논한 바 있다.

기들의 연관성은 창조의 패턴, 초기 세대의 사람들, 홍수, "현대"에 까지 이어지는 그 이후의 사람들을 통해 찾아볼 수 있다. 이것은 창세기의 처음 다섯 장을 1-11장 전체를 포함하는 패턴의 본질적 부분으로 만들어준다.

창세기는 노아를 일종의 새로운 아담으로 제시한다. 그는 그의 후손들과 동물들을 위해 하나님의 언약을 받는 대표자다(6:18-19; 9:8-17). 하나님은 그를 축복하시고 그에게 "생육하고 번성하라"(9:1)고 말씀하신다.

아브라함을 부르심은 인간에게 자신의 복을 전하시려는 하나님의 계획의 새로운 출발점이다. "복"이라는 개념은 12:2-3에서 분명하게 드러나며 17:20, 22:17-18, 26:3-4, 24, 28:3, 14 등에서는 생육하고 번성하는 것과 연결된다. 이 구절들은 최초의 인간 부부에게 주신 하나님의 복을 반향한다(1:28). 창세기 1-5장을 창세기의 나머지 부분과 묶어주는 또 다른 주제는 "씨"(ESV에서 "후손"이라는 말로 가장 잘 번역되었다)라는 반복되는 단어다(3:15; 4:25; 12:7; 13:15-16; 15:3, 5; 17:7-9, 19; 22:17-18; 26:3-4, 48:4 참조). 특별히 3:15, 22:17-18, 24:60에서 언급되는 독특한 후손을 주목할 필요가 있다. 시편 72편이 지어질 즈음에는 그가 다윗의 궁극적인 후손으로서 하나님의 복이 그를 통해 최종적으로 온 세상에 이르게 될

것이라고 확인된다(창 22:17-18의 반향인 시 72:17).[44]

내가 앞서 지적한 바와 같이, 하나님이 아브라함을 불러 세상의 나머지 부분에 복을 전하는 수단이 되게 하신 것은 다른 나라들 역시 하나님의 빛이라는 복을 필요로 한다는 뜻이다. 창세기 3장의 이야기와 더불어 창세기 4-11장에서 보여지는 도덕적·영적 어둠에 깊이 빠져드는 사람들의 모습은 어째서 다른 나라들이 그렇게 빈궁한 상황이 되었는지를 설명해준다.

또한 나는 에덴동산이 이스라엘 백성의 성소를 위한 모형이라고 언급한 바 있다. 그레고리 비일(Gregory Beale)은 에덴동산이라는 창세기의 이 성소가, 하나의 성소로서의 온 세상을 위한 하나의 모형으로 의도되었다는 주장을 책 한 권 분량으로 다뤘다.[45] 아담과 하와가 동산에서 추방됨으로써 그 계획에 차질이 생겼으나 일을 수행하시는 하나님은 단념하시지 않았다. 이스라엘의 성소들, 성막, 그리고 그 후의 성전은 하나님이 자신의 계획을 완수하기 위해 지불하신 계약금이었다. 기독교 교회는 그 개념을 더 멀리 밀고 나간다. 세상의 최종적 상태에 대한 묘사(계 21-22)는 그 성소의 완성에 관한 것이

---

44 창세기에서 "후손"의 문제에 관해서는 T. Desmond Alexander, "From Adam to Judah: The Significance of the Family Tree in Genesis," *Evangelical Quarterly* 61:1 (1989): 5-19; "Genealogies, Seed and the Compositional Unity of Genesis," *Tyndale Bulletin* 44:2 (1993): 255-70을 보라.

45 Gregory Beale, *The Temple and the Church's Mission: A Biblical Theology of the Dwelling Place of God, New Studies in Biblical Theology* (Downers Grove, IL: InterVarsity Press, 2004).

다. 나로서는 비일이 전개하는 주장의 세부사항에 대해 그와는 다른 방식으로 말하고 싶은 것이 꽤 많다. 그러나 그의 주장은 전반적으로 훌륭하며 설득력이 있다. 인간이 성소에서 쫓겨났으나, 그곳으로 돌아갈 필요가 있으며, 하나님은 순전히 그분의 은혜를 통해 인간이 그곳으로 돌아가게 하신다는 창세기 2-3장의 성소의 이미지는 성서 이야기 전체를 위한 지배적인 이미지가 된다.

풍성한 결실의 원형적 장소로서의 에덴에 대한 명백한 언급은 창세기 13:10, 이사야 51:3, 요엘 2:3, 그리고 에스겔 28:13, 31:8-9, 16, 18, 36:35 등에서도 나타난다. 특별히 에스겔 28:11-19은 두로 왕을 묘사하면서 그가 한때 에덴에서 살았던 흠이 없는 사람이었으나 교만해지고 폭력적으로 변했다고 말한다. 에스겔은 창세기 3장에 기초한 "타락 이야기"를 염두에 두고 있는 것이다. 그러나 나는 이것을 에덴 이야기의 또 다른 버전으로 보는 것은 잘못이라고 생각한다. 오히려 우리는 에스겔서가 에덴 이야기를 페니키아의 왕이나 그가 다스리는 도시에 수사학적으로 강력하게 적용했다고 여겨야 한다. 여기서 우리가 의인법(personification)을 다루고 있다는 사실은 예언자가 "네 무역"과 "네 가운데"를 언급하는 부분에서 분명해진다 (겔 28:16). 왕인 "너"는 그 도시를 의인화한다. 그리고 그 예언자가 자신의 수신인을 "기름 부음을 받은 수호 그룹"(an anointed guardian cherub, 14절)으로 부를 때, 우리는 어떤 표상을 읽고 있음을 깨닫는다. 중요한 것은 "두로의 터무니없는 허식이…그 결과 두로에 임한

완전한 황폐함과 함께 시적으로 생생하게 묘사된다"는 것이다.[46] 창세기 3장을 타락 이야기로 읽을 때 비로소 이런 수사학적 위력이 나온다. 다른 식의 읽기를 통해서는 그런 위력이 나올 수 없다.

창세기 3장을 타락 이야기로 읽는 것의 반향처럼 보이는 또 다른 구절은 전도서 7:29이다.

> 내가 깨달은 것은 오직 이것이라. 곧 하나님은 사람(히브리어 ha-'adam)을 정직하게 지으셨으나 사람이 많은 꾀들을 낸 것이니라.

이스라엘의 주석가 예후다 키일(Yehudah Kiel)은 이 구절을 "인간의 타락"에 대한 묘사로 보는 것이 최선의 해석이라고 주장한다.[47] 이 말의 의미를 찬찬히 살펴보자. 이 구절은 역사적 결과를 전한다. 인간은 한때(즉 하나님이 그들을 지으셨을 때) "정직했다"(비록 이 말이 도덕적 결백을 묘사하기는 하나, 꼭 "모든 면에서 완벽함"과 같은 의미일 필요는 없다). 그러나 "많은 꾀들을 냈"음에도 결국 그들은 "정직한" 것과는 먼 상태가 되었다. 문맥상으로 보자면 20절이 묘사하는 상황에 이르게 되었을 것이다. "선을 행하고 전혀 죄를 범하지 아니하는 의인은 세상에 없다"(왕상 8:46; 잠 20:9 참조). 그것은 또한 "흙으로

---

46 David J. Reimer, Lane Dennis et at., eds., *The ESV Study Bible* (Wheaton, IL: Crossway, 2008), 1542에 실려 있는 겔 28:11-19에 관한 주석.

47 Kiel, *Sefer Bereshit,* 77 (창 3:10을 주석하면서).

돌아가나니"(잠 3:20; 12:7)라는 구절을 창세기 3:19("너는 흙이니 흙으로 돌아갈 것이니라")에 대한 신중한 반향으로 받아들일 수 있게 해 준다.

우리의 시선을 끄는 두 개의 또 다른 구절이 있으나, 둘 다 논쟁의 대상이 되고 있다. 첫 번째 것은 호세아 6:7로, 다음은 ESV(English Standard Version)의 번역이다.[48] (한글 개역개정역은 ESV와 같은 번역을 하고 있다—역주).

그들은 아담처럼 언약을 어기고
거기에서 나를 반역하였느니라.

다른 번역본들은 ESV의 "아담처럼"(*like* Adam)으로 번역된 단어들을 "여느 사람들처럼"(like any human beings) 혹은 심지어 "아담(이라고 불리는 장소)에서"라고 해석하는 것을 선호한다. ESV는 히브리 단어 *K^e'adam*에 대한 가장 단순한 번역이다. 바숄츠(Vasholz)는 이 문제를 다음과 같이 요약한다.[49]

---

48 전에 나의 학생이었던 Brian Habig은 이 해석을 옹호하면서 이 구절에 대해 충분히 논의해보겠노라고 약속했었다. 하지만 그의 연구 결과가 아직 출판되지 않았기에, 나는 여기서 그것이 옳다고 여기는 나의 이유를 보이는 것으로 만족할 것이다.

49 Robert I. Vasholz, 호 6:7에 관한 주석 in Dennis et al., eds., *The ESV Study Bible*, 1631.

어려운 문제는 "아담"이 누구를 혹은 무엇을 가리키느냐는 것이다. 많은 주석가들은 아담이 지리적 위치를 가리킨다고 주장한다. 그러나 아담이라고 불리는 곳(수 3:16)에서 발생한 언약을 파기했다는 기록이 존재하지 않는다. 또한 그것은 "처럼"(like, 히브리어 *ke*)이라는 전치사가 "에서"(at) 혹은 "안에"(in)를 의미한다는 식의 의심스러운 해석을 수반한다. "거기에서"는 이스라엘이 언약을 어긴 행위가 발생한 곳을 대표한다(호 5:7; 6:10 참조). "인류"는 "아담"에 대한 또 다른 제안이다. 그러나 그것은 가리킬 만한 알려진 사건이 없는 모호한 진술이 될 것이기에, 그 문장을 명확하게 만들어주지 않는다. 최선은 "아담"을 최초의 사람 이름으로 이해하는 것이다. 그러므로 이스라엘은 야웨를 사랑해야 하는 자신의 의무를 잊고 하나님이 그와 더불어 맺으신 언약을 깨뜨린 아담과 같다(창 2:16-17; 3:17). 이것은 또한 하나님과 아담 사이에 "언약" 관계가 있었음을 의미한다. 비록 창세기 1-3장에서 "언약"이라는 실제 단어가 사용되고 있지는 않으나, 그 언약의 조건들은 하나님이 아담에게 주신 말씀을 통해 규정되었다.

이런 식의 읽기는 이스라엘에게 온갖 좋은 것들을 내려주셨으나 이스라엘이 거부한 하나님의 풍성하심과 관대하심을 호세아가 강조하는 방식에 비추어 이해할 수 있다(호 2:8-13; 7:15; 11:1-4; 13:4-6 참조).

범죄자로서의 아담을 언급했을 것으로 추정 가능한 구절은 욥기 31:33이다. ESV는 그 구절을 다음과 같이 번역한다.

내가 언제 다른 사람처럼[난외주: 아담처럼] 내 악행을 숨긴 일이 있거나

본문("다른 사람처럼")의 해석과 난외주("아담처럼") 사이에서 무엇을 택해야 좋은지 알 수 있는 방법은 없다. 히브리어 *K'adam*은 어느 쪽으로든 해석이 가능하기 때문이다. 우리가 하지 말아야 할 것은, 아담에 대한 언급이 희귀하므로 여기에도 그렇게 볼 수 있는 것이 없다고 여기는 식의 순환적 사고다. 우리는 이것을 열린 문제로 놔두어야 한다

마지막으로, 나는 3.a에서 생명나무가 성서의 나머지 부분에서 재차 언급되고 있다는 점을 밝힌 바 있다(잠 3:18; 11:30; 13:12; 15:4; 계 2:7; 22:2, 14, 19).

3.c 제2성전기 유대교 문헌

제2성전기는 유대인들이 포로지 바빌로니아에서 귀환한 후 새로운 성전을 세운 때부터 시작해(기원전 516년경) 로마인들이 그 성전을

파괴한 때(기원후 70년)까지를 말한다. 제2성전기는 유대인들의 삶에서 견디기 힘든 시기 중 하나였다. 유대인들은 그 기간 동안 자신들의 힘든 상황을 아브라함, 모세, 그리고 다윗의 언약에 대한 그들의 이해와 연관지어 설명하고자 했다. 그 시절에 생산된 히브리 성서의 일부(가령, 에스라와 느헤미야 같은)와 수많은 저작들(어떤 기독교 교회들은 이 자료 중 일부를 경전에 포함하지만, 그것들 전부를 경전으로 인정하는 교회는 없다)이 지금까지 전해진다. 우리는 이런 자료들을 읽을 때 매우 신중해야 한다. 왜냐하면 단일한 형태의 유대교는 존재하지 않으며, 이런 저작 중 많은 것들은 매우 분파적인 집단들(예컨대 우리가 사해문서라고 부르는 것을 만들어낸 쿰란 공동체 같은 집단들)로부터 나왔기 때문이다. 한편으로, 만약 이런 다양한 저작들 사이에 일관성이 널리 존재한다면, 우리는 그것을 통해 당시 사람들이 구약성서의 자료들을 어떻게 읽었는지 그리고 신약성서 저자들이 마주했던 유대교 세상의 특징들이 어떠했는지에 관해 몇 가지 생각들을 얻을 수 있을 것이다.

우리가 오늘날 유대교라고 알고 있는 것은 바리새인들의 영향을 지배적으로 받았다. 그들은 로마인들이 유대교 반란(66-70년)을 진압할 때 살아남아 훗날 유대교의 지도자들이 되었다. 유대인 역사가인 요세푸스(Josephus, 37-100년 사이 어느 때까지)의 주장이 맞다면, 바리새인들은 그 이전의 유대교에서도 이미 얼마간 "주류"에 속해 있었다. 요세푸스는 바리새파가 대체로 백성들에게 가장 큰 영향력을 행사했던 "분파"였다고 전한다(*Antiquities*, 13:10.5 [13, 288]; 18.1.3 [18, 12]). 비록 신약성서 저자들이 바리새인들에 대해 부분적으로 매우 비판적인 태도를 취했지만, 사도행전 23:6-9과 마가복음 12:18-34에서 보여지는 것처럼 그들은 교리와 관련된 논쟁에서는 대체로 바리새인들의 편을 들었다. 물론 예수가 참으로 메시아인가하는 문제는 예외다. 예수가 유대인 청중에게 만약 소유한 양 중 하나가 안식일에 구덩이에 빠진다면 그 양을 구할 것이냐고 물었을 때 (마 12:11), 예수는 그들이 그 짐승을 구하리라고 가정하고 있었다. 왜냐하면 당시 쿰란 공동체의 규정은 위험에 처한 짐승을 안전하게 지키되 안식일 다음날까지 구출하지 말라고 지시하고 있었기 때문이다. 그러나 예수는 이 규정에 반하면서까지 짐승을 구할 것을 권했다.[50]

현재 우리가 접근할 수 있는 제2성전기 자료 중 흔히 "외경"(Apocrypha)이라고 불리는 책들은 요세푸스의 저작들과 함께 유대교 주류 안에서 읽혔을 가능성이 크다. 그러므로 우리는 그 책들을 주목할 필요가 있다.

외경 중 아담과 하와에 대한 가장 분명하고 완전한 진술은 「토비트」로부터 나온다(그 책은 기원전 250-175년 사이의 어느 때에 저작

---

50   *Damascus Document*, xi, 10-15. Geza Vermes, *The Dead Sea Scrolls in English*, 4th ed. (London: Penguin, 1995), 109을 보라.

되었다).[51] 등장인물인 토비야는 사라를 아내로 취하는데, 천사 라파엘은 둘을 해치려는 마귀로의 위협으로부터 스스로를 지킬 수 있는 방법을 알려주었다. 토비야는 천사의 지시를 따르면서 기도 중 다음과 같은 말을 한다(토비 8:6).

> [오 우리의 조상들의 하나님이시여,]
> 주님은 아담을 창조하셨고
> 그를 돕고 받들어 줄 아내로서
> 하와도 창조하셨습니다.
> 그 둘에게서 인종이 퍼져나갔습니다.
> "사람이 혼자 있는 것이 좋지 않으니, 그를 닮은 짝을
> 만들어 그를 돕게 하자" 하고 주님은 말씀하셨습니다.

일반적인 유대인의 기도와 마찬가지로, 토비야는 희망의 근원으로서 과거에 하나님이 이루신 선한 일들에 대한 역사적 설명을 암송하는데, 이 암송의 내용은 내가 창세기 안에 담겨 있다고 주장하는

---

51 대개 나는 David A. deSilva, *Introducing the Apocrypha: Message, Context, and Significance* (Grand Rapids, MI: Baker, 2002)에서 제시된 연대를 사용할 것이다. 나는 deSilva의 판단에 모두 동의하는 것은 아니지만, 이것은 우리의 목적에 도움이 될 것이다. 원문을 점검했으나 나는 *The English Standard Version Bible with Apocrypha* (Oxford: Oxford University Press, 2009)의 외경 영역본을 인용할 것이다(이 번역서에서는 「공동번역 성서」의 본문을 인용할 것이다―역주).

내용과 동일하다.

외경의 다른 책들 역시 아담과 하와의 창조와 타락을 언급한다. 예컨대 「솔로몬의 지혜서」라고 불리는 책을 살펴보자(그 책은 기원전 200년에서 신약성서 시대 이전 사이에 저작되었다). 그 책은 유대교 신앙과 이집트 알렉산드리아를 중심으로 한 헬레니즘 문화의 고상한 요소들을 연결시키려는 것처럼 보인다. 당시 알렉산드리아는 그리스-로마 세계에서 문화적으로 가장 발달한 도시 중 하나였다. 또한 지혜서의 저자는 유대인들을 정신적으로 무장시켜 그 도시의 문화에 동화되지 않도록 하고, 오히려 문화적으로 앞선 그 이방인들을 유대교 신앙으로 이끌고자 했던 것처럼 보인다. 그는 사악한 자들은 "의인들"(아마도 신실한 유대인들)에 대해 악한 계획을 갖고 있으며, 하나님의 은밀한 계획에 무지하고, 흠 없는 영혼들이 받을 상에 대해서도 알지 못한다고 말한다. 2:23-24에서 그는 이렇게 말한다.

그러나 하나님은 인간을 불멸한 것으로 만드셨고
당신의 본성을 따라서 인간을 만드셨다.
죽음이 이 세상에 들어온 것은 악마의 시기 때문이니
악마에게 편드는 자들이 죽음을 맛볼 것이다.

대부분의 사람들은 저자가 뱀을 "악마의" 대변인으로 여기면서 창세기 3장의 이야기를 되풀이하고 있다고 생각한다. 저자는 그 이야기를 오늘날의 삶을 형성하는 역사적 사건으로 여긴다(1:13-14; 7:1; 10:1 참조).

예슈아 벤 시라(Jesus Ben Sira)는 예루살렘의 서기관이자 지혜 교사였다. 그는 기원전 196-175년 어느 때에 히브리어로 된 그의 책을 완성했다. 그리고 (헬라어판에 붙어있는 번역자의 프롤로그에 따르면) 그의 손자가 기원전 132년에 그 책을 헬라어로 번역했고, 그로 인해 우리는 「집회서」(혹은 「시락서」나 「벤 시라」)라고 불리는 책을 갖게 되었다. 후에 그 책의 히브리어 본문의 일부가 발견되었으나, 여전히 원문 복원은 어렵다. 저자는 인간의 창조 그리고 타락과 그 결과 등을 거의 지나가는 말로 언급한다(14:17; 15:14; 17:1; 33:10[히브리 본문 36:10]; 40:1). 25:16-26에서 그는 "타락 이야기"를 사용해 현재의 문제, 이른바 어떤 이의 아내가 사악하다고 하는 상황을 설명한다. 25:24에서 그는 이렇게 말한다.

죄는 여자로부터 시작하였고
우리의 죽음도 본시 여자 때문이다.

이것은 여성혐오적으로 보인다. 그럴 수도 있다. 하지만 이어지는 글에서 벤 시라는 여자가 덕스러울 수 있고 남편에게 복이 될 수 있음을 인정한다(26:1-4, 13-18). 그러므로 우리는 그의 말을 악한 여자를 최악의 상황에 있는 하와의 추종자들로 묘사하는 것으로 보아야 한다.[52] 우리가 절대적으로 확신할 수 없더라도 그저 단순히 이 구절을 이해하면, 그가 그 사건을 역사적으로 여겼다고 볼 수 있다.

그러나 「집회서」 49:16은 그가 아담을 역사적 인물로 보았음을 분명하게 드러낸다. 44-49장에서 그는 이스라엘 역사 속의 위대한 인물들을 회상하는데("다음엔 명성 높은 사람들과 우리의 역대 선조들을 칭송하자", 44:1), 명단은 그와 같은 시기에 살았던 오니아의 아들 시몬(기원전 219-196년 대제사장 역임)으로까지 이어진다. 그는 "명성 높은 사람들"인 에녹과 노아에서 시작해 아브라함으로 그리고 성서시대 역사 전체를 걸쳐 등장하는 여러 인물들을 언급하며 찬양을 확대하면서 느헤미야에서 잠시 멈춘다(49:13). 그리고 창세기로 되돌아가 에녹과 요셉을 거명한 후에(49:14-15), 시몬에 이르기 전 49:16에서 자신의 회상을 마무리 한다.

셈과 셋도 사람들의 존경을 받았지만
생명을 가진 모든 피조물 가운데 가장 으뜸가는 이는 역시 아담이다.

저자가 이 문맥에서 위의 인물들을 언급하는 방식을 보면 그들

---

52 Stanley Porter, "The Pauline Concept of Original Sin, in Light of Rabbinic Background," *Tyndale Bulletin* 41:1 (1990): 3-30은 벤 시라가 하와를 언급하고 있다는 것을 부인한다. 그러나 나는 Porter가 주장하는 이런 식의 읽기는 부적절하다고 여긴다. 이와의 연관성을 위해서는 Moshe Segal의 히브리어 주해, *Sefer Ben Sira Hash-shalem* (Jerusalem: Mosad Bialik, 1958, 158을 참조하라.

모두를 역사적 인물로 여기고 있음을 알 수 있다.

「에스라 2서(혹은 3서 혹은 4서!)」와 「바룩 2서」라고 불리는 책들에서도 우리가 앞서 언급한 것과 같은 노선을 따르고 있다.[53]

알렉산드리아의 필론(Philo of Alexandria, 대략 기원전 20-기원후 50년)과 요세푸스(Josephus)는 부분적으로 신약시대에 속하는 시기의 후반에 활동했던 유대인 작가다. 철학적 알레고리에 관심을 가졌던 필론은 자신이 아담을 역사적 인물로 여기는지에 대해 분명하게 말하지 않는다. 창세기 2:7에 관한 논의에서 그는 창세기 1장과 2장에 나오는 사람을 하늘의 사람과 땅의 사람이라고 부르며(*Allegorical Interpretation*, 1.31) 둘을 구분하는 것처럼 보인다.[54]

요세푸스는 교육받은 서구인들이 수용하기 쉬운 글쓰기 방식을 사용했다. 때때로 그는 문자주의적인 입장에 서서 그리스-로마 세계가 이미 수용하고 있는 세계상과 창세기 이야기를 결합시키는 방식으로 글을 쓴다(그의 집필 목적 중 하나가 유대교를 그 세계에 추천하는

---

53   ESV에서 「에스드라 2서」로 불리는 책은 라틴어 불가타(여기서는 부록이다)에서는 「에스라 4서」로, 그리고 슬라브어 성서에서는 「에스라 3서」로 불린다. 그 책은 원래 기원후 1세기에 히브리어로 쓰였다가 그 후 그리스어로 번역된 것으로 여겨진다. 그러나 히브리어 본문과 그리스어 본문 모두 현존하지 않는다. 그 책에는 죄과 고통이 세상에 들어오게 된 계기로서의 아담의 타락에 관한 몇 구절이 있다(가령, 3:4-11, 21-22). 하지만 그것은 "원죄"에 관한 논설은 결코 아니다. 이에 대한 번역과 주석은 Michael E. Stone, *Fourth Ezra*, Hermeneia (Minneapolis: Fortress, 1990)에서 찾을 수 있다. 아담의 죄에 관한 보충설명은 63-66을 보라.

54   아래에서(고전 15:45에 관한 논의에서) 언급하겠지만, 바울은 이런 접근법에 반대하는 것처럼 보인다.

것이었기 때문이다.) 그는 아담을 "흙으로 지음 받은 최초의 남자"라고 부른다(*Antiquities*, 1.2.3, 67번째 줄). 또한 그는 이스라엘의 은혜로 우신 하나님은 모든 인간을 위한 유일한 행복의 근원이라고 말하는데(*Antiquities* 4.8.2, 180번째 줄), 이런 주장은 모든 인간이 아담으로부터 유래했다는 그의 견해와 연결된다. 공통된 인간성이라는 이런 확신은 모든 인간이 참된 하나님을 예배해야 한다는 그의 개념과 이방인들이 유대인의 예배에 들어오는 것을 허락해야 한다는 그의 설명의 근간이 된다(*Against Apion*, 2.23, 37 [192, 261번째 줄]). 요세푸스는 제2성전기 자료에서 발견되는 유대교를 필론보다 더 잘 보여준다.

그러므로 구약성서 시대와 신약성서 시대를 연결하는 시기의 주류 유대교를 가장 잘 대표하는 유대인 저자들은 지속적으로 아담과 하와를 인류의 시원에 존재했던 실제 사람들로 다룬다고 할 수 있다.

3.d 복음서들

복음서에서 창세기의 첫 부분에 대한 주요한 언급은 마태복음 19:3-9에서 나타난다(병행구 막 10:2-9). 어떤 바리새인들이 예수를 시험하고 싶어 했다. 아마도 학파들 사이에서 벌어졌던 논쟁 중 하나로 예수를 옭아매려 했던 것 같다. 그들은 예수에게, 남자가 "어떤 이유가 있으면" 아내와 이혼하는 것이 합법적인지 물었다. 그러자 예수가 이렇게 답한다(마 19:4-5).

> [4]사람을 지으신 이가 본래 그들을 남자와 여자로 지으시고 말씀하시기를 [5]그러므로 사람이 그 부모를 떠나서 아내에게 합하여 그 둘이 한 몸이 될지니라 하신 것을 읽지 못하였느냐.

예수의 답변은 창세기 1:27(4절에서 인용됨)과 창세기 2:24(5절에서 인용됨)을 하나로 엮는데, 이것은 그가 창세기 1장과 2장을 서로를 보완하는 본문으로 읽었음을 보여준다. 남자와 여자는 하나님에 의해 결합되어 한 몸이 되었기에 갈라서서는 안 된다. 그러자 바리새인들은 마 19:7과 신 24:1-4을 인용하면서 그렇다면 어째서 모세가 이혼을 허락했느냐고 묻는다. 예수는 그것은 일종의 양보였다고 설명한다. "본래는 그렇지 아니하니라"(마 19:8). 이 대화를 통해 예수가 창세기 1-2장의 창조 이야기를 모든 인류를 위해 적절하게 기능하는 결혼에 관한 이상을 제시하는 것으로 보았음을 알 수 있다. 바로 그것이 "본래부터" 의도되었던 것이다.[55] 다른 한편으로,

---

[55] "본래는"(19:4, from the beginning)과 "창조 때로부터"(막 10:6, from the beginning of creation)라는 표현에서 발견되는 "태초"(beginning)는 인간 실존의 시작이다. *Science and Faith*, 106-107에 실려 있는 나의 논의를 보라. 이런 주장을 지지하는 19세기 중반의 자료를 원한다면, J. A. Alexander, *The Gospel according to Mark* (Grand Rapids, MI: Baker, 1980[1858]), 274을 보라.

신명기의 가족 규례는 윤리적 규준을 정하지 않는 대신 이스라엘 안에서 사회적 질서를 보존하는 기능을 한다. 그 기능은 "태초" 이후 변화된 상황에 맞춰 필요해진 것이다. 그런 상황의 변화를 만들어낸 분명한, 실제로는 유일한 원인은 아담과 하와의 죄와 그것이 모든 인간에게 끼친 결과다.[56]

예수는 또한 아벨을 의인이라고 부르면서 그의 죽음(창 4:8)에 대해 지나가듯 언급한다(마 23:35, 또한 눅 11:51을 보라). 지나가는 말이기에 많은 해석을 할 필요는 없다. 그러나 우리는 예수가 아벨에서부터 스가랴에 이르는 의인의 피흘림에 대해 언급하는 것을 주목해야 한다. 스가랴가 누구인지 확인하기는 어렵다. 하지만 "성전과 제단 사이에서 너희가 죽인"이라는 표현을 보면 예수와 그의 청중 모두가 알고 있는 인물일 가능성이 높다. 그리고 이것은 예수가 아벨과 스가랴 모두를 역사적인 인물로 여기고 있음을 의미한다.[57]

요한복음 8:44에도 지나가는 듯한 언급이 나타난다.

너희는 너희 아비 마귀에게서 났으니 너희 아비의 욕심대로 너희

---

56   Christopher Wright, *Old Testament Ethics for the People of God* (Downers Grove, IL: InterVarsity Press, 2004, 『현대를 위한 구약윤리』, IVP 역간), 349-51; Collins, *Genesis 1-4*, 144-45에 나오는 논의를 보라.

57   스가랴가 대하 24:20-22에 등장하는 사람을 가리킨다는 결론을 내리면서 이런 가능성에 대해 철저하게 논하는 글을 위해서는, R. T. Beckwith, *The Old Testament Canon of the New Testament Church* (London: SPCK, 1985), 212-22을 보라.

도 행하고자 하느니라. 그는 **처음부터** 살인한 자요 진리가 그 속에 없으므로 진리에 서지 못하고 거짓을 말할 때마다 제 것으로 말하나니 이는 그가 거짓말쟁이요 거짓의 아비가 되었음이라.

이것은 내가 앞서 주장한대로 뱀을 그 악한 자의 대변인으로 읽는 것과, 그리고 「솔로몬의 지혜서」 2:24에서 발견되는 해석과 일치하는 것으로 보인다. "처음부터"(그리스어 *ap' archês*)라는 표현은 확실히 이런 방식과 창조의 시작에 대한 언급을 가리킨다(요 1:1; 요일 3:8 참조).

그러므로 복음서 저자들이 묘사한 예수는 아담과 하와가 실제 사람이었고, 또한 그들의 불순종이 후손인 우리의 상황을 변화시켰다고 믿었던 자라고 말할 수 있다.

3.e 바울의 저작들

이 섹션에서 나는 전통적으로 사도 바울과 연관된 자료들과 사도행전에서 발견되는 바울의 설명을 다룰 것이다. 바울 저작의 실제 작성자에 대한 논쟁(예를 들어 목회 서신들 같은 자료들)이 진행 중이지만,

여기서는 논의의 범주를 이렇게 정하려고 한다.[58]

이 자료는 창세기 1-3장의 부분들을 지나가듯 언급한다. 고린도전서 11:7-12, 고린도후서 11:3, 그리고 디모데전서 2:13-14 등에서 그렇게 한다. 비록 여기에 나오는 언급들이 아담과 하와가 역사적 인물이었다는 제2성전기 유대인들의 일반적인 인식을 공유하고 있다는 것을 의심할 이유는 없지만, 주장의 정당성을 이런 전제에 **의존하고 있다**고 말하기는 쉽지 않다.

다만 세 개의 다른 구절, 즉 고린도전서 15:20-23, 42-49, 로마서 5:12-19, 그리고 사도행전 17:26은 경우가 다르다. 나는 이 부분을 중점적으로 살펴보려고 한다. 이 구절들을 통해 바울의 가르침이 우리가 앞서 보았던 아담과 하와 이야기에 대한 그의 이해에 기초를 두고 있음을 볼 수 있을 것이다.

고린도전서 15장에서 바울은 자신의 "복음"의 핵심이 예수의 역사적 부활이라고 주장한다. 3-8절에서 그는 복음의 요소들을 열거한다. 바울은 아주 중요한 의미를 갖는 공적 사건들에 대해서 말할 때, 대개 우리가 "복음"이라고 번역하는 그리스어를 사용한다. 바울의 이야기는 예수의 부활에서 정점을 이루는데, 예수는 부활을 통해 다윗의 보좌를 얻고(롬 1:1-6을 보라) 이방인들에게 빛을 가져다주기

---

58 목회 서신들이 바울의 실제 저작이며 사도행전에 실려 있는 바울에 대한 설명이 신뢰할 만한 것이라는 강력한 주장이 있다. 하지만 나는 그 논쟁의 결과에 엄격하게 속박되지 않는 선에서 내 논지를 펼칠 것이다.

시작한다.[59] 여기서는 예수의 육체적 부활이라는 개념이 불러온 신학적 문제들에 관한 상세한 설명은 제쳐두고, N. T. 라이트(Wright)의 기념비적인 작품인 『하나님의 아들의 부활』(*The Resurrection of the Son of God*)에 집중하여 논의를 이어나갈 것이다.[60]

고린도전서 15:20-23에서 바울은 단순히 예수가 죽음으로부터 부활했다고 주장하고 있는 것이 아니다. 그는 예수의 부활이 어떻게 미래의 모든 그리스도인들의 부활에 대한 확신을 주는지 설명하고 있다.[61]

[20]그러나 이제 그리스도께서 죽은 자 가운데서 다시 살아나사 잠자는 자들의 첫 열매가 되셨도다. [21]사망이 한 사람으로 말미암았으니 죽은 자의 부활도 한 사람으로 말미암는도다. [22]아담 안에서 모든 사람이 죽은 것 같이 그리스도 안에서 모든 사람이 삶을 얻으리라. [23]그러나 각각 자기 차례대로 되니니 먼저는 첫 열매인 그리스도요 다음에는 그가 강림하실 때에 그리스도에게 속한 자요.

---

59 로마서에서 바울이 "복음"이라는 용어를 사용하는 것에 관한 논의를 위해서는, 나의 연구물인 "Echoes of Aristotle in Romans 2:14-15: Or, Maybe Abimelech Was Not So Bad After All," *Journal of Markets and Morality* 13:1 (2010): 123-73을 보라.

60 N. T. Wright, *The Resurrection of the Son of God* (Minneapolis: Fortress, 2003 『하나님의 아들의 부활』, CH북스 역간).

61 Wright, ibid., 333의 주장에 동의하면서.

21절의 "사람"(그리스어 *anthrôpos*)은, 22절에서 분명히 밝혀지듯이, 어느 한 사람을 가리킨다. 아담이라는 사람을 통해 죽음이 왔고, 반면 그리스도라는 사람을 통해 죽은 자의 부활이 왔다. 22절에는 바울의 독특한 표현 중 하나인 "아담 안에서"와 "그리스도 안에서"라는 말을 사용된다.

이 표현을 최대한 간단하게 설명하면 이렇다. 내가 판단하기로는, "A 안에" 있다는 것은 A가 언약적 대표로서 섬기는 백성의 구성원이 되는 것을 의미한다.[62] 이 그룹의 구성원들은 일종의 연대를 이룬다. 집단의 대표자에게 일어나는 일은 집단의 구성원 모두에게 영향을 미치고, 그 반대의 경우도 마찬가지다. 한 유력한 바울학자는 "교환"(interchange)이라는 용어를 사용해 공동생활 속의 상호 참여라는 개념을 설명한다.[63]

이 사람 A는 대표자로서 공적 역할을 하는 개인이다. 우리는 역

---

[62] 이 표현은 창 12:3("너로 말미암아"[in you]), 18:18("그로 말미암아"[in him]), 22:18("네 씨로 말미암아"[in your offspring]) 등에서 나타나는데, 그때 쓰이는 히브리어 전치사는 *b'*-이고, 그리스어 전치사로는 *en*으로 번역된다. "그리스도 안에서"에 해당하는 신약성서의 표현은 *en Christô*다. 유사한 제안들에 관해서는, A. J. M. Wedderburn, "Some observations on Paul's use of the phrases 'in Christ' and 'with Christ'," *Journal for the Study of the New Testament* 25 (1985): 83-97에 실려 있는 논의를 보라. 참조. N. T. Wright, *Paul in Fresh Perspective* (Minneapolis: Fortress, 2005), 46.

[63] Morna Hooker, *From Adam to Christ: Essays on Paul* (Cambridge: Cambridge University Press, 1990). 이것은 C. S. Lewis가 *The Problem of Pain* (London: Geoffrey Bles, 1940, 『고통의 문제』, 홍성사 역간), 5장(이 책의 5.d에 실려 있는 나의 논의를 보라)에서 "그리스도 안에서/아담 안에서"라는 표현을 설명하려 할 때 붙들고 있던 개념이다.

사적 실존을 갖고 있지 않은 어떤 사람 "안에" 언약적으로 소속될 수 없다.[64] 실제로, 바울은 대표자로서의 아담의 행위로 인한 결과로 "모두"에게 무언가가 발생했다는 사실을 당연한 것으로 간주하는 것처럼 보인다. 이런 대표 행위는 법적 의제(legal fiction, 실체를 달리하는 것을 법률적으로 동일하게 취급하고 동일한 법률 효과를 부여하는 것. 예컨대 회사를 인격화하여 법인으로 설정하는 것 등— 역주)나 임의적인 신의 명령에 의해 이루어지지 않는다. "첫 열매"라는 유비를 통해 지적되듯이 대표자와 그에 의해 대표되는 사람들 사이에는 연관성이 있다. 앤서니 티슬턴(Anthony Thiselton)이 인정하듯이, "바울은 아담 안에서의 인류의 단일성이라는 랍비들의 전통적인 교리를 받아들였다." 비록 랍비 문헌의 구절이나 그 문제에 대한 바울 자신의 글도 그들이 어떻게 아담 "안에" 있는 것인지 분명하게 설명하지 못할지라도 말이다.[65]

C. K. 바레트(Barrett)는 바울이 아담을 역사적 인물로 다루고 있다고 인정하기는 하나 다음과 같이 선언한다.[66]

---

64   Anthony Thiselton이 (F. F. Bruce를 인용하며) 말하듯이, "바울에게 아담은 개인이자 집단적 실체다. '그는 그의 히브리어 이름이 의미하는 것, 즉 인류였다. 인류 전체가 애초에 아담 안에 존재하는 것으로 간주된다.'" Thiselton, *1 Corinthians*, New International Greek Text Commentary (Grand Rapids, MI: Eerdmans, 2000), 1225을 보라.

65   Ibid., 1225 (W. D. Davies를 인용하면서).

66   C. K. Barrett, *1 Corinthians*, Harper's New Testament Commentary (Peabody, MA: Hendrickson, 1968), 351, 353.

바울에 의해 아담에게까지 추적되는 죄와 죽음은 경험적 측면에서 있는 그대로의 인류에 대한 묘사다. 이런 이유로 아담의 역사성은 중요하지 않다.

이런 주장은 바울의 주장에서 성서의 이야기가 수행하는 역할을 과소평가하는 것이다. 오히려 바울은 아담을 지금 예수가 처리한 어떤 문제를 인류에게 **들여온** 인물로 묘사한다. 그는 (딤전 4:4에서처럼) 원래 창조의 선함을 인정한다. 인간의 죄는 창조 안에 있지 않았다. 즉 모든 인간이 사악한 상황을 공유하고 있다는 "경험적 사실"은 특별한 사건 안에서 설명 가능하다. 고든 피(Gordon Fee)는 다음과 같이 지적한다.[67]

비록 바울이 우리 모두가 아담 안에서 공유하고 있는 공통된 인성을 강조할지라도, 그가 그리스도와 같은 의미에서 아담을 실제 인물로 여겼다는 것에 대해서는 의문의 여지가 있을 수 없다.

실제로 바울의 주장은 역사적이고 설명적이다. 한 사람이 그가 대표하는 모든 이들에게 문제를 일으킬 만한 어떤 일을 했다. 그리

---

67   Gordon Fee, *1 Corinthians*, New International Commentary on the New Testament (Grand Rapids, MI: Eerdmans, 1987), 751 n. 23.

고 훗날 다른 어떤 이가 자기가 대표하는 이들을 그 문제로부터 구해 내기 위해 무언가를 했다. 예수의 육체적 부활은 바로 이 죄와 죽음의 문제들을 처리하기 위한 것이었다. 바울에 따르면 예수의 부활은 아담과 하와의 죄로 인해 들어온 문제들로부터 물질계 전체를 최종적으로 회복시키는 일을 위한 계약금과 같은 것이었다. 요한계시록은 유사한 논리적 근거에 의지해 이와 비슷한 미래를 그려낸다(3.f를 보라).

이 패턴은 고린도전서 15:42-49에서 계속된다.

> [42]죽은 자의 부활도 그와 같으니 썩을 것으로 심고 썩지 아니할 것으로 다시 살아나며 [43]욕된 것으로 심고 영광스러운 것으로 다시 살아나며 약한 것으로 심고 강한 것으로 다시 살아나며 [44]육의 몸으로 심고 신령한 몸으로 다시 살아나나니 육의 몸이 있은즉 또 영의 몸도 있느니라. [45]기록된 바 "첫 사람 아담은 생령이 되었다" 함과 같이 마지막 아담은 살려 주는 영이 되었나니 [46]그러나 먼저는 신령한 사람이 아니요 육의 사람이요 그다음에 신령한 사람이니라. [47]첫 사람은 땅에서 났으니 흙에 속한 자이거니와 둘째 사람은 하늘에서 나셨느니라. [48]무릇 흙에 속한 자들은 저 흙에 속한 자와 같고 무릇 하늘에 속한 자들은 저 하늘에 속한 이와 같으니, [49]우리가 흙에 속한 자의 형상을 입은 것 같이 또한 하늘에 속한 이의 형상을 입으리라.

N. T. 라이트가 주석하듯이, "지금 우리가 다루고 있는 구절 [고전 15:12-58 전체]은 바울의 저술에서 조밀하고 임시적인 부분 중 하나다."[68] 즉 우리가 물어야 할 많은 질문들이 있으며, 우리가 그것들을 다루는 데 상당히 많은 시간을 써야 할 수도 있다는 뜻이다. 그러나 나는 여기서 라이트가 내린 결론의 일부를 승인하고 인용함으로써 그가 내리는 보다 완전한 결론에 독자가 주목하도록 할 것이다.[69]

그 주장 전체는 바위처럼 견고한 신학과 수사학적 힘을 바탕으로 메시아 예수의 부활이 갖는 의미를 확증한다. 예수의 부활은 창조주가 의도했던 원래의 창조를 구출하고 갱신하는 작업을 완성하면서 메시아의 백성을 새로운 육체적 삶으로 이끄는 출발점과 수단이 된다.…

인간은 선하다. 몸을 입은 사람이 되는 것은 좋은 일이다. 반면, 반역적인 인간, 부패한 인간, 육체적 죄와 육체적 죽음으로 인해 불명예스러운 인간이 되는 것은 나쁜 일이다

42-49절과 관련해 라이트는 45절이 창세기 2:7(아담의 형성)

---

68   Wright, *Resurrection of the Son of God*, 337.

69   Ibid., 337, 346.

을 인용하고 있음을 지적하고 다음과 같은 결론을 내린다.[70]

창세기 2장이 아담을 살아 있는 **영**[ESV에서는 "살아 있는 피조
물"로 번역된다]으로 만드는 창조주에 관해 말할 때, 그 영은 인간
의 두 번째 형식이 아니라 일차적 형식이었다. 지금 인간에게 필요
한 것은 그런 존재로부터 멀어지거나 뒤로 물러서는 것이 아니라,
오히려 약속된 최종적 아담의 상태로 나아가는 것이다. 그 상태에
서 이 육체적[ESV 44, 46절에서는 "자연적"으로 번역된다] 몸이
포기되는 게 아니라 창조주 자신의 영에 의해 새로운 생기를 얻게
될 것이다.

이런 이유로 라이트는 견고한 근거를 바탕으로 바울의 주장이
"유형론적"이라는 개념을 거부한다.[71]

이것[창세기 2:7에 근거한 주장]은 유형론적인 것이 아니라(두 사
건은 형태상으로는 상관이 있으나 이야기의 결과라는 측면에서 필
연적으로 그런 것은 아니다) 설명적이다. 창세기 2:7은, 20-28절
과 35-41절의 유비에 비추어 바울이 이제 완성하고자 하는 하나

---

70   Ibid., 353. Wright는 또한 바울이 (3.c에서 언급된) 필론과 연관된 해석의 논법을
      거부한다는 것을 보여준다.
71   Ibid., 354 n. 128.

의 이야기를 시작한다.

이런 설명적 특징이 의미하는 바는 바울의 주장이 아담을 그 이야기에 등장하는 실제적 인물로 전제하고 있다는 것이다.[72]

바울은 또한 로마서 5:12-19에서 아담과 그리스도를 비교한다.

[12]그러므로 한 사람으로 말미암아 죄가 세상에 들어오고 죄로 말미암아 사망이 들어왔나니 이와 같이 모든 사람이 죄를 지었으므로 사망이 모든 사람에게 이르렀느니라. [13]죄가 율법 있기 전에도 세상에 있었으나 율법이 없었을 때에는 죄를 죄로 여기지 아니하였느니라. [14]그러나 아담으로부터 모세까지 아담의 범죄와 같은 죄를 짓지 아니한 자들까지도 사망이 왕 노릇 하였나니 아담은 오실 자의 모형이라.

[15]그러나 이 은사는 그 범죄와 같지 아니하니 곧 한 사람의 범죄를 인하여 많은 사람이 죽었은즉 더욱 하나님의 은혜와 또한 한 사람 예수 그리스도의 은혜로 말미암은 선물은 많은 사람에게 넘쳤느니라. [16]또 이 선물은 범죄한 한 사람으로 말미암은 것과 같지 아니하

---

72 아마도, 만약 바울이 3.a에서 언급된 동산 이야기에 대한 "이레나이우스적" 읽기를 공유하고 있다면, 그는 그 최초의 인간의 과업이 단순히 "자연적인" 상태로부터 그의 도덕적 순종을 통해 온전하게 "영적인" 상태에 이르기까지 성장하는 것이었다고 여겼을 것이다.

니 심판은 한 사람으로 말미암아 정죄에 이르렀으나 은사는 많은 범죄로 말미암아 의롭다 하심에 이름이니라. [17]한 사람의 범죄로 말미암아 사망이 그 한 사람을 통하여 왕 노릇 하였은즉 더욱 은혜와 의의 선물을 넘치게 받는 자들은 한 분 예수 그리스도를 통하여 생명 안에서 왕 노릇 하리로다.

[18]그런즉 한 범죄로 많은 사람이 정죄에 이른 것 같이 한 의로운 행위로 말미암아 많은 사람이 의롭다 하심을 받아 생명에 이르렀느니라. [19]한 사람이 순종하지 아니함으로 많은 사람이 죄인 된 것 같이 한 사람이 순종하심으로 많은 사람이 의인이 되리라.

이 구절은 여러 가지 중요한 질문들을 제기한다. 한 사람 아담의 행위가 어떻게 세상에 죄를 들여왔는가? 개인들은 자신의 죄에 대한 책임을 져야 하는가? 아담의 불순종은 그들에게 어떤 영향을 주는가? 바울이 염두에 두었던 것은 어떤 종류의 "죽음"이었는가? 여기서 우리는 바울의 주장 중 아담이 수행하는 역할에 초점을 맞추고 남은 문제들은 다음 기회를 위해 남겨둘 것이다.

바울이 그의 주장의 근거를 창세기 3장을 읽는 방식에 두고 있다는 것에 대해 주석가들은 별다른 이견이 없다. 분명히 바울은 아담의 죄가 인간의 경험과 세계 안으로 죄와 "죽음"(물리적인 것이든 영적인 것이든, 그 둘 모두이든 간에)을 들여왔다는 개념을 동시대 유대인들과 공유하고 있었던 것으로 보인다.[73] 고린도전서 15장의 설명처럼, 그 주장은 서사적이다. 과거에 일어난 어떤 사건, 즉 "한 사람이 죄를 지었으므로, 한 사람의 범죄를 인하여, 한 사람이 순종하지 아니함으로" 같이 표현되는 사건이 아담으로부터 모세에 이르기까지, 다른 말로 모세의 율법이 오기 전까지 어떤 결과를 야기했다("많은 사람이 죽었다"). 17절은 이 점을 분명하게 밝힌다. "한 사람의 범죄로 말미암아 사망이 그 한 사람을 통하여 왕 노릇 하였다." 이런 사건들 후에 예수는 그의 죽음과 부활을 통해(롬 4:25) 어떤 일("한 의로운 행위, 한 사람의 순종")을 행했다.

아담이 실제 사람이었고 그의 죄가 우리 모두에게 영향을 주었다는 개념을 거부하는 많은 학자들이 있다. 그들은 "원죄"라는 개념이 서구의 교부 아우구스티누스(Augustine, 354-430)로부터 왔다고 말한다. 이 주장에 따르면, 우리는 아우구스티누스를 따르지 않는 그리스 교회를 더 고려해야 한다. 기독교 교회의 주요 분파들이 아담의 죄가 인류에게 끼친 영향을 묘사하는 방식을 놓고 서로 달리 생각하고 있다는 것은 분명하다. 하지만 우리는 이 사실이 우리를 오도하지 않도록 조심해야 한다. 그들은 모두 아담과 하와의 죄가 어떤 **결과를 낳았다**는 것에 동의하는데, 이것은 우리가 실제로 이 죄

---

73 롬 5:12("죄로 말미암아 사망이 들어왔나니")의 그리스어와 「솔로몬의 지혜서」 2:24의 그리스어("죽음이 이 세상에 들어온 것은 악마의 시기 때문이니")가 얼마나 유사한지에 주목하라. .

초의 부부의 후손임을 전제하는 것이다. 그 외에도 차이에 관한 주장 중 일부는 잘못되었다. 우리는 앞서 2.c에서 동방의 교부 이레나이우스를 잘못 읽은 사례를 살펴보았다. 또 다른 동방의 대표자는 콘스탄티노플의 주교였던 그리스의 교부 요한네스 크리소스토모스(John Chrysostom, 344년경-407)다. 크리소스토모는 사변적 신학을 피하려는 경향이 있다. 그리스어 표현에 대한 그의 해석들은 오늘날에도 여전히 연구할 만한 가치가 있다. 크리소스토모스는 로마서 5:12을 다음과 같이 설명했다.[74]

---

74 John Chrysostom, *Homilies on Romans*, Homily x. 나는 그리스어 원문에 대한 니케아 이후 교부들의 번역을 개선했다. 크리소스토모스가 "떨어짐"(having fallen, 그리스어 동사 *piptô*)이라는 용어를 사용한 것은 흥미롭다. 또한 Eusebius, *Preparation for the Gospel*, 7.8 (307d)을 보라. "아담은…그의 보다 나은 운명으로부터 떨어졌다[fell from, 그리스어 *apopiptô*]"(C. A. D. 315). 나는 "떨어지다"라는 용어가 어떤 이유로 아담의 죄를 묘사하기 위한 공통 어휘가 되었는지 알지 못한다(내가 아는 한, 성서는 그 단어를 사용하지 않는다). 물론 아우구스티누스와 크리소스토모스 사이에는 많은 차이가 있다. 그러나 그 둘을 비교, 판단하는 것은 지금 나의 과제가 아니다. Panayiotis Papageorgiou, "Chrysostom and Augustine on the sin of Adam and its consequences," 그리스 교부를 선호하는 설명을 위해서는 *St Vladimir's Theological Quarterly* 39:4 (1995): 361-78을 보라. 비록 아우구스티누스 이전의 기독교 저자들은 아우구스티누스와 동일한 방식으로 "원죄"를 해석하지 않았으나, 그렇다고 해서 그들이 역사적 아담과 하와가 그들의 후손인 우리에게 영향을 주었다는 개념을 갖고 있지 않았다는 뜻은 아니다. 이레나이우스와 크리소스토모스 외에, 이 책에서 언급된 그리스어 사용 저자들을 알아보려면 다음을 보라. Origen((185-254), *Homily on Luke*, at Luke 2:22("우리의 출생의 얼룩들"), Athanasius(293-373), *On the Incarnation*, 1:3-5("그들의 무죄함의 사랑스러움"), 그리고 Theodore of Mopsuestia(350-428), *Catechetical Homilies*, 14("우리는 타락했고 죄가 우리를 부패시켰다"); 시리아어를 쓰는 Ephraem the Syrian(306-73), *Commentary on 1 Corinthians*, 1:30(세례를 통해 중재 되는바 우리가 필요로 하는 용서에 대해 말하면서); 그리고 라틴어를 쓰는 Tertullian(c. 160-220), *On the Soul*, 16, 40-41(아담의 죄로부터 온 "부패"), 그리고 Cyprian(d. 258), *Letters*, 58.5(피두스[Fidus]에

"모두가 죄를 지었기에"는 무엇을 의미하는가? 그[아담]가 타락했기에 그 나무의 열매를 먹지 않은 사람들까지도, 즉 그들 모두가 그로 인해 죽을 운명에 처하게 되었다.

크리소스토모스는 인류의 나머지를 "그[아담]로부터 온 사람들"이라고 부르는데, 이것은 그가 이 구절을 실제 사람을 포함하는 이야기로 읽고 있음을 암시한다. 우리가 그런 사실을 알기 위해 아우구스티누스주의자가 될 필요는 없다. (크리소스토모스는 바울처럼 그 어떤 부적절한 문자주의도 보여주지 않는다.)

현대의 주석가들은 바울의 주장에서 아담과 죄의 기원에 관한 제2성전기 개념과의 유사성을 발견하고, 바울의 전반적인 주장의 근거를 창세기 3장에 대한 그의 읽기까지 추적해 올라가는 경향을 보인다. 이런 주석가들 중 일부는 자유분방한 사고를 하는 어떤 이들에 비해 바울이 드러내 보이는 신중함과 절제를 존중한다. 그들은 대체로 바울이 아담을 역사적 인물로 여겼다는 데 동의한다.

그것들을 순서대로 관찰해보면, 주요 영어권 주석에서 나타나는 한 가지 흥미로운 패턴을 추적할 수 있다. 주석가들은 점차적으로 바울의 가르침이 갖고 있는 이야기적 토대를 인식해 왔다.[75] 크랜필

게 보낸 편지: 아담의 죄는 새로 태어난 아이들에게조차 영향을 미친다).

[75] 가장 주목을 받는 주석들은 학문적인 문헌들 안에 있는 것처럼 보인다. 하지만 John Stott나 Thomas Schreiner 같은 이들의 주석들은 확실히 주목할 만한 가치를 지니

드(Cranfield)의 주석(1975)은 바울에 대한 공감을 드러낸다.[76]

> 그러나 [로마서 5:12의] 세 번째와 네 번째 문구들은 창세기 이야
> 기나 구약성서의 다른 곳에서 명백하게 드러나지 않는 무언가에
> 대해서 말한다. 비록 그것이 창세기 이야기를 바탕으로 한 자연스
> 러운 추론이라고 할지라도 말이다. 그 무언가란, 죄가 들어온 결과
> 로 죽음이 뒤따랐고, 죽음이 머지않아 모든 인간에게 이르렀는데
> 그것은 인간이 모두 죄를 지었기 때문이라는 것이다

창세기 3장에 대한 크랜필드의 읽기는 나의 읽기와 일치하며,
("보이기"와 "말하기"라는 용어들을 사용하지 않으면서도) 적절한 "추론"
에 대한 훌륭한 인식을 드러낸다.

제임스 던(James Dunn)의 주석은 1988년에 나왔는데, 그는 바
울이 창세기 3장을 사용하여 한 개인이자 한 명의 "신기원을 이루는
인물"(epochal figure)인 아담을 언급하고 있다는 데 동의한다. "신기
원을 이루는 인물"이라는 표현은 "인간 역사의 중요한 최초 국면을

고 있다.

76 C. E. B. Cranfield, *Romans*, International Critical Commentary (Edinburgh: T&T Clark, 1975), 279-80. 그는 주석에서 이렇게 덧붙인다. "창세기 이야기가 인간의 사악함과 죽음의 기원에 관한 이야기로 의도되었다는 사실은 부정할 수 없다. 창세기 4장이 3장을 따르는 방식, 3:15에서 하와의 후손이 명백히 포함되는 것, 그리고 3:17-19에서 미래 세대가 잠재적으로 포함되는 것 등에 주목하라." 유사한 견해들을 위해서는, Collins, *Genesis 1-4*, 175-76을 참조하라.

시작한, 그리고 그렇게 함으로써 그것에 속한 이들을 위해 국면의 특징을 결정지은 사람"이라는 의미다.[77] 한편,

바울의 신학적 요점이 한 사람의 "역사적" 개인인 아담에게 혹은 하나의 역사적 사건인 그의 불순종에 달려 있다고 말하는 것은 올바른 일이 아닐 것이다. 그런 함의는 그리스도의 유일한 행위와 병행이 이루어진다는 사실로부터 필연적으로 뒤따르는 것이 아니다. 신화적 역사 속에서 이루어진 행위라도 비교점을 잃어버리지 않고 살아 있는 역사 속에서 이루어진 행위와 병행될 수 있다.…그 두 가지 신기원을 이루는 인물인 아담과 그리스도를 비교하는 것은 개인 아담을 역사화시키기보다 역사적 그리스도가 지닌 개인적인 것 이상의 의미를 부각시킨다.

던은 자신이 창세기를 "신화적 역사"로 여기는 이유나 아담의 역할이 그 이야기에서 필수적인 것이 아닌 이유에 대해서 설명하지 않는다. 사실 그는 바울의 주장에 드러나는 이야기적 성격뿐 아니라 아담이 한 사람의 대표자로서 갖고 있다고 생각되는 "개인적인 것 이상의 의미"를 소극적으로 다루는 것처럼 보인다.

---

77 James D. G. Dunn, *Romans*, World Biblical Commentary (Dallas: Word, 1988, 『로마서(상)』, 솔로몬 역간), 289-90.

1993년에 출간된 조지프 피츠마이어(Joseph Fitzmyer)의 주석에는 다음과 같은 주장이 실려 있다.[78]

바울은 아담을 역사적 인간이자 인류의 첫 번째 조상으로 여기며, 그를 역사적 예수 그리스도와 비교한다. 그러나 창세기 자체에서 아담('Adam)은 인류를 의미하는 상징적 인물이다. 로마서에 관한 주석을 쓴 어떤 이들은 아담을 이런 상징적 의미로 해석하고자 했다(가령, Barth, *Romans*, 170-71). 그러나 그런 식의 읽기는 "한 사람" 아담과 "한 사람" 그리스도를 대조함으로써 아담이 예수 그리스도만큼이나 역사적 개인이었음을 주장하고자 한 바울의 노력에 해를 입힌다. 바울은 그런 방법을 통해 창세기의 상징적 아담을 역사화시켰다.

피츠마이어는 창세기의 아담이 "상징적"이라고 **가정하는** 것처럼 보이지만, 그렇게 생각하는 이유를 제시하지는 않는다. 피츠마이어가 "바울에게 '아담'은 **창세기 속의 아담**이다. 그는 '햄릿'(Hamlet)처럼 문학적인 개인이지, '모든 사람'(Everyman)처럼 상징적인 개인이 아니다."[79] 그가 이렇게 말할 때 과연 아담이 존재한다고 여기는

---

78   J. A. Fitzmyer, *Romans*, Anchor Bible (New York: Doubleday, 1993, 『앵커바이블 로마서』, CLC 역간), 407-408.

79   Ibid., 410.

지, 혹은 이에 대한 입장이 바울의 주장에 중요한 역할을 한다고 생각했는지는 분명하지 않다. 그는 가톨릭의 교리가 모든 형태의 다원발생설(polygenism, 인간이 한 명 이상의 조상으로부터 나왔다는 주장)에 반대되는 것인지, 또는 그 교리와 화해될 수 있는 어떤 형태의 다원발생설이 있는지 확신할 수 없다는 입장을 표명하는 것으로 논의를 마무리한다.

　　로마서에 대한 이런 탁월한 주석들 중 가장 최근에 나온 것은 N. T. 라이트의 것이다(2002). 거기에서 라이트는 바울의 신학적 맥락이 "단순히 인류의 조상으로서만이 아니라 인간의 죄의 근원으로서의 아담에 관한 널리 퍼져 있던 제2성전기 유대교의 믿음"에 기반을 둔다고 언급한다.[80] 계속해서 그는 신중하게 숙고되어야 할 만한 용어를 사용하여 다음과 같이 주장한다.[81]

　　바울은 유일한 최초의 부부가 있었다는 것을 믿었다. 그리고 그중 남자였던 아담이 어떤 계명을 받았고 그것을 깨뜨렸다는 것을 분명하게 믿었다. 바울은 우리가 그 이야기의 신비적인 혹은 은유적인 차원이라고 부르는 것에 대해 인식하고 있었으나, 그것들이 최초의 역사적인 부부의 존재와 그들의 근원적인 죄에 관해 의문을

80　　N. T. Wright, "Romans," in Leander Keck et al., eds., *The New Interpreter's Bible* (Nashville: Abingdon, 2002), 10:393-770, 여기서는 524ab 참조.

81　　Ibid., 526a.

던지는 것은 아니라고 여겼다. 초기의 인류학에 대한 우리의 지식은, 부드럽게 말하자면, 피상적이다. 아주 이른 시기의 유골이 발굴될 때마다 신문들은 최초의 인간이 발견되었다고 외친다. 우리는 아담과 하와를 전적으로 신화의 세계에 위탁해왔다. 그러나 우리는 여전히 그들의 대체물을 구하고 있다. 인류의 시원에서 "죄"가 어떤 모습을 지녔을지에 대해 말하는 것은 불가능하다. 그러나 자애로운 창조주에게 순종하고 그와의 열린 관계로부터 돌아서는 것, 또한 아름답고 매혹적이기는 하나 하나님이 아닌 것을 향해 돌아서는 것은 많은 측면을 지닌 현상이어서 유인원의 어떤 발달 단계에서든 어렵지 않게 상상할 수 있다. 일반적으로 찰스 다윈에 의해 창세기의 처음 이야기들이 확고하게 부정되었다고 알려졌지만, 이는 터무니없는 것이다. 비록 그런 믿음이 오늘날 신화를 만드는 과정에서 거듭 강화되고 있을지라도 말이다. 성서신학이나 과학에서 상황은 그렇게 단순하지 않다.

라이트는 그의 "성찰" 단락에서 이 주제에 관해 그 이상의 무언가를 말하지 않는다(나는 인간의 단일성은 모든 이들을 위한 동등한 정의의 의무를 수반한다고 그가 말하기를 기대했던 것일지도 모른다). 하지만 이런 말들은 라이트가 이 주제와 관련해 바울이 믿었던 것을 믿는 쪽을 선호한다는 것을 보여준다. 적어도 그는, 칭찬할 만하게도, 과학의 증거에 관해 선정주의적으로 유행하는 주장들에 대해 회의적

이었다.[82]

이 네 사람 중 오직 던만이 바울이 아담을 역사적 인물로 여겼다고 말하기를 주저한다. 실제로 그를 뒤따르는 두 사람은 크랜필드가 대표하는 입장으로 되돌아서는 것처럼 보인다.[83] 그리고 결정적으로 제2성전기 유대교에 근거를 둔 증거의 위력은 그들에게 유리하다. 바울은 로마 그리스도인들을 위한 행동의 목표를 제시하면서, 성서의 이야기가 하나님의 빛이 (스페인에 있는 사람들을 포함한) 이방인들에게 비치는 현재의 시기로 이어지는 방식을 사용한다. 바울의 로마서에 드러난 서사적 주장을 보면 볼수록, 우리는 모든 사람의 조상으로서의 아담의 실재성을 명확히 보게 될 것이다. 모든 사람이 복음의 빛을 필요로 한다. 그리고 모든 사람이 그 빛에 도달할 수 있다.[84]

마지막으로 고린도전서와 로마서의 본문들과 맥을 같이하는 본문 하나를 살펴보자. 사도행전 17:26은 아테네의 철학자들을 향한 바울의 연설의 일부다. 바울은 그들에게 하나님이 "사람의 손으로 섬김을 받으시는 것이 아니니 이는 만민에게 생명과 호흡과 만물을 친히 주시는 이심이라"(25절)고 설명한 후 계속해서 이렇게 말한다.

---

82 Wright가 "인류의 시원에"라고 말하는 방식은 그가 John Stott의 제안을 생각해볼 만한 가치가 있는 것으로 고려하고 있음을 의미할 수도 있다.

83 나는 창세기의 아담에 관해 토론이 필요하다는 Fitzmyer의 주장에 주목하며, 이 책의 3.a에서 그에게 동의하지 않는 이유를 제시한다.

84 로마서와 로마서의 목적에 관한 이야기식 분석에 관해서는, 나의 논문 "Echoes of Aristotle in Romans 2:14-14," 123-73을 보라.

²⁶인류의 모든 족속을 한 혈통으로 만드사 온 땅에 살게 하시고 그
들의 연대를 정하시며 거주의 경계를 한정하셨으니 ²⁷이는 사람으
로 혹 하나님을 더듬어 찾아 발견하게 하려 하심이로되 그는 우리
각 사람에게서 멀리 계시지 아니하도다.

고전학자로서 받은 훈련을 성서 연구에 적용했던 F. F. 브루스
(Bruce)는 바울의 주장을 아래와 같이 설명한다.⁸⁵

아테네인들은 자신들이 그들의 고향 아티카의 흙으로부터 나온 원
주민(*autochtones*)임을 자랑했다.···그리스인들은 다른 사람들을 야
만인이라고 부르며 자신들이 우월한 존재라고 생각했다. 인종적
우월성에 대한 이들의 주장에 맞서 바울은 모든 인간의 단일성을
선언한다. 아담에게서 유래된 인간의 단일성은 바울 신학의 근본
적인 요소다(참조. 롬 5:22이하). 죄에 의해 훼손된 이 근원적 단일
성은 구속에 의해 회복된다(갈 3:28; 골 3:2).

---

85 F. F. Bruce, Acts: *Greek Text with Introduction and Commentary* (London: Tyndale
Press, 1970), 337. Bruce는 이 인용의 생략에 대한 아테네인들의 믿음을 위해 "에
우헤메로스설에 입각한"(Euhemeristic, 에우헤메로스는 고대 마케도니아의 철학
자로 인간을 기초로 하여 신관념을 합리적으로 해석했다─역주) 설명을 덧붙인다.
"그들이 그리스인들의 그 땅을 향한 이민의 첫 번째 물결에 속해 있다는, 그 시기가
너무 일러서, 아카이아인과 도리아인들처럼 훗날 도착한 이들과 달리, 그들이 그들
의 이민에 대한 모든 기억을 잃어버렸다는 것을 의미하는 주장."

브루스는 후에 나온 사도행전에 관한 보다 광범위한 주석에서 이렇게 덧붙인다.[86]

이것은, 마치 오늘날의 유사 신앙에 대한 모든 정당화를 제거하듯이, 그리스도인이 야만인보다 우월하다는 믿음에 근거한 모든 정당화를 제거했다. 자연 안에도, 은총 안에도, 옛 창조 안에도, 새 창조 안에도, 인종적 우월성을 위한 자리는 없다.

나는 4.b에서 인간의 단일성이 어떻게 실제로 인종적 정의 (racial justice)[87]를 위한 성서적 근거의 일부가 되는지에 관해 논의할 것이다. 지금은 바울의 단언이 그의 연설 전체에서 수행하는 역할에 초점을 맞추려 한다.[88]

대체로 이 연설에서 바울은 철학자들(아마도 특히 스토아주의자들[Stoics])에게 그들이 하나님과 인간에 관한 참된 무언가를 인식했다고 말한다. 바울은 비록 분명하게 인용하지는 않지만 구약성서를 광범위하게 사용하면서 그 책에 철학자들이 이해하는 진리에 대

---

86 Bruce, *Acts*, New International Commentary on the New Testament (Grand Rapids, MI: Eerdmans, 1988), 337.

87 나는 노예 상태에 있던 아프리카계 미국인 그리스도인들이 이 구절에 대해 배울 때 그 가르침 안에서 큰 위로를 얻었다는 말을 들은 적이 있다.

88 나는 Collins, *Science and Faith*, 190-95(각주 및 참고문헌, 384-86과 함께)에서 이 연설에 대해 간략하게 설명한 바 있다.

한 온전한 설명이 담겨 있다는 것을 보여준다. 바울은 아테네인들이 외국인인 자신에 대해 갖고 있을 수도 있는 의심을 떨쳐버리기 위해 자신과 그들이 공통으로 갖고 있는 인성을 확언할 필요가 있었을지도 모른다(행 17:18을 보라). 그러나 적어도 1세기의 어떤 스토아주의자들은 출생과 민족성이라는 우연적인 요소들보다 모든 인류에게 공통적인 어떤 것을 이해하고 있었다는 몇 가지 증거가 있다.[89] 비록 바울처럼 그것을 말로 표현하지 않았을지라도 말이다. 더 나아가 바울은 모든 인간이 하나님을 알도록 만들어졌다는 구약성서 이야기의 기본적인 견해를 사용해 이 이방인들이 하나님의 보편적 제공(universal offer)에 관한 30-31절의 선언을 받아들일 수 있도록 준비시킨다.

> [30]알지 못하던 시대에는 하나님이 간과하셨거니와 이제는 어디든지 사람에게 다 명하사 회개하라 하셨으니, [31]이는 정하신 사람으로 하여금 천하를 공의로 심판할 날을 작정하시고 이에 그를 죽은 자 가운데서 다시 살리신 것으로 모든 사람에게 믿을 만한 증거를 주셨음이니라.

---

89 C. K. Barrett, *Acts*, International Critical Commentary (Edinburgh: T&T Clark, 1998)를 참조하라.

모든 인간이 한 사람으로부터 형성되었다는 것은 역사적인 진술로서, 그 보편적 초대, 즉 하나의 사건(부활)으로 인해 이루어진 초대의 기초를 틀림없이 다가올 미래의 사건(심판의 날)에 두고 있다.

하나님이 아브라함을 부르신 까닭은 그를 "모든 곳에 있는 모든 이들에게"(all people everywhere, 개역개정역은 이것을 "어디든지 사람에게"라고 번역했다—역주) 복을 전하는 도구로 삼으시기 위함이었다. 그리고 이제 예수의 부활과 함께 그 일을 이룰 때가 이르렀다. 더 나아가 우리는 이 개념을 하나님의 새로운 백성 안에는 "헬라인이나 유대인이나 할례파나 무할례파나 야만인이나 스구디아인이나 종이나 자유인이 차별이 있을 수 없나니 오직 그리스도는 만유시요 만유안에 계시니라"(골 3:11; 참조. 갈 3:28)라고 주장하는 다른 구절들과 연결시키는 브루스의 해석을 떠올릴 필요가 있다. 그리스도에 대한 믿음을 통해 아담의 후손들 사이에 존재하는 분열이 치유될 것이다.

3.f 신약성서의 다른 구절들

신약성서 안에는 창세기 1-5장의 등장인물들을 대수롭지 않게 언급하는 다른 구절들이 있는데, 거기에 나오는 인물들의 역사성이 신약성서의 진리 주장과 밀접히 연관되어 있는지는 명확하지 않다

한 가지 예외는 히브리서 11:4-7일 것이다. 그 구절은 아벨, 에

녹, 그리고 노아를 믿음의 본보기로 열거한다. 히브리서 11장은, 모든 이들이 인정하듯이, 구약성서 시대에 탁월한 믿음을 지녔던 사람들의 목록이다. 그런데 목록 자체는 거기에 나오는 인물들이 모두 역사적 존재임을 반드시 입증해 주지 않는다. 도덕적 본보기의 목록에서 목록의 사람들이 반드시 역사적 인물이어야 할 필요는 없다. 어쨌거나 오늘날 그리스도인들은 예컨대 프로도(Frodo)나 샘(Sam) 같은 인물들(모두 J. R. R. 톨킨의 소설 『반지의 제왕』[*The Lord of the Rings*]에 나오는 인물들이다 ― 역주)에게서 교훈을 끌어낼 수도 있을 것이다. 그리고 C. S. 루이스의 저작들은 고전적 소설과 전설에 나오는 인물들의 매력을 묘사하는 것으로 가득하다. 한편, 히브리서 11장 목록의 나머지는 역사적 인물들, 소위 "선진들"(2절, 문자적으로 번역하자면 "오래전에 살았던 이들"이다)로 불리는 이들로 이루어져 있다. 더 나아가 그 목록은 우주의 창조에 관한 확언으로 시작하는데(3절), 거기에서 그것은 실제 사건으로 간주된다. 마지막으로 저자는 이 사람들과 자기의 청중이 더불어 "온전함을 이루게" 되기를 기대한다(40절). 이것은 목록의 인물들이 단순한 본보기 이상임을 의미한다. 그들은 그 서신의 독자들이 기독교 신앙 안에서 인내하는 과정을 통과해 그 일원이 되기를 소망하는 증인들이다.

사실 이것은 아주 그럴듯하게 보이는데, 만약 히브리서 저자가 창세기 4-5장에 등장하는 인물들의 역사성을 가정하고 있다면, 그 가정에서 아담과 하와를 배제해야 할 이유가 없다.

마지막으로 요한계시록은 타락 이야기에 대한 언급과 암시를 담고 있다. 나는 이미 "생명나무"(계 2:7; 22:2, 14, 19)에 대해 논한 바 있다. 여기서 그 개념은 낙원의 상황 속으로 다시 들어가는 것에 대한 약속처럼 보인다. 나는 이미 요한계시록이 "뱀"을 사탄이나 그의 대변인과 동일시하고 있음을 보였다(계 12:9; 20:2). 이제 요한계시록 21:1-4과 22:1-5을 살펴보자. 이 구절들은 대개 하나님의 최종적 승리 후에 있을 완벽한 상태를 묘사하기 위해 인용된다.

> **21:1** 또 내가 **새 하늘과 새 땅**을 보니 처음 하늘과 처음 땅이 없어졌고 바다도 다시 있지 않더라. ²또 내가 보매 거룩한 성 새 예루살렘이 하나님께로부터 하늘에서 내려오니 그 준비한 것이 신부가 남편을 위하여 단장한 것 같더라. ³내가 들으니 보좌에서 큰 음성이 나서 이르되 "보라, 하나님의 **장막**이 사람들과 함께 있으매 하나님이 그들과 함께 계시리니 그들은 하나님의 백성이 되고 하나님은 친히 그들과 함께 계셔서 ⁴모든 눈물을 그 눈에서 닦아 주시니 다시는 **사망이 없고** 애통하는 것이나 곡하는 것이나 아픈 것이 다시 있지 아니하리니 처음 것들이 다 지나갔음이러라".…

> **22:1** 또 그가 수정 같이 맑은 생명수의 강을 내게 보이니 하나님과 및 어린 양의 보좌로부터 나와서 ²길 가운데로 흐르더라. 강 좌우에 **생명나무**가 있어 열두 가지 열매를 맺되 달마다 그 열매를 맺고

그 나무 잎사귀들은 만국을 치료하기 위하여 있더라. ³다시 저주가 없으며 하나님과 그 어린 양의 보좌가 그 가운데에 있으리니 그의 종들이 그를 섬기며 ⁴그의 얼굴을 볼 터이요 그의 이름도 그들의 이마에 있으리라. ⁵다시 밤이 없겠고 등불과 햇빛이 쓸 데 없으니 이는 주 하나님이 그들에게 비치심이라. 그들이 세세토록 왕 노릇 하리로다(강조는 덧붙여진 것임).

상징으로 가득찬 요한계시록을 읽을 때, 우리는 부적절한 문자주의에 빠지지 않도록 조심하는 게 좋다. 그러므로 나는 그가 묘사하는 장면이 "실제로" 정확히 무엇과 같다고 주장하지 않는다. 그러나 요한은 요한계시록을 에덴의 상태가 완전한 실현에 이르는 것으로 묘사한다. 그가 생명나무와 강을 언급하는 방식에 주목하라. 또한 에덴동산이 예표한 성소(성막, 21:3)에 주목하라. "죽음"은 제거되어야 할 이질적 요소다(죽음은 불못에 던져진다, 20:14).

이런 상징은 믿는 우리를 사로잡는다. 왜냐하면 우리는 "죽음"을 하나님의 선한 세계에 대해 세상에서(대부분의 신자들은 "에덴에서"라고 말한다) 펼쳐지는 이야기의 어느 시점에 도입된 오염으로 받아들이기 때문이다. 하나님의 최종적 승리에는 인간의 부활과 물리적 창조의 갱신이 포함될 것이다. 이것은 죄의 오염성에 의해 인간에게 초래되었던 저주가 역전되는 것을 의미한다(참조. 22:14-15).

이제 신약성서의 구절들에 관한 긴, 어떤 이들에게는 지루했을 논의를 마무리할 시점이다. 성서의 본문이 진실성을 획득하기 위해 역사적 아담과 하와를 반드시 **요구하지는** 않지만, 어떤 본문들은 사실상 그것을 요구하는 것처럼 보인다고 결론지을 수 있다. 신약성서 저자들이 성서의 이야기를 근거로 삼고 자신이 말하고자 하는 바의 기초를 그 근거에 두는 방식을 잘 인식한다면, 우리는 아담과 하와가 그 이야기의 틀에 맞춰 변화되는 방식을 더욱 분명히 보게된다.

제4장
———
인간의 독특성과 위엄

이 장에서 나는 인간의 삶의 본질과 인간 공동체를 향한 하나님의 기대와 관련된 몇 가지 주제를 다루고자 한다. 나는 성서가 이런 주제를 다룸에 있어서 아담 안에서 모든 인간이 공통된 기원을 갖고 있다는 것을 당연한 것으로 간주하고 있다고 주장할 것이다. 그러나 나는 그와 같은 순전히 신학적인 수준에서 멈추지 않을 것이다. 이런 성서의 교리들은 실제로 신앙의 유무와 상관없이 모든 인간의 삶의 경험과 연결되는 방식을 갖고 있다. 성서의 스토리라인에 기초한 성서의 묘사는 이 경험을 실제로 이해할 수 있게 해준다. 그리고 이런 이해 자체가 우리 모두를 성서의 묘사에 주목하게 한다

4.a 하나님의 형상

성서의 처음을 여는 창세기 1장은 하나님이 "우리의 형상을 따라 우

리의 모양대로" 인간을 만들기로 결심하시는 모습을 그린다(강조는 덧붙여진 것임).

> [26]하나님이 이르시되 **"우리의 형상을 따라 우리의 모양대로 우리**가 사람을 만들고 그들로 바다의 물고기와 하늘의 새와 가축과 온 땅과 땅에 기는 모든 것을 다스리게 하자" 하시고 [27]하나님이 **자기 형상 곧 하나님의 형상대로** 사람을 창조하시되 남자와 여자를 창조하시고

하나님의 형상과 모양이 무엇을 의미하는가? 이에 대해서는 성서 학자들의 의견이 일치하지 않는다. 여기서 나는 관련 논의 중 중요한 몇 가지 입장만 간략하게 소개할 것이다.

어떤 이들은 이 말을 통해 인간이 어느 측면(가령, 지적·도덕적·미적 경험)에서 하나님을 닮게 될 것이라고 본다. 우리는 이것을 **유사 관점**(resemblance view)이라고 부른다. 이것은 한때 그리스도인과 유대인 사이에서 가장 보편적으로 수용되었던 해석이다. 그러나 오늘날에는 두 가지 다른 관점들이 보다 보편적으로 수용되고 있다. 오늘날 어떤 신학자들은 하나님의 형상이란 인간이 하나님을 대신해 창조세계를 다스리도록 임명되는 방식이라고 여긴다. 왜냐하면 26절은 "모든 것을 다스리게 하자 하시고"라고 말씀을 들려주기 때문이다. 이것은 **대표적 관점**(representative view)이라고 부른다. 다른 이들

은 이 구절이 그 일의 성취(27절)를 묘사하면서 인간을 "남자와 여자"로 부르는 것에 깊은 인상을 받는다. 그리고 하나님의 형상으로 기능하는 것은 남자와 여자 모두, 혹은 광범위하게 말해서 공동체 속의 인간이라고 결론을 내린다. 이것은 **관계적 관점**(relational view)이라고 불린다.

학자들은 이런 범주들이 상호 배타적인 것처럼 말한다. 하지만 내 관점에서 볼 때 언어학적·주석학적 내용이 선호하는 개념은 다음과 같다. 즉 "우리의 형상을 따라 우리의 모양대로"라는 말은 인간이 하나님과 모종의 유사점을 지니도록 만들어졌음을 의미하며, 이것은 인간으로 하여금 자애로운 통치자로서 하나님을 대표할 수 있도록 하고, 또한 타인이나 하나님과의 관계 속에서 성취를 발견할 수 있도록 해준다. 나는 이 세 가지 모두를 결합시킨 관점을 취한다. 그다음 문제는 어느 것을 출발점으로 삼을 것인가이다. 나는 **유사**라는 개념에서 출발한다. 하지만 거기에 머물지는 않을 것이다.[1]

다른 한편으로, 어떤 이가 대표적 관점 혹은 관계적 관점을 확신한다고 가정해 보자. 그럼에도 그 사람은 실제로 이런 관점들이 (만물과의—역주) 관계와 (만물에 대한—역주) 지배를 가능하게 만드는

---

[1] 나의 논의를 위해서는, *Genesis 1-4: A Linguistic, Literary, and Theological Commentary* (Phillipsburg, NJ: P&R, 2006), 61-67; *Science and Faith: Friends or Foes?* (Wheaton, IL: Crossway, 2003), 124-32(373-76에 실려 있는 추가적인 각주들과 더불어)을 보라.

어떤 구별되는 인간적 능력이 있다고 전제한다는 것을 인정해야 한다. 그러므로 하나님의 형상에 대해 어떤 해석을 선호하든지 간에 우리가 신중하고자 한다면, 그것이 다른 동물들 안에 있는 것과 구별되는 어떤 인간적 능력이 있다는 전제를 인식해야 한다.

그렇다면 과연 무엇이 이런 능력이라는 말인가? 나는 창세기 1-2장에 근거해 다음과 같은 결론을 내렸다.[2]

> [창세기 1-2장]에서 하나님은 자신의 성품의 특징을 드러내신다. 그분은 인간이 살 장소인 세상을 고안하는 일을 통해 지성을 드러내신다. 그분은 언어를 사용해 무언가를 이야기하신다. 그분은 (도덕적·미학적으로) "좋은 것"이 무엇인지 아신다. 그분은 일하고 쉬신다. 그분은 또한 인간과의 관계를 세우시는 방법에 있어서 사랑과 헌신을 우선하시고 관계를 중시하신다(2:15-17). 이 모든 것 안에서 하나님은 인간을 위한 모범이 된다.

하나님의 형상이 어떻게 인간의 "영혼"과 관계가 있는가, 혹은 우리는 그런 것에 관해 말할 수조차 있는가? 나는 성서가 일종의 "몸-영혼 이원론"(body-soul dualism)을 지지한다고 확신한다. 비록 그것이 몸과 영혼의 간단한 분리 가능성을 강조하는 데카르트적인

---

2   Collins, *Genesis 1-4*, 66.

것이 아닐지라도 말이다. 하지만 그 문제를 논하는 것이 이 책의 목적은 아니다. 몸-영혼 이원론에 관한 성서의 비전은 둘의 분리 가능성보다는 관련성을 더 강조한다. 그것은 창세기가 인간을 하나님의 형상을 담지하고 있는 육체적 형태로 제시하기 때문이 아니다. 이처럼 몸-영혼의 통합을 창세기의 초점으로 인식하는 것은 기독교 신학에서 오랜 역사를 갖고 있는 실수, 즉 하나님의 형상을 오직 영혼만의 특성으로 여기는 실수를 피하도록 도와준다. 오히려 하나님의 형상을 드러내는 것은 몸-영혼이 얽힌(body-soul tangle) 인간이다.[3]

어떤 의미에서 이 형상 자체나 형상의 적절한 기능은 인간의 죄에 의해 손상되었기 때문에, 그것은 하나님의 신실한 백성 안에서 "갱신되어야" 한다고 간주된다(골 3:10, 참조. 엡 4:24). 그럼에도 어떤 의미에서 이 형상은 모든 인간 안에 존재한다(창 9:6; 약 3:9). 즉 이 형상은 인간을 다른 동물들과 구분시켜주는 인간만의 **특유한** 특징이다. 또한 모든 종류의 인간에게서 나타나는, 인간들 가운데 있는 **보편적인** 특징이기도 하다.

우리에게 제기되는 질문은 이것이다. 그 "형상"이 어떻게 인간에게 부여되었고, 또 어떻게 전달되었는가? 만약 그 형상이 **오직** 자연적 과정의 결과일 뿐이라고 상상한다면, 성서의 저자들 중 그 누구도 우리를 지지하지 않을 것이다. 주석가 데렉 키드너(Derek Kidner)

---

3   Collins, *Science and Faith*, 130-31을 더 보라.

는 최초의 인간으로 이어지는 일종의 "진화" 시나리오를 받아들이고 있음에도 불구하고, 여전히 그 최초의 인간이 특별한 수여(special bestowal)의 결과라고 주장한다. "동물과 인간을 이어주는 자연의 다리는 없다"는 그의 결론은 분명히 성서 본문이 의미하는 것을 포착하고 있다.[4] 어떤 이들은 하나님이 최초의 인간을 만드실 때 앞서 존재했던 유인원(hominid)의 몸을 사용하시고 그것에 단순히 영혼을 덧붙이셨을 가능성을 제시했다. 창세기가 말하는 **구체화된** 하나님의 형상이라는 관점에서 만약 그런 일이 발생했다면, 우리는 몸이 하나님의 형상을 드러내기 위해 영혼과 함께 일할 수 있도록 그 몸에 얼마간의 신적 쇄신이 일어난다는 사실을 깨달아야 한다.

그러므로 이런 특징들이 어떻게 인간을 다른 동물들과 구별시키는지 살피는 것은 합리적인 일이다. 이런 입장의 기본적인 내용 몇 가지를 인정하기 위해 우리가 유대인이나 그리스도인이 되어야 할 필요는 없다. 가령 그리스 철학자 아리스토텔레스(Aristotle, 기원전 384-322)가 "인간은 본질상 정치적 동물이다"라고 말했을 때, 그는 정치적 공동체 안에서 살아가는 동물을 의미하고 있었으며, 인간을 다른 동물들과 구별시켜주는 한 가지 특징에 주목하고 있었다. 그는 인간 공동체가 벌이나 다른 군집성 동물의 공동체보다 잘 운영되는

---

4   Derek Kidner, *Genesis*, Tyndale Old Testament Commentary (Downers Grove, IL: InterVarsity Press, 1967), 28-29.

것은 오직 인간만이 말을 사용하여 옳고 그름과 무엇이 유리하고 불리한지를 토론할 수 있기 때문이라고 주장했다. 더 나아가 오직 인간만이 도덕적 자질을 인지할 수 있다. "가족과 도시 국가를 만드는 것은 이런 일들에서의 협력이다"(*Politics* I.i.9-11). 우리가 어떻게 그와 논쟁할 수 있겠는가?

다른 동물들에게도 인간의 특징과 유사한 점이 있을 수 있다. 하지만 인간에게서 발견되는 특징들의 총합은 독특하다. 인간은 수학에 대해서 논의하든 도덕에 대해서 논의하든 간에, 자기들이 직접적인 신체적 필요를 넘어서는 무언가에 접근할 수 있다. 이것은 단순히 다른 동물들에서도 나타나는 자연적인 능력의 발전과 다르다.[5]

어떤 저자들은 인간이 되기 위해 필요한 조건에 대해 지나치게 낙관적이다. 예컨대 영국의 생물학자인 존 메이나드 스미스(John Maynard Smith, 1920-2004)는 1958년에 『진화론』(*The Theory of Evolution*)의 초판을 썼는데(3판은 1975년에 나왔다), 그 책에서 그는 인간 수화의 한 형태를 배운 침팬지 와쇼(Washoe)를 예로 들어 "비

---

[5] Francis Collins는 C. S. Lewis의 "도덕적 논증"을 포용하며 이것을 인정했다. 그의 책 *The Language of God* (New York: Free Press, 2006, 『신의 언어』, IVP 역간), 21-31(참조. 200. 주장 6: "인간은 또한 진화론적 설명을 허용하지 않는 방식으로 독특하다"; Collins는 이것이 어떻게 그의 주장 4-5와 긴밀히 결부되는지는 설명하지 않는다.) Bruce Waltke, *An Old Testament Theology* (Grand Rapids, MI: Zondervan, 2007), 202-203은, 비록 자신이 Collins의 주장에 동조한다고 주장하지만(202 n. 81), 그럼에도 아담과 특별한 창조와 그의 역사적 타락에 관해서는 분명한 입장을 보인다.

록 이것으로 사람들의 주장이 멈추지는 않겠지만, 이제 사람들은 더 이상 동물로서는 영원히 접근할 수 없는 인간 언어의 특별한 측면이 있다고 주장할 수 없다"고 말했다. 케임브리지 대학교 출판부는 1993년 그 책을 칸토 시리즈(Canto series)로 출판하면서 1975년판 본문을 그대로 두었다. 하지만 메이나드 스미스는 그 책에 다음과 같은 내용을 포함하는 서문을 덧붙였다.[6]

그동안 언어학을 전공하는 나의 동료들은, 실제로 인간의 말하기 능력에 특별한 무언가가 있다는 사실과, 침팬지 와쇼 및 어린 아이들이 사용하는 원시어(proto-language)와 성인의 언어 사이에는 큰 차이가 있다는 사실을 들어 나를 설득했다. 그 차이는 문법에 있다.

메이나드 스미스는 진전을 이뤘으나, 여전히 그가 더 알아야 할 부분이 있다. 그 차이, 즉 문법은 침팬지와 어린아이들 사이의 차이를 만드는 것이기도 하다. 어린아이들은 그들이 속한 환경의 문법을 배우는 데 필요한 소양을 내재적으로 갖고 있으나, 침팬지는 그렇지 않다. 언어학자들, 특히 노엄 촘스키(Noam Chomsky, 1928-)의 전통

---

6   John Maynard Smith, *The Theory of Evolution* (Cambridge: Cambridge University Press, 1993), 343, 그리고 24-25.

에 속한 이들 사이에서 언어에 관한 이런 결론이 널리 받아들여졌다.

스티븐 핑커(Steven Pinker)는 촘스키의 전통에서 철저하게 진화론적인 시나리오를 제안한다. 그는 『언어 본능』(*The Language Instinct*, 1995)을 저술할 때 MIT에서 인지 과학을 가르치고 있었다.[7] 그 책의 11장에서 그는 언어를 배웠다고 일컬어지는 원숭이들이 사실은 인간의 언어를 "배운 것"이 아님을 보였다. 언어는 독특하게 인간적인 기능이다. 그는 자연선택이 우리 조상들 안에서 언어학적 기능을 만들어냈을 가능성을 의심하는 노엄 촘스키의 주장을 언급한다. (이것은 촘스키가 창조론자라는 의미가 아니다!) 흥미롭게도, 핑커는 자신이 생각하기에 진화론적 경로가 **될 수도 있는** 하나의 이야기를 만들어내는 방식으로 촘스키의 의심을 극복하려고 한다. 완전하게 작동하는 문법이 있어야 언어가 효과적으로 작용할 수 있다는 일반적인 반대에 대해 그는 이렇게 답한다.[8]

어린아이들, 피진어(pidgin, 서로 다른 언어를 쓰는 사람들 간의 의사소통을 위해 형성된 언어 ─ 역주) 사용자들, 이민자들, 여행객들, 실어증 환자들, 전보, 그리고 신문 기사 제목을 비교해보면 효과와 표현력이 방대한 언어 체계들이 존재한다는 것을 알 수 있는데, 그

---

7 Steven Pinker, *The Language Instinct: The New Science of Language and Mind* (London: Penguin, 1995).

8 Ibid., 403.

것은 정확히 자연 선택 이론이 필요로 하는 것이다.

그가 이렇게 말하는 까닭은 다윈주의가 해왔던 것처럼 언어가 점차적으로 진화된 과정을 설명하기 위해서다. 하지만 그런 설명은 문제가 있다. 즉 이런 종류의 소통이 작동하는 이유는 그것이 사용되는 것을 허락하는 언어 공동체가 존재하기 때문이다. 그런 설명에서 말하는 언어는 살아 있는 언어에서 가장 기본적인 것만을 남긴 버전이고, 살아 있는 언어는 이런 결함이 있는 언어 노력의 성능을 향상시킨 버전이 **아니다.** 또한 핑커는 인간의 언어 사용이 합리성과 연결되어 있다는 사실을 무시한다. 그는 우리가 말을 할 때 (아리스토텔레스의 주장처럼) 우리의 육체적 조건을 초월하는 **진리**에 접근한다고 주장한다는 사실을 받아들이지 않는다.

요컨대, 존 메이나드 스미스와 스티븐 핑커의 주장과 비슷한 제안들은 다음과 같은 문장과 동일한 논리값(logical value, 논리학 용어로 진리값[truth value]이라고도 하며 어느 명제의 내용이 참인지 거짓인지를 나타내는 값이다—역주)을 지닌다. "나는 이 이야기가 타당한 것처럼 보이는 마음의 틀 안으로 스스로를 밀어 넣을 수 있다. 그러므로 우리는 타당성이 확립된 것처럼 이야기를 다뤄야 한다."[9] 불행하게

---

9   예컨대 Pinker, *Language Instinct*, 401-402에 실려 있는 단락의 절반에 해당하는
     설명을 보라. 거기에 여러 차례 등장하는 법조동사 "could"가 나타나는 문장들은
     단지 선언일 뿐이다.

도, 그들이 만들어낸 이야기들은 실제로 타당하지 않다. 왜냐하면 그것들은 문제를 철저히 과소평가하기 때문이다. 또한 이것은 타당성에 대한 그들 스스로의 느낌은 인식론적으로 보증되지 못한다는 의미다.[10]

인간의 언어 능력은 매력적인 현상이다. 모든 어린이는 태어나면서부터 주변 환경에서 사용되는 언어를 배울 준비가 되어 있다. 만약 흰 피부와 파란 눈의 우리 아이들이 아기였을 때 우간다의 어느 마을로 가서 살았다면, 아마도 아이들은 마을 주민들의 배려나 부모인 우리가 겪어야 했을 어려움 없이도 집에서 말하는 영어뿐 아니라 그 지역의 언어들을 마치 그 지역 사람들처럼 말하면서 자라났을 것이다.

그러나 여기서 잠깐! 언어 이상으로 우리를 다른 동물들과 구별해주는 것이 있다. 홀로코스트 시기에 강제 수용소의 끔찍한 환경과 죽음의 위협에서도 일종의 문화적 삶을 유지했던 유대인 수감자들에 대해 이야기할 때, 우리는 그들을 괴롭히던 자들보다 그들이 "더 인간적"이었다고 말한다. 다른 동물들에게서는 이런 것을 찾아볼 수 없다.

---

10 Pinker는 자신이 주장하는 종류의 시나리오가 그럴듯하다고 여기는 이유를 설명할 만큼 충분히 정직하다. 그는 자연선택이 하나님의 창조에 대한 유일한 대안이라고 여긴다(*Language Instinct*, 396). 이것은 관념적인 기준이지 언어에 관한 경험적 연구에 기초한 것이 아니다.

마지막으로 창세기는 그 형상이 출산을 통해 전달된다고 주장하는 것처럼 보인다. 하나님은 아담을 "하나님의 모양[형상]대로" 지으셨고, 아담은 "자기의 형상과 같은 아들을 낳았다"(창 5:1-3). 셋은 창세기 4-5장에서 긍정적으로 그려지고 있다. 그렇기 때문에 우리는 이것을 아담과 비교해 셋에 대한 열등한 평가라고 여겨서는 안 된다. 오히려 이것은 인간(처음으로 창조된 자들뿐 아니라 그들 모두)이 어떻게 하나님의 형상대로 지음 받게 되었는지를 설명해주는 것이라 할 수 있다(창 9:6).

이것에 비추어 사람들이 "인종의" 선을 가로질러 (아마도 사랑어린 결혼을 통해) 연합을 이룰 때, 그들에게서 태어나는 아이들 역시 하나님의 형상을 지니게 된다는 사실을 생각해보라.[11]

하나님의 형상을 이루는 인간의 삶의 이런 특징들, 즉 독특하게 인간적이고, 보편적으로 인간적이며, 출산에 의해 전달되는 삶의 특징들은 모든 인간이 동일한 근원으로부터 유래했다는 개념을 강력하게 선호한다. 대안인 다원 발생설(polygenesis, 그리스어 *poly*[많은]와 *genesis*[기원, 발생]의 합성어)은 하나님이 세상의 서로 구분된 곳에서 자신의 형상을 특별하게 수여하셨다고 주장한다. 그리고 현대의 어떤 대안들은 아마도 하나님이 기존의 유인원 중 몇몇 구성원들에게

11 　성서의 윤리는 결혼의 당사자들 모두가 신자일 경우 인종 간의 결혼을 환영한다. J. Daniel Hays, "A biblical Perspective on interracial Marriage," *Criswelll Theological Review* 6:2 (Spring 2009): 5-23을 보라.

이런 수여를 행하셨을 수 있다고 주장하는데, 사실 이것은 진정한 다원 발생설과 동일하지는 않다. 그것은 더 많은 논의를 필요로 한다.

4.b 인간의 보편적 경험: 정의에 대한 갈구, 하나님에 대한 필요

이 책의 제2장에서 개괄한 성서의 내용을 보면 원래 하나님의 선한 창조물인 인간은 죄에 의해 타락한다. 죄는 인간이 창조될 때의 구조의 일부가 아니다. 창세기에서 조명되는 바 그 타락의 주요한 결과 중 하나는 사회적인 것이었다. 아담과 하와, 가인과 아벨, 중혼자인 라멕과 그의 이웃들, 이들은 모두 서로 싸운다. 구속의 한 가지 결과는 이토록 오래된 균열을 치유하는 것이다. 그리고 모세 율법의 한 가지 목적은 한 민족 안에서 공정한 사회 체계를 세움으로써 다른 민족들이 참된 하나님을 알도록 초대하는 것이었다(신 4:5-8). 하나님은 세상의 나머지 민족들에게 치유를 전하게 하려고 아브라함을 부르셨다. 그리고 구약성서는 드문드문 찾아오는 믿는 이방인들(가령, 왕상 8:41-43)이 언젠가는 강을 이룰 것이고 온 세상에 널리 치유를 확산시키리라는 소망을 제시한다(가령, 사 2:1-5; 시 87). 요한계시록은 "각 나라와 족속과 백성과 방언에서 아무도 능히 셀 수 없는 큰 무리가 나와 흰 옷을 입고 손에 종려 가지를 들고 보좌 앞과 어린 양 앞에 설"것을 예견한다(계 7:9). 신약성서 저자들은 그리스도인들에게 이런 미래의 현실을 현재로 가져오라고 촉구한다(가령, 롬 15:5-7). 그리스도인들이 서로를 "형제"와 "자매"라고 부르는 것은 (이것은 유대인들로부터 유래된 인사말의 형식이다) 아주 자연스럽게 하나의 관습 이상으로, 또한 하나의 법적 의제 이상으로 이해된다. 이는 하나님의 은혜로 구출된 아담의 후손들로서의 우리의 공통된 인간성을 포용하는 것이다.

사도행전 17:26에 관한 논의에서(3.e를 보라) 나는 F. F. 브루스(Bruce)의 발언을 인용한 바 있다. "죄에 의해 훼손된 이 근원적 단일성은 구속에 의해 회복된다." 기독교를 조롱하는 이방인들 역시 그 점을 알아차렸다. 세속적인 쾌락주의자인 사모사타의 루키아노스(Lucian of Samosata, 120-200년경)은 2세기의 그리스도인들에 대해 다음과 같이 말했다.[12]

그들의 최초 율법 수여자[아마도 그는 예수를 의미했을 것이다]는 그들이 분명하게 죄를 지은 후에도, 그리스의 신들을 부정하며 십자가에 달린 자신을 예배하고 자신의 율법을 따라 살아감으로써 모두가 서로의 형제가 된다고 설득했다.

---

12 Lucian, *On the Death of Peregrinus*, c. 13; J. Stevenson, *A New Eusebius: Documents Illustrative of the History of the Church to A. D. 337* (London: SPCK, 1968), 135-36 에서 인용되었다. 그리스어 본문은 Loeb Series, *Lucian* (volume v)에서 찾을 수 있다.

랍비들은 인류를 위한 이상을 다음과 같이 분명하게 밝혔다(m. Sanhedrin 4:5).[13]

> 그러나 한 사람이 [최초로]…인간들 사이의 평화를 위해, 아무도 그의 동료를 향해 "나의 조상이 너의 조상보다 위대하다"고 말하지 못하도록 창조되었다. 다시 말하지만, 거룩하시고 복되신 분의 위대함을 선포하기 위해 [한 사람이 창조되었다]. 인간은 하나의 인장으로 여러 동전을 찍어내는데, 그것들은 모두 서로 같다. 그러나 왕 중의 왕이신 거룩하고 복되신 그분은 모든 인간을 최초 인간의 인장으로 찍어내셨으나, 그들 중 아무도 그의 동료가 아니다.

인간의 다양성을 평화롭게 즐긴다는 이런 이상의 아주 작은 일부가 초기 그리스도인들 사이에서 실현되었다. 모든 교회의 삶의 주된 목표는 이런 이상이 완전하고 확신에 찬 모습으로 드러나게 하는 것이어야 한다.

사실 기독교의 메시지는 온갖 종류의 사람들에게 다다랐고 그들에 의해 수용되었다. 그러므로 인간은 서로 소통할 길을 찾을 수 있다. 이것은 단순히 서로의 언어를 배우는 것뿐만 아니라, 메시지를

13　Herbert Danby, *The Mishnah* (Oxford: Oxford University Press, 1933), 388에서 히브리어와 비교하며 인용되었다. Talmud 중 Sanhedrin 38a을 보라.

조명하는 문화적 유비들을 찾아냄으로써 가능해진다. 책『화해의 아이』(*Peace Child*, 1974)나 영화「창끝」(*The End of the Spear*, 2006)이 좋은 예시다. 기독교 선교사들은 유럽인들이 다른 인종을 인간으로 인정하지 않고 그들이 "미개하다"고 생각하는 민족을 거리낌 없이 착취하려고 했을 때조차도 압제 받는 자들의 편에 섰다(하지만 안타깝게도, 늘 그랬던 것은 아니다).[14]

우리가 구속이라는 공통된 인간의 경험에 대해 논의하기 위해 기준으로 삼을 수 있는 것들이 있다. 가령 도덕관념, 정의로운 사회에 대한 갈망, 영생에 대한 관심 같은 것들이 이에 속한다. 나는 일반적인 인간의 의식, 즉 길을 잃었다든지 혹은 무언가 잘못되었다는 느낌과 같이 어떤 설명을 요구하는 무언가에 초점을 맞출 것이다. 블레즈 파스칼(Blaise Pascal)은 그의 책『팡세』(*Pensées*)에서 이 점을 다음과 같이 지적했다.[15]

---

14 예컨대 *John Paton, John G. Paton, D.D., Missionary to the New Hebrides: An Autobiography*, ed. James Paton (London: Hodder & Stoughton, 1894)를 보라. Paton은 주로 뉴헤브리디스에 있는 멜라네시아 섬사람들 가운데서 사역하면서 프랑스인, 영국인, 그리고 미국인들에 의한 착취로부터 그들을 보호했다. 259-75에서 그는 당시(1863년) 호주에서 있었던 에피소드 하나를 전한다. 그때 그는 호주의 원주민들을 "인간의 모습을 가진 짐승"으로 취급하는 혐오스러운 개념과 싸우고 있었다. 그는 원주민들의 신뢰를 얻었고, 그들이 실제로 믿음을 갖고 있다는 것을 입증했다. 그리고 그는 원주민이자 그리스도인인 여자 하나를 꼽아 특별히 칭찬했다.

15 Blaise Pascal, Pensées, A. J. Krailsheimer, ed. (London: Penguin, 1995), nos. 117, 149. 불어 원문은 Blaise Pascal, Pensées, Ch.-M. des Granges, ed. (Paris: Éditions Garnier Frères, 1964), nos. 409, 430에서 찾을 수 있다(Brunschvicg number 사용). 이런 계열의 추론에 대한 통찰력 있는 적용과 관련해서는, Douglas Groothuis, "Deposed Royalty: Pascal's Anthropological Argument," Journal of the Evangelical

인간의 위대함은 너무나 명백한 것이기에 우리는 인간의 비참함에서도 그것을 이끌어낼 수 있다. 동물에게 본성인 것을 우리는 비참함이라고 부른다. 인간의 본성이 오늘날 동물의 본성과 같다면, 우리가 이것으로 알 수 있는 것은 인간이 한때 인간 고유의 것이었던 어떤 보다 나은 상태에서 타락해버렸다는 사실이다.

폐위된 왕이 아니고서 그 누가 자신이 왕이 아닌 것을 불행하게 여기겠는가?…그 누가 입이 하나밖에 없는 것을 불행하게 여기겠는가? 그리고 그 누가 눈이 하나밖에 없는 것을 불행하다고 여기지 않겠는가? 눈이 세 개가 아니라는 이유로 고민하는 사람은 아마도 없을 것이다. 그러나 하나의 눈마저도 없는 이를 위로할 방도는 없다.

인간의 위대함과 비참함은 이토록 명백한 것이므로 참된 종교는 인간 안에 위대함과 비참함에 대한 훌륭한 원칙이 존재한다는 것을 기필코 가르쳐야 한다. 또한 이 놀라운 모순이 어찌하여 생기는지도 설명해야 한다.

인간을 행복하게 하기 위해서 참된 종교는 우리가 사랑해야 할 하나님이 존재한다는 것을 알려주어야 한다. 또한 우리의 참된 행복은 그분 안에 거하는 것이고 우리의 유일한 아픔은 그분으로부터 떨어져나가는 것임을 가르쳐주어야 한다. 참된 종교는 우리 안에 그분을 알고 사랑하지 못하도록 가로막는 어둠이 가득 차 있다

Theological Society 41:2 (1998): 297-312을 보라.

는 것을 인식시켜 주어야 한다. 또한 우리의 의무는 하나님을 사랑하라고 명하지만, 탐욕은 우리를 하나님으로부터 돌아서 방황하게 하므로 결국 우리는 불의로 가득차 있다는 것을 알게 해주어야 한다. 참된 종교는 우리가 하나님과 우리의 유익에 대해 이처럼 대항하면서 길을 가고 있는 이유를 설명해주어야 한다. 참된 종교는 우리의 무력함과 이것에 대한 치유를 얻는 수단을 가르쳐주어야 한다. 그 점에서 세상의 모든 종교를 살펴보자. 그리고 과연 기독교 외에 어떤 종교가 그런 기준을 충족시킬 수 있는지 알아보자.

파스칼은 하나님이 인간에게 다음과 같이 말씀하시는 것을 상상한다. "너희는 더 이상 내가 너희를 지은 상태로 있지 않다." 진지하게 받아들여지기 원하는 이는 그런 상황을 직면하고 그에 대해 설명해야 한다. 창세기 외에 누가 그 일을 더 잘 해왔는가?

파스칼이 옳다는 증거는 예상치 못했던 곳에서 나온다. 바로 레온 카스(Leon Kass)의 창세기 주석이다. 내가 그것을 "예상치 못했던 곳"이라고 부른 까닭은, 2.b에서 이미 보았듯이 카스는 아담과 하와에 대한 상징적인 읽기를 강하게 주장하기 때문이다

우리가 아담과 하와의 이야기를 받아들임에 있어서, 그것을 인간이 한때 즐겼으나 지금은 잃어버린 복된 실존에 대한 역사적이지만 관념화된 설명으로 간주하기보다는, 신화적이지만 현실적으로

우리의 인성과 관련된 영원한 진리를 설명하는 것으로 간주할 때 우리는 비로소 가장 많은 것을 배울 수 있다.

앞선 논의에서 나는 "영원한 진리"를 선호하는 카스의 주장을 언급한 바 있다. 하지만 그는 자신의 입장 전체를 폐기하는 길을 여는 중요한 발언을 한다.

우리의 삶의 수준과 문명화 정도와는 상관없이, 우리 대부분은 신화적이고 가장 먼 과거에 대한 이런 설명에 대해 **사실상 향수(鄕愁)처럼 느끼는 무언가**를 갖고 반응한다.

"향수"에 대한 카스의 설명은 파스칼의 것에 비해 설득력이 떨어진다. 카스는 "역사로서 읽힌 본문은 회의적인 독자들을 설득하는 데 실패한다"라고 주장한다. 파스칼은 이 주장에 답하는 방식으로 기독교 신자가 된 온 세상의 많은 사람들의 경험을 포착하고, 향수를 인간의 삶과 연결시키는 길을 제공한다. 카스에 대해서는 모든 적절한 존경을 표하는 바이나, 만약 우리가 창세기 이야기를 모종의 역사로 읽는 데 **실패**한다면, 이 향수를 공평히 다루지 못하게 됨으로써 예민한 독자를 설득하는 데 실패하게 될 것이다.

내가 보기에 이런 사실을 깨달을 때 오는 상쾌함을 가장 잘 포

착한 이는 G. K. 체스터턴(Chesterton)이다.[16]

타락은 삶에 대한 하나의 관점이다. 그것은 계몽적일 뿐 아니라 용
기를 북돋아 주는 유일한 관점이기도 하다. 현실적으로 대안이 될
수 있는 몇몇 철학들, 즉 불교도나 비관주의자나 프로메테우스주
의자(Promethean, 개인적이고 독창적이며 권위에 복종하지 않는
태도를 보이는 자들—역주)의 철학과는 대조적으로, 이와 같은 관
점은 우리가 단순히 나쁜 세상으로 빠져든 것이 아니라 선한 세상
을 잃어버린 것이라고 주장한다. 그것은 악의 기원이 의지의 잘못
된 사용이라고 지적하며, 그것은 결국 의지의 바른 사용을 통해 바
로잡힌다고 선언한다. 이것을 제외한 다른 모든 신조는 운명에 대
한 일종의 항복이다. 삶에 대해 이런 관점을 지닌 사람은 그것이
많은 문제에 빛을 비춰준다는 사실을 발견하게 될 것이다. 그 문제
들은 단순히 진화론적인 윤리로서는 딱히 할 말이 없는 것들이다.
예컨대 인간이 만들어낸 기계의 완벽함과 인간이 지닌 동기의 지
속적인 부패 사이의 놀랄 만한 대조에 대해, 그 어떤 사회적 진보
도 사실상 자기를 포기하지 않는 것처럼 보인다는 사실에 대해,⋯
"자유의 대가는 영원한 불면증"이라는 속담—이것은 유일하게 신

---

16   G. K. Chesterton, *As I Was Saying*, ed. Robert Knille (Grand Rapids, MI: Eerdmans,
      1985), 160.

학자들이 모든 다른 덕에 대해 말하는 것이고 또한 그 자체로 원죄라는 진리를 말하는 유일한 방법이다―에 대해, 인간이 천국과 지옥의 차이만큼이나 모든 동물들을 능가하게 만들어주는 선과 악이라는 극단에 대해, 모든 위대한 시 속에 그리고 다른 어느 곳보다도 이방인과 회의론자들의 시 속에 들어 있는 장엄한 상실감에 대해("우리는 전후를 살피고 존재하지 않는 것을 애타게 그리워한다") 그러하다. 그런 관점은 모든 젠체하는 이들과 진보주의자들에 맞서 깨어진 마음의 깊은 곳으로부터 소리친다. 행복은 단순한 소망일 뿐 아니라 어떤 낯선 방식으로 된 하나의 기억이라고, 또한 우리는 모두 추방된 왕들이라고 말이다.

비록 우리가 창세기 1-4장에 어느 정도의 비유적이고 상징적인 설명이 들어 있다고 말할지라도, 우리는 여전히 거기서 발견하는 이야기가 지금 우리의 삶과 상황이 더 나아지기를 바라는 갈망을 위한 최상의 설명을 제공한다는 사실을 인정해야 한다.

제5장

———

과학은 우리가
"아담과 하와"를
정확히 짚어내도록
도울 수 있는가?

인간의 DNA로부터 나오는 증거가 "단지 두 사람이 아니라 수천 명의 사람들을 가리키고 있으며, 그들로부터 모든 인간이 유래되었다"고 주장하는 이들이 있다.[1] 우선 나는 "가리킨다"보다는 "요구한다"라는 말이 옳다고 본다. 또한 과연 이 말이 이런 결론의 배후에 있는 모종의 추론을 쉽게 이해할 수 있도록 채택된 것인지 확신할 수 없다. 나는 좋은 이론은 생화학뿐만 아니라 모든 데이터를 설명해야 한다고 생각한다. 제4장에서 이루어진 나의 논의는 생물학자들이 쉽게 간과할 수도 있는 몇 가지 데이터를 제공해준다.

성서의 가르침과 과학 이론을 연관시키려는 시도들은 그것이 소위 "일치주의"(concordism)—두 개의 서로 구별된 연구 분야의 결론을 조화시키고자 시도하는 과정—가 아닌가라는 비판에 직면하게

1　　Francis Collins et al., "Question 15: How does the Fall fit into evolutionary history? Were Adam and Eve historical figures?" in *The Biologos Foundation: Questions*, (2009), http://www.boilogos.org (2009년 7월 13일 접속).

된다. 그러므로 나는 먼저 모종의 "일치주의"가 과연 정당한 것인지에 대해 논할 것이다. 그 후에 나는 성서의 자료들이 인류의 기원과 발전 과정 중 특별한 시기를 가리키는지 알아보기 위해 몇 가지 추가적인 (대개 창세기 3-5장에서 나오는) 주석학적 질문들을 살펴볼 것이다. 그 후에 모든 범위의 데이터를 살피려는 나의 계획에 맞추어, 우리가 인류의 역사에 관한 이야기를 말하는 방식과 관련해 인간의 경험에 관한 데이터가 우리를 인도해줄 수 있는 방법들을 조사할 것이다. 마지막으로 나는 다양한 그리스도인들에 의해 제안되었던 인간의 기원에 관한 몇 가지 접근법을 열거하면서 그것들이 내가 발견한 가이드라인에 합치되는지 평가할 것이다.

5.a 성서는 역사와 과학을 연결시키는가? "일치주의"의 문제

첫째, 우선 "일치주의"라는 용어를 정의해보자. 엄격하게 말해서 그것은 서로 경쟁하는 두 가지 이야기 사이에서 모종의 동의를 발견하려는 노력이다. 그 개념을 성서에 적용한다면, 성서를 믿는 신자들이 창세기의 가르침과 과학의 발견을 조화시키고자 시도해왔던 방법들을 뜻한다.

예컨대 19세기에는 창세기 1장의 날들(days)을 새로 발견된 지질학적 시대들(geological ages)과 연결시키는 것이 일반적이었다. 그래서 신실한 그리스도인들은 자신들의 거룩한 책이 결과와 타이밍의 상세한 부분에 이르기까지 현대 과학의 발견들을 예견해왔다고 주장할 수 있었다.[2] 이것은 신자들의 믿음을 강화시키고, 그 믿음을 불신자들에게 추천했다.

이런 접근법에는 몇 가지 문제가 있다. 우선, 과학 이론은 변한다. 2010년의 지질학자들은 1871년의 지질학자들이 했던 방식대로 지구의 역사를 서술하지 않는다. 성서와 1871년의 지질학이 외관상으로 일치한다면 이것은 우리가 현대의 지질학을 거부해야 한다는 것인가? 혹은 성서가 **틀렸다**는 뜻인가?

더 나아가 이런 접근법은 신자들로 하여금 역사적 사건들을 가리키는 성서 자신의 권리가 성서의 진술을 긍정하는 우리의 능력에 달려 있다고 쉽게 가정하도록 만든다. 물론 성서 저자들은 몇 가지 역사적 주장들을 공적 검증의 자리에 내어놓는다(참조. 고전 15:6). 그러나 많은 사건들은, 예컨대 족장들의 삶 같은 것들(창 12-50)은 훨씬 더 확증하기 어렵다. 물론 이런 이야기들은 대체로 신뢰할 수 있는 무언가를 가졌고 우리는 그것을 지지할 수 있다(그것은 가치 있는 노력이다). 하지만 우리가 그것의 진정성을 **입증해왔다**고 말할 수는 없다.

---

2   예컨대 Charles Hodge가 그의 책 *Systematic Theology* (Grand Rapids, MI: Eerdmans, 1981 [1871-73]), 1:570-74에서 그 주제를 다루는 것을 보라.

주석학적 입장에서 보다 중요한 것은, 19세기의 창세기 연구에서 나타난 일치주의가 성서 저자들의 목적이 현대 과학자들이 하는 것과 동일한 종류의 일들을 서술하는 것이라고 가정하고 있다는 점이다. 창세기의 청중이 자급자족 형태의 농업을 위주로 살아간 이스라엘 백성이었다는 점을 고려한다면, 이것은 굉장히 큰 문제가 될 수 있는 가정이다. 더 나아가 19세기의 일치주의는 성서의 진리와 과학의 세부 사항이 동일하다고 가정하는데, 이것은 불합리한 것이다.

다른 한편으로, 일치주의에 즉각 반대하는 경향을 보이는 반(反)일치주의(anti-concordism)는 유일한 대안이 아니다. 반일치주의가 창세기에 적용될 경우, 그것은 성서의 이야기가 가리키는 역사적 지시 대상이 거의 없든지 혹은 전무하다고 가정하는 경향을 보인다.[3]

만약 창세기의 이야기가 역사적 사건들을 지시하는 것이라면, 그때는 (적어도 이론적으로는) 이야기의 주제와 다른 연구 분야의 결과물 사이에서 얼마간의 연관성을 발견하는 것이 **가능할 수도** 있을

---

3 이것은 Daniel Harlow가 "Creation According to Genesis: Literary Genre, Cultural Context, Theological Truth," *Christian Scholars Review* 37:2 (2008): 163-98, 특히 198에서 일치주의를 거부하는 것의 근거가 되는 것처럼 보인다. 거기서 그는 "창세기가 드러내는 신학적 진리는 무시간적이며 매우 중요한 것이다"라고 주장한다(2,b를 보라). 마찬가지로, Denis Lamoureux, *Evolutionary Creation: A Christian Approach to Evolution* (Eugene, OR: Wipf & Stock, 2008)이 "메시지-사건 원리"(Message-Incident Principle)라고 부르는 것(110-11과 책 전반에 걸쳐 등장한다)을 취하기 위해 일치주의를 거부하는 것은, 그가 첫째로 역사적 혹은 과학적 일치주의가 문자주의를 요구한다고 가정하기 때문이고, 둘째로 그 이야기로부터 무시간적 메시지를 추론해낼 수 있다고 여기기 때문인 것처럼 보인다.

것이다. 그러나 "가능성"(possibility)은 "가능성"(likelihood)과 동일하지 않으며, "필연성"(necessity)과는 더욱 거리가 멀다

반일치주의는 종종 과학과 신앙의 적절한 관계가 상보성(相補性)의 관계라는 견해로부터 나온다. 즉 과학과 신앙은 세상에 대한 온전한 설명의 두 측면이라는 것이다. 예컨대 하나님이 우리 부부에게 우리 둘 각자의 특징을 특별히 혼합하여 지닌 아이를 보내주셨다는 믿음에 기초를 둔 단언과, 염색체와 세포 분열에 대한 과학적 서술은 일어난 일을 보다 정확하게 설명한다. 과학에 기초를 둔 진술과 믿음에 기초를 둔 진술은 서로 상충하지 않으며, 무엇이 더 나은지 다투지 않는다. 둘 다 옳다. 하지만 어느 쪽도 완전하지 않다. 이런 일반적 접근법을 견지하면서 논의해야 할 것이 아주 많다. 그런 접근법은 성서 저자가 의미하는 것이 무엇인지 분별하는 데 유익한 도구가 된다. 예컨대 성서 저자가 어떤 사건들을 하나님의 행위로 돌리는 경우에, 그 사건들은 "자연적" 원인을 갖고 있으면서도 여전히 하나님의 일이 될 수 있다. 그러나 과학과 신앙의 상보성에 관한 엄격한 주장에는 분명한 결함 두 가지가 있다. 첫째, **모든** 사건들에 대한 과학적 설명이 철저하게 자연적 원인을 묘사할 것이라는 개념으로 이어질 수 있는데, 성경을 보면, 예수의 부활과 같은 몇 가지 사건들은 초자연적 요소들을 갖고 있음이 분명하게 드러난다는 점이다.[4] 우리

---

4   나는, 나의 책 *God of Miracles: An Exegetical Examination of God's Action in the World*

의 주제와 관련해 특별히 상관이 있는 두 번째 결함은, 특별한 역사적 사건의 경우에는 어떤 이든 실제로 엄격한 상보성을 실행하는 것이 불가능하다는 것이다. 만약 어떤 사람이 어떤 행위를 했고 그로 인해 어떤 일이 생겼다(예컨대 아담과 하와가 최초의 죄를 지었고, 그로 인해 그들의 후손과 세상에 해를 주었다)고 성서 저자가 주장하는데, 과학자는 그것이 정확하지 않다고 주장한다면, 그런 불일치는 상보성에 대한 호소를 통해 해결될 수 없다. 우리는 과학자의 의견에 비추어 성서 저자에 대한 우리의 읽기를 다듬어야 할지도 모른다. 하지만 조만간 우리는 과연 성서가 실제 사람들과 사건들을 가리킬 수 있는지 판단해야 할 것이다.[5]

창세기 1-11장에 대한 논의로부터 잠시 물러나 감정적 부담이

(Wheaton, IL: Crossway, 2000)에서, 어째서 내가 사건들의 "자연적" 요소들과 "초자연적" 요소들에 대해 말하는 것이 성경적·철학적으로 적절하다고 여기는지를 설명했다. 또한 *Science and Faith: Friends or Foes?* (Wheaton, IL: Crossway, 2003), 3, 11, 14장에 있는 요약을 보라. 나의 입장(그것은 "그저 틈새의 하나님" 이론이라고 할 수 있다)에 대한 주요한 반대들 중 하나에 대한 논의를 위해서는, 나의 논문 "Miracles, Intelligent Design, and God-of-the-Gaps," *Perspectives on Science and Christian Faith* 55:1 (2003): 22-29를 보라.

5 John Walton, *The Lost World of Genesis One: Ancient Cosmology and the Origins Debate* (Downers Grove, IL: InterVarsity Press, 2009, 『창세기 1장의 잃어버린 세계』, 그리심 역간)는 "자연적인 것"과 "초자연적인 것"의 구분이 성서적으로 타당하다는 사실을 부인함으로써 어려움을 자초한다(16-22). 반면에 그는 하나님이 아담과 하와를 역사적 인물로 만드신 과정이 자연의 진화 과정과 질적으로 달랐다고 확인한다(139). 그런 질적 차이를 드러내는 적절한 단어는 "초자연적"이다. 즉 자연적 과정 자체로 인한 것을 넘어선 결과라는 뜻이다. 어느 경우이든, 창세기의 세부사항에 관한 Walton과 나의 읽기에 차이가 있음에도 불구하고, 우리는 아담과 하와와 관련해서는 의견이 일치한다.

덜할 수도 있는 한 가지 예를 살펴보자. 이스라엘이 이집트를 떠나는 문제에 대해 생각해보자. 분명히 성서 저자들은 이것을 역사적 사건으로 묘사했다. 이것은 그런 압제의 배후에 한 명의 실제 파라오 혹은 한 무리의 파라오들이 있었음을 의미한다. 어떤 성서학자들은 열왕기상 6:1에 나오는 시간에 대한 언급("사백팔십 년이요")이 이스라엘이 기원전 1446년에 애굽을 떠난 것을 의미한다고 본다. 이것은 애굽과 가나안의 역사에 관해 다른 자료들로부터 나온 내용에 비추어 성서의 이야기를 조정하고자 하는 계획으로 이어진다. 다른 학자들은 출애굽기의 상황이 이집트의 19왕조, 특히 그중에서도 기원전 1260년경에 출애굽을 허락했던 람세스 2세(Rameses II, 재위 기원전 1279-1213) 시대의 상황과 일치한다고 본다. 이런 선택사항들은 모두 난점을 갖고 있지만, 그렇다고 어느 하나를 선택할 수 없는 문제도 아니다. 나에게 익숙한 증거들은 후자를 선호한다. 내가 존경하는 이집트학자들은 강력하게 후자를 지지한다. 그들의 주장이 나에게는 타당해 보이지만, 이것이 출애굽의 **사실성을 입증한다**고 말할 수는 없다. 오히려 그것은 성서의 이야기를 동시대의 사건들과 연결시킬 수 있는 시나리오를 제공해준다. 적어도 나는 성서의 그 이야기가 꾸며낸 것이 아니라는 확신을 갖고 책임감 있게 나아갈 수 있다. 보다 이른 연대 역시, 나로서는 그 근거가 빈약하다고 보지만, 그 연대가 더 그럴듯하다고 여기는 이들에게는 이용할 수 있는 시나리오가 될 것이다.

만약 출애굽에 관한 오경의 이야기가 가리키는 역사적 지시대상이 없다면, 만약 성서 저자들이 단순히 하나님의 돌보심 아래에 있는 이스라엘에 대한 무시간적인 신학적 진술을 원했던 것이라면, 그 이야기를 외적 사건들과 연결시키려는 모든 노력은 어리석은 일이 될 것이다. 하지만 나는 성서 저자들이 실제로 역사적 출애굽을 가리키고 있다고 보고, 문학적 장치들을 용인하는 것이 그 사실을 퇴색시키는 것이 되어서는 안 된다고 확신한다.

그렇다면 우리는 창세기와 과학을 어떻게 받아들여야 하는가? 우리는 문학적 관습들, 수사학적 목적, 창세기 저자의 원래의 청중 등을 관찰하는 것에서부터 시작해야 한다. 나는 이미 창세기가 고대 근동의 기원 이야기들, 특히 메소포타미아의 이야기들에 맞서 자신을 주장하는 방식에 대해 말한 바 있다. 창세기 1-11장은 그 나름의 세계관 이야기를 위한 대안적 준비 단계를 제공한다. 그것의 저자와 청중은 어느 면에서 그 대안이 다른 이야기들보다 "더 참되다"고 여겼다. 그런 다른 이야기들은 일정 수준의 의도적인 "역사적 지시성"(historical referentiality), 즉 우리가 "상상적 묘사"(imaginative description)라고 부를 수 있는 것으로 치장하고 있다. 우리는 창세기가 이와 같은 방식으로 상상적 묘사를 사용하여 우리에게 실제 사건들에 대해 말하려 한다고 예상할 수 있다.

우리는 더 나아가 창세기가 과학적 현상들에 대해 말하는 방식을 이해해야 한다. 분명 창세기는 전문적인 용어를 사용하지 않는다.

"종류"(kind)는 "종"(種, species)과 다르다. 사실 면밀히 살펴본다면 창세기 1장의 내용을 식물과 동물의 종류와 분류법에 대한 것으로 (혹은 심지어 그 종류가 진화에 대한 확고한 장벽을 의미하는 것으로) 읽는 것은 잘못이다. 오히려 그 구절은 고대 이스라엘 백성의 관점을 고려해야 뜻이 통한다. 그들은 밀이나 보리를 추수하고자 한다면 밀이나 보리를 심어야 한다는 것 알고 있었고, 더 많은 양을 원한다면 다른 양으로부터 번식을 시켜야 한다는 것을 잘 알고 있었다. 창세기 1장의 요점은 이런 사실들을 "가르치는" 것이 아니라, 오히려 이미 알려진 사실들을 적절한 세계관의 맥락으로 밀어 넣는 것이었다. 다르게 표현하면, 세계가 선하고 위대한 창조주의 선한 창조물이기 때문에 이런 식으로 작동한다고 알리는 것이었다.

세상 모든 곳의 사람들이 대부분 그러하듯이 이스라엘 백성 대부분은, 우리가 세상이 그렇게 되어야 한다고 생각하는 것과 실제로 경험하고 있는 것 사이에 불협화음이 존재한다는 것을 알고 있었을 것이다. 그들은 이런 불협화음을 해명하기 위한 시도들을 부적절하거나 불만족스러운 것으로 여겼다. 그 문제를 이해하기 위해 반드시 창세기 3장이 필요한 것은 아니다. 그보다는 오히려 근원적인 불순종에 대한 이야기가 우리 자신의 마음과 문화의 거미줄을 제거하는 방식에 대해 감사할 수 있다.

그러나 혹자는 이렇게 물을지도 모른다. 우리가 과학적 이론화에 필요한 정보를 제공하기 위해 성서를 사용하는 것이 타당한가?

솔직히 말해서, 그것은 이론의 내용에 달려 있다. 성서는 상대론적 역학이나 고체물리학이나 순환계에 관해 이렇게 저렇게 말하지 않는다. 성서의 초점은 사건과 그런 사건에 대한 말하기를 통해 성서가 전달하는 세계관에 맞춰져 있다. 이 세계관은 분명히 과학적 연구가 실제로 참된 것을 밝혀 주리라는 모종의 낙관주의를 위한 근거를 제공한다.[6]

한편, 성서의 사건들은 보편적 의미를 지닌 공적 사건들이 되는 경향을 보인다. 그것들은 개인의 종교적 경험으로 국한될 수 없다. 비록 그런 사건들을 말함으로써 두려움으로부터 환희와 슬픔과 기쁨에 이르는 모든 범위의 감정을 망라한 강력한 종교적 경험을 만들어낼 수 있다고 할지라도 말이다. 바울이 로마 총독 베스도에게 "이 일은 한쪽 구석에서 행한 것이 아니기에"(행 26:26) 자신이 전하는 기독교 이야기의 핵심적 사건들을 아그립바 왕이 알고 있을 것이라고 확신한다는 말을 했을 때, 그는 그 사건들의 공적 특성을 주장하고 있었던 셈이다. 세상에 대한 그 어떤 완벽한 설명도 이런 사건들에 관한 이야기를 빠뜨려서는 안 된다.[7]

---

6   그러므로 빅뱅 우주론을 수립하는 데 큰 기여를 한 벨기에의 사제 Georges Lemaître가 그의 이론들이 창세기가 아니라 자신의 방정식으로부터 나왔다고 주장한 것은 적절했다. Marcia Bartusiak, "Before the Big Bang," *Technology Review* 112:5 (September/October 2009), MIT News Section, M14-15을 보라. 설령 그 이론이 폐기되어야 할지라도, 그것이 창세기의 그릇됨을 증명할 필요는 없다. 반면에 그 이론은 창조 사건을 상상하는 데 유용한 시나리오를 많은 이들에게 제공한다.

7   N. T. Wright는 그의 책 *The New Testament and the People of God* (Minneapolis:

그러나 이런 창세기 본문들의 목적은 우리가 건강한 상식을, 그리고 우리가 나와 다른 이들에 대해 생각할 때 모두가 인간으로서 공유하고 있는 지식(내가 이 책의 제4장에서 다룬 것과 같은)을 고수하도록 돕는 것이다.[8] 내가 인류의 기원 및 타락과 관련해 제안된 역사적-과학적 시나리오들을 평가하는 몇 가지 좋은 기준들을 정하는 데 "성서를 사용하려" 하는 방식도 바로 이와 동일하다.

5.b 성서를 잘 읽고 있는지 확인하기

어떤 이들은 창세기 3-5장의 특징이 그런 사건들이 발생한 시기, 즉

Fortress, 1992)에서 이 점을 다음과 같이 강력하게 주장한다. "현대의 많은 이들이 기독교를 사적인 세계관으로, 즉 일련의 사적인 이야기들로 간주한다는 것은 역설적이다. 어떤 그리스도인들은 실제로 이런 덫에 걸려들었다. 그러나 원칙적으로 기독교의 중요한 점은 그것이 온 세상의 이야기가 되는 이야기를 제공한다는 사실이다. 그것은 공적 진리다. 그렇지 않다면 그것은 모종의 영지주의로 전락하고 만다"(41-42).

8 이것은 내가 Marcus Ross나 Paul Nelson과 어떻게 다른지를 분명하게 밝혀줄 것이다. 그들은 과학적 이론화 과정에서 성서의 권위에 실제로 주목하는 이들이 젊은 지구 창조론자들이라고 여긴다. 나의 견해로는, 적절한 질문은 결국 성서 저자들의 의도가 무엇이냐는 것인데, 나는 그것이 세계관의 형성이라고 여긴다. 나는 젊은 지구 과학에 대한 주장이 성서에 대한 잘못된 해석에 근거해 있다고 여기기 때문에 그것이 실제로 성서의 권위를 사용하고 있다는 주장에 동의하지 않는다! Marcus Ross and Paul Nelson, "A Taxonomy of Teleology: Phillip Johnson, the Intelligent Design Community, and Young-Earth Creationism," in William Dembski, ed., *Darwin's Nemesis: Phillip Johnson and the Intelligent Design Movement* (Downers Grove, IL: InterVarsity Press, 2006), 261-75, 여기서는 266-67을 보라.

아담과 하와가 살았던 시기에 대해 어떤 주장을 한다고 여긴다.

나는 창세기 4장에서, 어떤 이들에게는 아담과 하와 부부만 홀로 존재한 것이 아님을 암시하는 증거로 여겨지는 몇 가지 요소들을 살펴보는 것으로 시작하고자 한다. 예컨대 창세기 4:14에서 가인은 "나를 만나는 자마다 나를 죽이겠나이다"라며 두려워한다. 그리고 우리는 아무런 예고 없이 나타난 가인의 "아내"(17절)에 대해 읽는다. 이 본문은 창세기 저자가 다른 사람들의 존재를 고려하고 있다는 의미일까?

만약 이런 본문들이 다른 사람들의 존재를 의미하는 것이라고 가정해보자. 그렇다면 창세기 1-4장의 저자는 스스로 무시간적 진리를 예시하기 위해 소설을 쓰고 있다는 것을 알았을 것이다. 또한 이 저자는 톨킨(Tolkien)처럼 강박적인 사람이 아니었기에 몇 가지 느슨한 결론을 남기는 것을 개의치 않았을지도 모른다.[9] 어떤 사람들은 이렇게 간단히 결론을 내릴 수도 있다. 그러나 그게 아니라면, 저자는 자신의 창작 의도를 강조하기 위해 이런 부조화를 그대로 놔두었던 것일까?

이에 대한 올바른 대답은 "좀 더 신중하라"는 것이다. 첫째, 지금까지 이루어진 우리의 논의는 창세기 1-5장이 신중한 저자나 편

---

9   Tolkien의 완벽주의에 관해서는 Humphrey Carpenter, *J. R. R. Tolkien: A Biography* (London: George Allen & Unwin, 1976), 142-43, 198-99, 232을 보라.

집자에 의한 결과물이라고 믿을 만한 여러 가지 이유를 제공한다. 둘째, 이 책의 제3장에 실려 있는 나의 논의에 따르면, 이런 이야기들은 창세기 전체의 역사적 틀에 스며들어 있고 우리는 이것이 이후의 독자들이 이야기를 취하는 방식이라고 믿어야 할 충분한 이유가 있다. 셋째, 우리는 이런 본문들이 창세기 1-3장과 조화를 이루지 않는다고 단언할 필요가 없다.

창세기 4장을 읽을 때 저자가 가인의 내적 삶의 상황을 보이기 위한 방법으로 가인의 말을 사용하고 있다는 가정을 염두에 두어야 한다.[10] 그는 자신의 형제자매들이 "피를 보복하는 자"(민 35:9-34에서는 모세 오경을 받은 청중에게 이미 익숙한 제도로서 제시된다)로서 행할 일을 두려워했을 수도 있다. 심지어 하나님은 그의 두려움을 타당한 것으로 여기신다. 왜냐하면 그분은 그에게 "표"(15절)를 주셨기 때문이다.[11] 어떤 유대인 해석가들은 "무릇 나를 만나는 자마다"라는 표현이 사람이 아니라 짐승을 가리킨다고 해석해왔는데, 이것은 (비록 약간의 확대해석이 필요하기는 하나) 히브리어에서 가능한 해석이다.[12] 또한 독자로 하여금 가인의 두려움이 과장된 것이고 그의 악행

---

10 성서 저자들이 사용한 문학적 기법들의 종류에 관해서는, 나의 책 *Genesis 1-4: A Linguistic, Literary, and Theological Commentary* (Phillipsburg, NJ: P&R, 2006), 11을 보라.

11 예컨대 Umberto Cassuto, *Genesis, Part I: From Adam to Noah* (Genesis i-iv 8) (Jerusalem: Magnes, 1961 [1944]), 225을 보라.

12 몇 가지 랍비 문헌의 선례들을 기록하고 있는 Yehudah Kiel, *Sefer Bereshit*, Da'at Miqra' (Jerusalem: Mossad Harav Kook, 1997), 117 (on Gen. 4:14)을 보라. 또한

의 결과가 그의 양심에 영향을 주었다고 생각하게 만드는 것이 저자의 의도였을 수도 있다. 이 경우에 하나님은 가인을 안심시키기 위해 그에게 표를 주셨다고 할 수 있다.

창세기 4:17에 이르기까지 우리는 가인의 아내에 대해 사실상 아무것도 알지 못한다. 유대인들의 전통적인 해석은 그녀가 가인의 누이들 중에서 왔다고 한다(누이들에 대해 언급하는 창 5:4과 비교해보라).[13]

두 경우 모두, 히브리어 본문의 그 어떤 부분도 우리에게 아담과 하와가 첫째 아이를 낳기까지 얼마나 오랜 시간이 걸렸는지, 그리고 그 사건이 벌어졌을 때 가인과 아벨이 몇 살이나 되었는지 말해 주지 않는다. 아담과 하와로부터 유래한 작은 무리의 사람들이 있었을 수도 있다. 그러나 어떤 이들은 창세기 4장의 본문을 통해 아담과 하와의 동시대인들에게 또 다른 근원이 있었을지도 모른다는 결론을 내려왔다. 나는 이 문제를 5.d에서 다룰 것이다.

또 다른 주석학적 고려 사항은 창세기 4장의 서술과 창세기 5장에 실려 있는 족보가 과연 아담과 하와를 역사적 시간의 틀 속에

Josephus, *Antiquities*, 1.2.1, line 59를 보라. 문법상의 난점은 "만나다"에 해당하는 히브리어가 남성형인 반면, "위험한 들짐승"에 해당하는 일반적인 용어는 여성형이라는 점이다(가령, khayyâ raʿâ, 창 37:20, 33). 만약 그 개념에 위험한 짐승들이 포함된다면, 그 표현은 "무릇 나를 만나는 사람이나 동물들마다"라는 의미가 된다.

13 Kiel, *Sefer Bereshit*, 119 (on Gen. 4:17); 또한 Cassuto, *Genesis, Part I*, 229은 이렇게 덧붙인다. "탈무드 시기부터 우리 시대에 이르기까지 모든 주석가들은 이렇게 설명하였다."

두는가라는 것이다. 예컨대 어떤 이들은 농부 가인과 양 치는 자 아벨, 그리고 4:17-22에 묘사된 기능들은 신석기 시대(기원전 10,000년보다 이르지 않다)에 들어맞는다고 주장한다.[14] 다른 이들은 족보의 인물 사이의 간격이 거의 없다고 가정하면서 가인과 아벨은 훨씬 더 현재에 가까운 시기에 존재했다고 주장한다. 그러나 이런 입장들은 창세기의 본문으로부터 나온 것이 아니다. 우선, 가인과 아벨에 관한 묘사는 사실상 매우 모호하다. 그리고 창세기 1-11장의 문학적 특징들은 (우리가 이미 살핀 바와 같이) 독자가 어느 정도의 시대착오(anachronism)를 감안하도록 유도한다.[15]

여기서 내가 "시대착오"라고 말하는 것은, 어떤 본문이 저자와 청중이 익숙한 것을 사용해 오래전 시대의 모습을 훌륭하게 묘사할 수도 있음을 뜻한다. 이것이 반드시 그 본문의 역사성을 손상시키는 것은 아니다. 왜냐하면 그 본문은 여전히 실제 사건들을 가리키기 때문이다. 예컨대 그리스의 시인 호메로스(Homer)는 서사시 『일리아스』(The Illiad)를 통해 비록 수많은 상상적 요소들이 혼합된 상태이기

---

14 예컨대 Davis Young, "The Antiquity and the Unity of Human Race Revisited," *Christian Scholars Review* 24:4 (1995): 380-396을 보라. 더 많은 논의를 위해서는, 나의 책 *Genesis 1-4*, 201-203을 보라.

15 농업의 가장 이른 단계가 신석기 시대보다 훨씬 이전이라는 몇 가지 증거들이 있다. D. R. Piperno et al., "Processing of Wild Cereal Grains in the Upper Paleolithic Revealed by Starch Grain Analysis," *Nature* 430 (August 2004), 670-73을 보라. 그 논문은 사람들이 20,000년 전보다 이른 시기에 이미 경작의 선구적 형태로 야생 곡물을 가공했음을 보여주는 증거들을 보고한다.

는 하나 실제 사건들(트로이 전쟁)에 관해 이야기할 수 있었다. 만약 기원전 8세기에 살았던 것으로 보이는 호메로스가 그의 이야기 속에서 전사의 갑옷과 무기에 관해 서술하고자 했다면, 아마도 그는 자기보다 앞선 시대에 그것들이 "실제로" 어떠했는지 고려하기보다는 자신이 살던 시대의 장비에 대한 지식을 토대로 그런 서술을 했을 것이다. 창세기 1-11장에서 우리는 노아가 방주에 "정결한 짐승들"을 태우는 것을 보게 되는데, 아마도 그 짐승들이 제사에 적합했기 때문일 것이다(창 7:2, 8; 8:20). 창조 기사 안에는 동물들의 본질과 관련해 정결하다거나 부정하다는 암시가 들어 있지 않다. 성서에서 이런 구분은 이스라엘 백성과 이방인을 구분하기 위한 것이었다(레 20:24-26을 보라). 이런 이유로 그리스도인들은 해당 율법들을 폐지했다(행 10:9-29; 막 7:19을 보라).[16] "정결한" 짐승에 관한 최초의 언급은 바로 여기에서 나타나는데, 사실 우리가 레위기 11장을 살피기 전까지는 그것들이 무엇인지조차 알지 못한다. 아마도 우리는 노아가 희생제사에 적합한 짐승들에 대해 얼마간의 개념을 갖고 있었으리라 생각한다. 그러나 그것을 모세 오경에 나오는 제의 체계와 동일한 것이라고 여길 필요는 없다. 노아가 이스라엘 사람이 아니었던 때

---

16   이런 율법들을 유대적 관점에서 논한 유익한 글을 위해서는, Meir Soloveichik, "Locusts, Giraffes, and the Meaning of Kashrut," *Azure* 23 (Winter 5766/2006): 62-96을 보라.

에 어떻게 그럴 수 있었겠는가?[17] 아마도 그 특별한 "번제" 역시 시대착오적일 수 있다. 즉 노아는 그저 제사를 드렸을 뿐이나, 이스라엘에서 "번제"라는 용어는 노아가 생각했던 것 이상의 아주 특별한 의미를 갖고 있었다.[18] 창세기는 노아의 행위를 이스라엘의 관습에 맞추어 해석한다. 이런 문학적 관습이 무언가를 비역사적인 것으로 만드는 경우는 없다. 왜냐하면 우리는 그것을 하나의 문학적 장치로 인식하기 때문이다.

또한 창세기 4장의 문학적 특징은 4:20-22에 등장하는 인물과 기술에 대한 기록을 다양한 기술의 선구자를 묘사하는 것으로 읽히게 만든다. 그리고 그 기술은 결과적으로 후대의 독자가 친숙하게 여기는 형태로 묘사된다. 움베르토 카수토(Umberto Cassuto)는 "아버지"(father)와 "대장장이"(forger)에 해당하는 히브리 단어들이 이런 뉘앙스를 지닌 것으로 읽힐 수 있다고 주장했다.[19]

또한 이런 종류의 문헌에 등장하는 족보들은 모든 후손의 이름

---

17 겔 14:14, 20은 노아, 다니엘, 그리고 욥을 고대의 모범으로 언급하는데, 이 문맥에서 언급되는 "다니엘"은 아마도 우가리트에서 다닐(Dan'il)로 알려진 인물일 것이다(그러나 나는 우리가 그 특별한 이야기에서 발견하는 것보다 그 사람을 추천하고자 했던 에스겔이 그에 대해 더 많이 알고 있었으리라고 생각한다).

18 아마도 창 4:3-4에서 언급되는 두 종류의 제사(이스라엘의 제의 체계 안에서 식별 가능한)는 같은 방식으로 취급될 수 있었을 것이다.

19 Cassuto, *Genesis*, Part I, 235-37. 나는 Collins, *Homonymous Verbs in Biblical Hebrew: An Investigation of the Role of Comparative Philology* (University of Liverpool Ph.D. Thesis, 1988), 232-33에서 이와 관련해 몇 가지 철학적 지지를 표명한 바 있다.

을 거명하지 않으며 상세한 연대기적 정보를 제공하려고 하지도 않는다. 족보에 어느 정도의 시간차가 허용되는지, 또한 족보의 기록이 어떤 종류의 기간을 묘사하는지 우리는 알 수 없다.[20]

그러므로 창세기 4-5장이 실제 사건들이 일어난 시기와 그것에 관여된 사람들에 관해 어떤 주장을 한다고 생각할 필요는 없다.

또한 "죽음"에 관한 문제가 있다. 창세기 3장은 아담과 하와가 죄를 짓기 이전에는 "죽음"이 존재하지 않았다는 것을 암시하는가? 나는 이 책의 3.a에서 창세기 2:17의 "죽음에 대한 위협"이 우리가 "영적" 죽음이라고 부를 수 있는 것을 가리킨다고 주장한 바 있다. 이것은 성서에 나오는 하나님이 신뢰할 수 있는 분이라는 것을 기정 사실로 받아들인다면 쉽게 도출되는 결론이다. 그리고 만약 그분이 속임수를 쓰시거나 마음을 바꾸시는 것처럼 보인다면, 그 이유는 문맥에서 분명하게 드러난다. 창세기 3장에서 그 최초의 부부는 하나님께 불순종한 후 수치심을 느낀다. 그들은 하나님을 피해 숨으려 하고 개인적으로 책임을 지는 일을 피하려 한다. 그들은 하나님에게서 그리고 서로에게서 소외된다. 그들 내부에서 무언가가 죽었다. 그들이 알고 있었던 축복이 사라졌다. 이런 소외는 "죽다"와 "죽음"에 해당하는 히브리 단어가 정당히 표현할 수 있는 의미다. 때문에 우리가 그것을 창세기 2:17에서 하나님이 의도하신 의미로 여길 때, 우리는

---

20   보다 충분한 논의를 위해서는, Collins, *Genesis 1-4*, 203-207을 보라.

그 단어들을 "액면 그대로" 받아들임으로써 그 구절을 제대로 읽고 있는 셈이다.[21]

그러나 창세기 3:19은 인간이 "흙으로 돌아갈 것이니라"고 덧붙인다. 이 사건 이전에는 물리적 죽음이 없었다는 뜻인가? 이 질문에는 두 가지 주요한 동기가 있다. 첫째, 지질학과 화석 기록에 근거하여 지구가 6천 년보다 훨씬 더 오래되었을 가능성에 대해 말하는 것은 곧 인간들이 등장하기 오래 전부터 동물들의 죽음이 존재했을 것임을 암시한다. 둘째, 어떤 그리스도인들은 그 최초의 참된 인간들에게 조상이 있었다고 가정한다(아래를 보라). 이 사건 이전에 인간의 가계 안에 이미 죽음이 있었다는 것이다. 그들은 그 최초의 참된 인간들은 원래부터 죽을 수밖에 없는 존재로 지음 받았고 죽음은 인간의 경험의 "생래적" 일부라고 말한다.

그 질문에 답하기 위해 우리는 먼저, 그 구절이 무엇에 관해 말하든지 간에 인간들을 가리키고 있다는 것을 인식해야 한다. 그러므로 창세기는 결코 이 시점 이전에 그 어떤 동물도 죽은 적이 없다는 것을 암시하지 않는다. 사자의 이빨과 턱뼈는 장식품이 아니며, 그것들이 "타락 이후"에 갖고 있는 (무시무시한) 용도가 "타락 이전"의 용

---

21   Lamoureux, *Evolutionary Creation*은 그 성서 구절들이 "역사적"이 아니라고 주장하기 위해 그 구절들에 대한 자신의 읽기에서 "문자주의"를 고집한다. 그는 여기서 언급된 어휘상의 그리고 문학적인 쟁점들을 인식하고 있는 것처럼 보인다(그의 책 305-306을 보라).

도로부터 왜곡된 것이라고 말할 수도 없다. 더 나아가 **설령** 하나님이 그 전에 존재했던 동물들로부터 최초의 인간들을 만드셨다고 할지라도, 우리는 여전히 그 최초의 인간들의 삶과 자기 인식이 동물 조상들의 그것과는 달랐을 것이라고 가정해야 한다. 나는 앞서 창세기 3장을 다루면서 최초의 인간들이 처한 도덕적이고 정신적인 삶의 상황에 관해 무언가를 상술하는 일을 조심스럽게 여긴다고 말한 바 있다. 내가 그 이야기를 읽는 바로는, 그들의 상황은 결국 한시적인 것으로 의도되어 있었고, 그들은 성장하여 성숙해지고 확고부동해질 필요가 있었다. 그럼에도 그런 피조물의 육체적 죽음은 인간이 애초에 지음을 받았던 상황과 잘 부합하지 않는다. 그리고 그들의 후손인 우리는 죽음을 환영하지 않는다. 우리는 죽음을 받아들일 수 있다. 우리는 잘 죽기 위해 영적 재능을 습득할 수도 있다. 그러나 우리는 여전히 죽음을 적으로 여긴다. 따라서 우리는 육체적 죽음이 하나님께서 인간 피조물을 위해 의도하신 결과가 아니었다고 여길 만한 충분한 근거를 가진 셈이다.

그러므로 동물의 육체적 죽음을 기록하고 있는 화석은 창세기 3장을 액면 그대로 취급하는 데 어떤 어려움도 야기하지 않는다. 또한 설령 우리가 아담과 하와에게 동물 조상들이 있었다고 생각할지라도, 육체적 죽음이 그들에게 "자연적인" 것이었다고 믿도록 강요당하지 않는다.

5.c 훌륭한 시나리오를 위한 기준

우리는 5.a와 5.b를 통해 창세기 앞부분의 장들을 읽을 때 일치주의라는 문자주의적 형태의 읽기를 적용하는 것을 주의해야 할 이유를 살펴보았다. 문학적 관습을 무시하다보면 우리는 아주 쉽게 잘못된 방향으로 나아갈 수 있다. 앙리 블로쉐(Henri Blocher)는 역사적-과학적 시나리오들에 대해 신중하게 생각해야 하는 또 다른 이유를 제시한다. 그는 다음과 같은 말로써 우리에게 신중하라고 호소한다.[22]

> 인간을 과학적으로 묘사할 때, 하나님의 형상이 되는 것이 실제로 어느 측면에서 드러날지 예견하기 어렵다. 그러므로 우리가 불완전한 유골에 기초해 최초의 인간을 발견하고자 노력할 때, 우리가 찾고 있는 것이 무엇인지는 매우 불확실하다.

물론 그는 화석 자료를 통한 인간의 재현에 관해 말하고 있다. 하지만 같은 것이 생화학적 증거에도 적용될 수 있다. 그러므로 나는 "시나리오"(senarios)라고 부르는 것, 즉 실제로 발생한 사건을 묘

---

22   Henri Blocher, *In the Beginning* (Downers Grove, IL: InterVarsity Press, 1984), 231. 보다 최근에 나온 그의 논문 "The Theology of the Fall and the Origins of Evil," in R. J. Berry and T. A. Noble, eds., *Darwin, Creation and the Fall: Theological Challenges* (Leicester, U.K.: Apollos, 2009), 149-72, 여기서는 169-72을 보라.

사하는 데 도움이 되는 방법들에 집중해야 할 추가적인 이유를 갖고 있는 셈이다.

한편, 훌륭한 시나리오를 만드는 데 어떤 한계가 있는지 살피는 것은 현명한 일이다. 지금까지의 나의 논의는 인간의 기원과 죄에 대한 건전한 사고를 위한 몇 가지 기준들을 밝혔다.

그에 앞서 이 주제와 관련하여 우리가 설명해야 할 과학 분야의 유의미한 연구 결과들에는 어떤 것들이 있는가?

한 가지 숙고해야 할 것은 인간의 화석과 문화적 유물에 관한 연구에서 나온 증거다. 만약 아담과 하와가 실제로 인류의 시원에 존재했다면, 그들은 호주에서 현대인이 나타난 사건보다 앞서, 다시 말해 기원전 40,000년 이전에 살았을 것이다. 인간의 역사에 대한 인기 있는 설명들을 보면, 아주 쉽게 원숭이부터 시작해서, 초기의 유인원들을 통과해, 우리가 구성원이 되는 사람속(屬, *genus Homo*)으로, 그리고 마침내 현대인에게로 이어지는 흐름이 끊임없이 진행되고 있다는 인상을 받는다. 그러나 존 블룸(John Bloom)의 조사에 따르면, 현재 우리가 활용하는 데이터에는 두 개의 중요한 간격(gaps)이 있다. 첫 번째 간격은 기원전 130,000년경 해부학적으로 현대적인 인간이 등장했을 때, 두 번째 간격은 기원전 40,000년경 문화가 출현했을 때 발생했다. 이 시점에서 우리는 예술을 발견하고, "인공물의 복잡성과 다양성이 크게 증가하는 것"을 본다. 블룸은 다음과 같이

주장한다.[23]

지금으로서는 어느 쪽이 되었든 이 두 번의 전환기는 인간의 특별한 창조가 이런 간격 중 하나에서 일어났고, 또한 순전히 자연적인 수단에 의해 연결될 수는 없다고 주장할 수 있을 만큼 충분히 급격해 보인다.

유전학적 측면에서 보면, 우리의 설명을 필요로 하는 서로 상관이 있는 두 가지 결론이 존재한다. 하나는 인간과 침팬지 사이의 유전학적 유사성이 이런 종(種)들에 모종의 "공통 조상"이 있음을 의미한다는 것이다. 다른 하나는 인간 게놈(human genome)의 특징들, 특히 유전학적 다양성은 최초의 인구수가 1천 명 혹은 그 이상이 되어야만 설명이 가능하다는 것이다.[24]

나는 이런 DNA 증거를 어떻게 평가해야 할지 확신하지 못한다. 나는 그 증거가 이 두 가지 결론들과 **양립할 수** 있는지, 혹은 그

---

23   John Bloom, "On Human Origins: A Survey" *Christian Scholars Review* 27:2 (1997): 181-203, 여기서는 199-200을 참조하라.

24   Francis Collins et al., "Question 21: Who Was Mitochondrial Eve? Who Was Y-Chromosome Adam? How Do They Relate to Genesis?" in *The Biologos Foundation: Questions* (2009), http://www.biologos.org (2009년 7월 13일 접속). 이 배후에 있는 연구는 Francis Ayala et al.로부터 온다. 가령 "Molecular Genetics of Speciation and Human Origins," *Proceedings of the National Academy of the Sciences* 91 (July 1994): 6787-94.

증거가 그런 결론들을 **강력하게 선호하는지** 알지 못한다. 나는 DNA에 대해 미래의 유전학자들이 오늘날의 유전학자들과 동일한 방식으로 생각할 것인지 예측할 수 없다. 나는 그동안 DNA에 대한 생물학자들의 이해가 바뀌어왔다는 것을 안다(가령 한때 소위 "정크[junk] DNA"라 불리며 기능하지 않는다고 간주되었던 게놈의 대부분은 최근 들어 기능을 갖고 있는 것으로 드러난다).[25] 하지만 나는 미래의 생물학자들이 어떤 견해를 고수할지 알지 못한다.

한편, 인간과 침팬지 사이의 공통 조상에 관한 프랜시스 콜린스(Francis Collins)의 설명이 인간과 침팬지가 공통으로 가진 정크 DNA에 크게 의존하고 있다는 사실은 주목할 만하다.[26] 만약 정크 DNA라는 것이 더 이상 기능하지 않는 유물로 가득 차 있는 진화의 다락방으로 간주되는 것이 최상이라는 가정을 통해 그 주장이 설득력을 얻는다면, 정크 DNA가 실제로 수행하는 기능에 대해 더 많은 것이 알려질 경우에는 그 주장이 설득력을 잃게 될 것이다. 해당 기능에는 유전적 과정의 조절, 유지, 재프로그래밍, 그리고 어떤 유전자들을 망가뜨리거나 비활성화 상태의 유전자들을 활성 상태로 만드는 것 등이 포함된다. 이런 기능들은 인간과 침팬지 모두에게 중요하다. 그

---

25 예컨대 Erika Check Hayden, "Life Is Complicated," *Nature* 464 (2010): 664-67 (온라인 발행, March 31, 2010).

26 Francis Collins, *The Language of God: A Scientist Presents Evidence for Belief* (New York: Free Press, 2006), 135-36.

렇기 때문에 우리가 침팬지와 공통으로 그런 유전자를 갖고 있다는 사실 그 자체는 공통 조상에 대한 증거가 되지 못한다.

더 나아가 존 블룸은 인구 규모에 관한 연구들이 (적어도 1997년에는) 부실한 이해에 의존했으며, 최소한의 인구에 관한 결론으로 이어지는 인간 게놈의 특징들을 설명하는 데 다른 방법이 있을 수도 있다고 주장한 바 있다.[27] 2006년에 출판된 연구 결과들은 연관된 종류의 유전적 다양성이 인구 규모 모델(population size model)이 예측해왔던 것보다 빠르게 증가할 수 있는 메커니즘이 있다는 것을 보여주는데, 이것은 우리의 주의가 필요하다는 것을 뜻한다.[28] 그러므로 유전적 다양성에 기초를 둔 계산들이 소규모 인구를 가리키는 증거와 함께 인구 규모에 관한 대략적인 개념을 우리에게 제공한다고 여기는 것은 타당한 일이다.

나는 단지 두 명의 사람이 온 인류의 조상이 되는 것은 불가능하다는 것이 과학적으로 입증된 "사실"이라고 주장하는 생물학자를 적어도 한 명은 만나보았다. 그러나 이것은 과장이다. 그것은 **사실**이 아니라, **추론**이다. 즉 추리 과정의 결과다. 오늘날 생물학적 사고의

27 Bloom, "On Human Origins," 195-96.

28 Takashi Shiina et al., "Rapid Evolution of MHC Class I Genes in Primates Generates New Disease Alleles in Man via Hitchhiking Diversity," *Genetics: Published Articles Ahead of Print*, May 15, 2006; published online as 10.1534/genetics.106.057034; Renaud Kaeuffer et al., "Unexpected Heterozygosity in an Island Mouflon Population Founded by a Single Pair of Individuals," *Proceedings of the Royal Society B*, September 24, 2006; doi:10.1098/rspb.2006.3743로 온라인 발행.

현실을 감안한다면 그것은 훌륭한 추론일 수도 있으나, 그것이 그 추론을 자동적으로 참된 것으로 만들지는 않는다. 얼마 전까지도 대부분의 생물학자들은 게놈에 기능이 없다는 것을 "사실"로 여겼다. 만약 그들이 신중했다면 게놈이 **알려진** 기능을 갖고 있지 않다고 말했을 것이다. 물론 미래의 생물학자들이 이와 동일한 인구 규모 모델을 계속해서 사용할지는 불분명하다.

마지막으로, 나는 이런 입장들이 우리가 실제로 마땅히 의문을 가져야 하는 가정들을 이용하고 있는지 알지 못한다. 나의 한계를 고려한다면 지금은 이런 추론의 옳고 그름을 논할 때가 아니고, 나는 그런 일을 할 만한 사람도 아니다. 다만 나는 장점과 약점을 열거하는 방식을 사용하여 대중문학 안에서 보다 비판적인 성격의 논의가 이루어지기를 바랄 뿐이다. 이 지점에서 내가 주장하는 것은 우리가 신중해야 한다는 것이다. 그동안 나는 이런 결론들의 옹호자들을 건강한 사고의 경계 안에 머물 수 있도록 하는 방식을 찾고자 했다. 다시 말해, 비록 어떤 사람이 인간의 "조상들"이 있다거나 또는 최초의 인구가 언제나 두 명 이상이었다는 주장에 설득된다고 해도, 그가 반드시 아담과 하와에 관한 모든 전통적인 견해들을 버려야 하는 것은 아니다. 나는 이런 문제와 관련해 내가 특별히 선호하는 것을 주장하기보다는 그런 가능성에 대비하려고 했다.

그렇다면 우리는 어떻게 건강한 사고의 경계 안에 머물 수 있는가? 지금까지 숙고해온 모든 내용들이 우리에게 어떤 기준을 갖게 하는가?

① 우선 우리가 알아야 할 것은 인류의 기원은 단순히 자연적인 과정을 넘어선다는 것이다. 이런 결론은 인간이 되는 것이 얼마나 어려운지, 보다 신학적으로 말하자면 하나님의 형상이 얼마나 구별되는 것인지에 대한 인식에서 나온다.

② 우리는 인류의 시원에 아담과 하와가 있다고 여겨야 한다. 이 책의 제4장에서 논의된 것처럼 이런 결론은 인간의 통일된 경험으로부터 나온다. 그렇지 않다면 인간이 달리 어느 곳에서 하나님의 형상을 지닐 수 있겠는가?

③ "타락"은, 그것이 어떤 형태를 지니든지 간에, 역사적이며 도덕적인 성격을 지니고 있었고 인류의 시초에 발생했다. 즉 그것은 발생한 사건이기에 역사적이고, 하나님에 대한 불순종을 포함하고 있기에 도덕적이다. 이런 인식 없이는 앞서 제4장에서 논의된 보편적인 상실감을 설명할 수 없다. 이런 보편성이 어디서부터 올 수 있겠는가?

혹자는 도덕관념이란 기만이며, 따라서 인간의 삶이 불쾌하게 **보이는 것** 뿐이라고 대응한다. 우리가 그것이 "잘못되었다"고 말하는 것은 우리가 그것을 좋아하지 않기 때문이라는 것이다. 다른 어떤 이들은 어쨌든 하나님이 죄를 부분으로 지닌 세상을 창조하신 것은 그분으로서도 어쩔 수가 없었거나 죄가 하나님과 별도로 존재하다가 세상 안으로 침입했기 때문이라고 생각할지도 모른다. 내가 이미 주장했듯이, 이런 주장들은 문제를 해결하기보다는 더 많은 문제를 만들어낸다. 그러므로 비록 관습적인 기독교적 유신론이 우리에게 불편함을 남길지라도(하나님이 악에 대해 미리 아셨고 또한 전능하시다면, 어떻게 그분이 그것을 허락하실 수 있는가?), 그것은 우리가 충분히 감수할 수 있는 불편함이다.

기준 ②와 ③을 적용한다는 것은, 적절한 모델이라면 중동과 유럽 사람들뿐 아니라 현재 호주와 미국에 해당하는 지역에 살았던 최초의 사람들까지 포괄하게 된다는 것을 의미한다.

이따금 인간의 기원이 다수라는 이론들, 즉 다양한 지역에서 다수의 혈통이 병행해서 발전한다는 이론들("다원 발생설"[polygenesis])이 제기된다.[29] 이런 이론들은 선행 인류에서 인간으로의 자연스러운 이전을 상정하는데, 그것은 합리적이지 않다. 설령 어떤 이론이 분리된 **창조들**을 주장할지라도, 그리스도인은 이런 이론을 매력적으로 여겨서는 안 된다. 이런 이론들은 불만족스러운 것이 될 것이다. 왜냐하면 분리된 창조는 기독교의 메시지가 필요하지 않은 "타락하지" 않은 인간들이 있다거나, 또는 하나님이 인간을 창조하실 때마다 그들이 "타락했다"거나, 또는 죄를 전이하는 몇 가지 다른 수단이 있다는 것을 의미하기 때문이다. 오늘날의 고인류학자들은 ("아프리카 기

---

29   Fazale Rana with Hugh Ross, *Who Was Adam? A Creation Model Approach to the Origin of Man* (Colorado Springs: NavPress, 2005), 36-37, 124-26에 서술되어 있다.

원설"[out of Africa]에서처럼) 통일된 기원에 초점을 맞추는 모델들을 더 선호하는 것처럼 보인다.

④ 만약 인류의 시원에 아담과 하와 외에 더 많은 사람이 있었 다고 한다면, 동시에 그런 인간들이 하나의 단일한 부족이었다고 여 겨야 분별력 있는 주장이 된다. 그런 경우 아담은 (가급적이면 다른 이 들보다 먼저 태어난) 그 부족의 족장일 것이고, 하와는 그의 아내일 것 이다. 이 부족은 아담과 하와의 인도하에서 "타락했다." 이런 결론은 하나의 대표자 안에서의 결속이라는 개념에서 나온다. 어떤 이들은 이것을 "다원 발생설"의 한 형태라고 부를 수도 있을 것이다. 하지만 이것은 보다 관습적이고 받아들이기 어려운 종류의 다원 발생설과 는 분명하게 구분된다.[30]

5.d 검증된 시나리오들 중 하나의 샘플 추출

이제 몇 가지 시나리오들을 열거하고 그것들이 내가 방금 제시한 기 준들에 부합하도록 우리가 무엇을 해야 하는지 살펴야 할 지점에 왔 다. 그러나 그렇게 함으로써 제시된 시나리오의 가능성을 규명할 수

---

30 Bruce Waltke, *An Old Testament Theology* (Grand Rapids, MI: Zondervan, 2007), 202-203은 나의 처음 세 가지 기준들에는 분명하게 동의하고, 아마도 네 번째 기 준에도 그런 것처럼 보인다.

있는 것은 아니다. 그것은 내가 할 수 있는 일이 아니고 나의 목표도 아니다. 오히려 시나리오는 그 사건들을 마음으로 그려보는 방법이다. 내가 여기서 시나리오를 제시하는 이유는 대화와 창의성을 고양하기 위해서다.[31]

표준적인 젊은 지구 창조론자들에 따르면, 아담과 하와는 새로운(*de novo*) 피조물로서의 동물 조상을 갖고 있지 않았다. 몇몇 오래된 지구 창조론자들의 모델은 이런 견해를 공유하지만, 다른 이들은 하나님이 먼저 있던 유인원을 아담으로 개조하셨다는 개념을 허용한다. 이 작업의 목적을 분명하게 하기 위해서, 나는 이것을 쟁점으로 삼지 않을 것이다. 한편, 5.c에서 언급된 나의 첫 번째 기준은 왜 내가 최초의 인간들이 나타나게 된 **형이상학**(metaphysics)을 중요하게 여기는지를 보여준다. 형이상학이라는 말을 쓴 이유는 인간의 출현이 순전히 자연적인 과정에 의한 것이 아니기 때문이다. 이 공통의 기반은 하나님이 어느 곳에서 원료를 얻으셨는지에 관한 견해차보다 훨씬 더 중요하다. 왜냐하면 어느 쪽으로든 인간이 "특별한 창조"의 결과라고 말하는 셈이기 때문이다.

한 가지 분명한 시나리오는 아담과 하와를 사람속(屬, *genus*

---

31 "순전한 역사적 아담-과-하와-주의"(mere historical Adam-and-Eve-ism)의 윤곽을 그린다는 나의 계획에 맞추어, 이 모든 것 중 내가 선호하는 것을 주장할 생각은 없다. 사실상 중요한 것은 5.c에 나오는 네 가지 기준들이다. 그러나 나는 내가 선호하는 것이 무엇이며 그 이유가 무엇인지를 나의 책 *Science and Faith*, 267-69; *Genesis 1-4*, 253-55에서 제시한 바 있다.

Homo)의 최초의 구성원으로 삼는다. 어떤 젊은 지구 창조론자들은 몇몇 오래된 지구 창조론자들처럼 이것을 선호해왔다. 이런 제안이 지닌 중대한 문제 한 가지는 그 최초의 사람의 연대가 2백만 년 전까지 거슬러 올라간다는 것이다. 그리고 이것은 고생물학의 기록 안에 아주 오랜 기간을 그 어떤 특별한 문화적 유물도 없는 시간으로 남겨 놓는다.[32]

유전적 증거를 지닌 최신의 정교한 모델은 기독교 변증 조직인 리즌즈투빌리브(Reasons to Believe, RTB, 현대 과학이 성서의 주장과 모순되지 않음을 알림으로써 복음을 옹호하는 사역단체—역주)의 파잘 라나(Fazale Rana)로부터 나온다.[33] 라나는 인간의 조상을 추적하면서 최초의 여자(하와)와 그 후에 나온 한 남자(노아)까지 거슬러 올라간다. RTB 모델은 전반적으로 인간의 기원을 10,000년 전과 100,000년 전 사이의 어디쯤에 둔다. 보다 정확히 표현하자면, 라나는 다음과 같이 주장한다.[34]

---

32 John Bloom, "On Human Origins," 199 n.72를 보라.

33 Fazale Rana with Hugh Ross, *Who Was Adam?* 그들은 그 책의 제4장, 55-75에서 유전적인 문제들에 대해 논한다. 이런 일반적인 접근법은 John Bloom, "On Human Origins"에서 지지를 얻는다. Bloom은 자신이 새로운 유전적 증거에 비추어 자신의 글을 갱신했으며, 비록 자신은 과학적 증거가 그 모델 혹은 유일한 최초의 부부를 입증해 준다고 주장하지는 않으나, 대체로 Rana의 접근법을 지지한다고 나에게 말했다(2009년 7월 9일에 있었던 사적인 대화에서). Bloom이 물리학과 고대 근동 연구 양쪽 분야 모두에서 쌓아온 경력을 고려하면 그의 의견은 주목할 만한 것이다.

34 Rana, *Who Was Adam?* 248.

RTB 모델은 아담과 하와를 역사적 인물로, 즉 약 70,000년 내지 50,000년 전에 하나님의 기적적인 개입에 의해 유래된 최초의 사람들로 여긴다. 아담과 하와의 후손들은 세계의 모든 사람들을 낳게 되는 최초의 소규모 주민 집단을 형성했다.

이 모델은 아담과 하와의 이야기에 더하여 대홍수 이야기를 포함하며, 창세기 6-9장을 노아와 그의 직계 가족을 제외한 모든 인간이 대홍수로 인해 파멸했음을 의미하는 것으로 읽어 낸다. 그러나 전체적으로 보아 그 모델은 마지막 요점에 의존하지는 않는다.

라나의 모델에서는 아담의 몸을 만들어내기 위해 그보다 앞선 유인원을 필요로 하지 않는다. "진화적 창조론자"인 개빈 바실 맥그래스(Gavin Basil McGrath)는 아담 이전의 유인원들을 명백히 포함하는 체계를 제안한다.[35]

하나님은 두 명의 유인원들을 택해 최초의 인간인 아담과 하와가 되게 하셨다(딤전 2:13). 하와를 만드실 때 하나님은 아담의 "갈비뼈들" 중 "하나"로부터 취해진 몇 가지 유전적 물질을 사용하심으

---

35 Gavin Basil McGrath, "Soteriology: Adam and the Fall," *Perspectives on Science and Christian Faith* 49:4 (1997): 252-63. 철학자 David Siemens는 *Perspectives on Science and Christian Faith* 50:1 (1998): 78에 게재한 한 편지에서 McGrath의 정통적인 구원론(인간의 단일성과 역사적 타락을 비롯해)을 포함해 그의 접근법의 여러 측면들을 칭찬한다.

로써 그녀를 인간으로 만드는 데 필요한 새로운 유전적 정보를 제공하셨다. 그렇게 해서 그녀 역시 아담의 인종에 속하게 되었다.… 그렇게 한 인간으로서의 하와는 인종적으로 아담에게 의존하게 되었다. 그리고 **오직** 이 두 사람만이 나머지 인류의 조상이다.

그는 아담의 출현 시기를 기원전 45,000년(±20,000년)으로 추정하는데, 이것은 라나의 모델이 추정하는 시기와 거의 같다.

존 스토트(John Stott)의 입장은, 그가 비록 창세기 2-4장을 아담이 신석기 시대의 농부(기원전 10,000년경)였음을 의미하는 것으로 읽기는 하나, 맥그래스의 입장과 얼마간 유사한 점이 있다.[36] 그의 말에 따르면, 고대의 유해로부터 나온 증거는 "행동에 관한 것이라기보다는 해부학적인 것"이기에, 우리가 아담을 그렇게 칭할 수 있다면 아담 이전의 유인원이 "호모 사피엔스[*homo sapiens*]이기는 하나 아직 호모 디비누스[*homo divinus*, 신적인 인간]는 아니었"던 때를 알기는 어렵다. 이런 주장은 얼마간 과학적 비판의 대상이 되었다.[37] 그러나 이 연구의 관점에서 보자면, 그것이 주장하는 신석기 시대라는 환경은 문학적 장르가 요구하는 것보다 훨씬 더한 문자주의의 입

---

36 John Stott, *Romans* (Downers Grove, IL: InterVarsity Press, 1995, 『로마서 강해』, IVP 역간), 162-66.

37 Allan J. Day, "Adam, Anthropology and the Genesis Record: Taking Genesis Seriously," *Science and Christian Belief* 10 (1998), 115-43, 여기서는 136.

장에서 창세기의 자료들을 다룬다. 또한 그것은, 우리가 만약 호주와 아메리카 대륙인들의 거주 시점을 고생물학자들의 데이터 해석 결과보다 훨씬 더 최근이라고 주장하려는 것이 아니라면, 모든 인간들에 대해 설명하지 않는다. 이런 요소들은 스토트의 제안을 덜 매력적인 것으로 만든다. 비록 스토트가 위엄과 필요라는 측면에서 인간의 독특성과 단일성에 대해 분명하게 인식하고 있을지라도 말이다.

스토트는 데렉 키드너(Derek Kidner)가 "당연히 그럴 수밖에 없는 그저 시안에 불과한, 그리고 개인적인 견해인 설명적 제안"이라고 부르는 것[38]에 주목한다. 그는 창세기 4장에서 가인과 아벨 시대에 다른 사람들이 존재했음을 나타내는 것처럼 보이는 표현들에 깊은 인상을 받았다(5.b를 보라). 키드너는 그 사람들이 아담과 하와의 다른 후손들이라는 전통적 답변들 역시 "충분히 타당하다"고 인정했으나, 가인이 다른 사람들을 두려워했던 것과 그의 아내의 근원에 관한 문제(창 4:14, 17)가 과연 이런 해석을 선호하는지, 혹은 적어도 그것을 용인하는지 궁금해했다. 또한 키드너는 나처럼 상세히 설명하고 있지는 않지만, 신학적 견지에서 내가 5.c에서 제기했던 종류의 기준들을 인식하고 있었다.

이런 틀 안에서 우리는 기존의 유인원을 개조하는 방식으로서

---

38 Kidner, *Genesis*, Tyndale OT Commentary (Downers Grove, IL: InterVarsity Press, 1967), 26-31 (30에서 인용).

의 아담과 하와에 대한 특별한 창조를 만나게 된다.[39]

하와의 특별한 창조는 하나님의 부섭정(副攝政)으로서의 최초의 인간 부부를 낳았고(창 1:27, 28) 또한 동물과 인간을 잇는 자연스러운 다리가 존재하지 않는다는 사실을 확정했다. 하나님이 이 창조 이후에 아담의 방계(傍系)에 자신의 형상을 부여하심으로써 그들을 동일한 존재의 영역으로 이끄셨으리라는 것은 있음직한 일이다. 만약에 그렇게 되었던 것이라면, 아담의 인간에 대한 "언약적 머리됨"(federal headship)은 그의 동시대인들은 물론이고 그의 후손들에게까지 확대된 것이고, 또한 그의 불순종은 그들 모두의 상속권을 빼앗은 셈이다.

키드너는 "인간이 '아담 안에서' 지니고 있는 단일성과 그의 범죄를 통해 발생한 죄인으로서의 우리의 공통된 상태는, 성서에서 유전이 아니라 단지 연대(solidarity)의 측면에서 표현된다"고 주장한다.

이런 주장은, 비록 "인류가 하나님의 형상 안에서 창조된, 그리고 한 번의 불순종으로 인해 아담 안에서 타락한 단일체라는 교리"를 보존하려고 애쓰는 미덕을 보이지만, 우리를 성서의 상(像)이 갖

---

39   Ibid., 29.

고 있는 단순함으로부터 멀어지도록 만든다.[40] 더 나아가 성서에서 나타나는 연대는 법률적 허구가 아니라 어떤 실제적 연관성에 기반을 둔다. 아마도 이것은, 만약 그들이 충분히 가깝게 연결되어 있다면, 그 "방계들"에게도 적용될 수 있을 것이다. 키드너의 제안이 5.c의 기준들을 충족시키고 고려할 만한 가치가 있는 것이 되게 하려면, 아담이 단순히 사람들을 **다스리는** 자가 아니라 **대표하는** 자(성서에서 왕의 기본적인 개념)로서의 족장이나 "왕"이라고 상상할 필요가 있다.

키드너는 만약 하와(*Khawwâ*)의 이름이 모든 인류의 육체적 어머니라는 것을 의미한다면 자신의 제안이 타당하지 않게 된다는 것을 인정한다. 그는 창세기 3:20의 그리스어 번역에 조에(*Zoe*)라는 단어가 사용되는 것처럼 하와라는 이름이 "생명"을 의미한다고 여긴다. 하지만 그녀의 이름은 그보다는 "생명의 수여자"에 가깝다(3.a를 보라). 그럼에도 키드너가 제시하는 틀 안에서 왕과 왕비는 합법적으로 백성들의 아버지와 어머니가 된다. 그러므로 키드너 자신의 유보는 치명적이지 않다.

또 다른 제안을 내놓은 사람은 데니스 알렉산더(Denis Alexander)다. 그는 케임브리지에 있는 패러데이 과학과 종교 연구소(Faraday Institute for Science and Religion)의 소장으로 일하고 있는 그리스도인이자 저명한 영국의 생물학자다. 그의 명저 『창조 혹은 진화: 우리는 선

---

40   Ibid., 30.

택해야 하는가?』(*Creation or Evolution: Do We Have to Choose?*, 2008)는 과학과 종교에 관한 논의에 아주 큰 영향력을 발휘하고 있다.[41] 알렉산더는 인간과 그들의 동물 조상들 사이의 생물학적 연속성을 옹호하면서, 최초의 인간들에게 하나님의 형상이 부여되었다는 **특별한** 창조 행위라는 개념을 거부한다. 그는 창세기 4장에서 "'그 남자'와 '그 여자'가 그 즈음에 존재했던 유일한 사람들이 아니었다는 분명한 함의"를 발견한다. 실제로 그는 창세기 2-4장의 농업과 원예를 신석기 시대(기원전 10,000년 이후의 어느 시기)의 환경을 가리키는 것으로 읽는다. "하나님은 은혜 가운데서 신석기 시대 근동 지역에 살던 농부들 혹은 그중 한 쌍 혹은 어쩌면 농부들의 공동체 하나를 택하셔서 그들에게 특별한 방식으로 자신을 계시하기로 하셨다." 다시 말해, 그들은 하나님과 인격적인 교제를 나눴던, 즉 영적인 삶을 살았던 최초의 사람들이었다. 아마도 그들은 나머지 인간들(추정에 따르면, 지구 전역에 퍼져 있던 약 1백만 명에서 1천만 명의 사람들)에게 하나님에 대한 지식을 퍼뜨렸을 것이다. 알렉산더는 아담을 "그 당시에 살았던 온 인류의 언약적 우두머리(federal head)"라고 부르지만, 그가 그 말을 통해 의미한 것이 무엇인지는 분명치 않다. 성서에서 "안에서"라

41　Denis Alexander, *Creation or Evolution: Do We Have to Choose?* (Oxford: Monarch/ Grand Rapids, MI: Kregel, 2008). 나로서는 이 책에 감사해야 할 것이 많다. 물론 의견을 달리하는 부분도 많지만, 이 책은 적절한 평가를 받을 만하다(언젠가 내가 그런 것을 제공하게 되기를 바란다). 그 책 전체가 이 논의와 연관되어 있기는 하나, 핵심적인 자료는 9-13장에 나온다.

는 전치사가 무엇을 의미한다고 그가 생각했을지에 관한 논의는 그의 책에 등장하지 않는다. 그리고 어떤 이들은 그 "대표성"이 임의적인 것이 아닐까 의심한다. 알렉산더는 그리스도인으로서 성서 전체와 씨름해야 할 의무감을 느낀다. 왜냐하면 바울은 아담을 예수와 마찬가지로 역사적인 인물로 여겼기 때문이다. 그러므로 알렉산더는 아담을 실제 인물로 여기고자 한다.[42]

알렉산더의 결론은 이렇다. 죽음은 모든 인간의 삶의 "자연스러운" 끝이다. 영적인 삶을 위한 아담의 선택도 그런 상황을 바꾸지 못했다. 더 나아가 아담의 "타락"은 죄가 "영적 오염을 세상에 퍼뜨리면서" 인류의 나머지 속으로 들어가는 것으로 이어졌다. 그는 이런 일이 어떻게 일어나는지 분명히 밝힌다. "영적 죽음은 그들이 실제로 죄를 범함으로써 모든 인간들에게 왔다. 각 사람은 자신의 죄에 대해 책임이 있다." 한편, "신약성서에서 육체적 죽음이 파멸되어야 할 적으로 묘사되는 것에 대해서는 의심할 여지가 없다. 왜냐하면 그것은 성취된 하나님 나라 안에서 발붙일 자리가 없기 때문이다." 그는 고린도전서 15:50("혈과 육은 하나님 나라를 이어받을 수 없고 또한 썩는 것은 썩지 아니하는 것을 유업으로 받지 못하느니라")을 필연적으로 우리가 부활의 몸을 받기 위해 죽어야 한다는 의미로 해석한다.[43]

---

42   Ibid., 265.
43   Ibid., 250.

알렉산더는 과학을 다룰 때만큼이나 진지하게 성서를 다루기 원한다. 그러나 그의 입장은 두 가지 난점을 갖고 있다. 첫째, 그는 너무 쉽게 진화라는 자연적인 과정으로부터 인간의 능력이 나타날 수 있다고 가정했다. 내가 이미 주장한 바와 같이, 우리가 인간이 되는 것의 어려움을 알기 위해 그리스도인이 될 필요는 없다. 그동안 나는 기독교 신앙을 갖고 있지 않은 진화생물학자들 중에도 이런 입장을 기꺼이 인정하는 이들이 있음을 알게 되었다. 두 번째 난점은 성서 전문가가 아닌 그가 성서 자료들에 의해 휘둘리고 있다는 점이다. 내가 보기에 그가 갖고 있는 성서 자료들은 그를 오도했다. 실제로 그는 데렉 키드너와 고든 웬함(Gordon Wenham)의 창세기 주석들을 알고 있는데,[44] 두 사람의 주장은 모두 아담과 하와 그리고 인류의 나머지와 그들의 관계에 대한 전통적인 기독교적 이해에 근접해 있다. 불행하게도 그는 평가를 위해 "여러 모델"을 살피는 과정에서조차 키드너의 주장을 진지하게 받아들이지 않는다. 나는 그가 그것을 배제하는 이유가 무척 흥미로웠다. 나는 이미 (5.b에서) 창세기 4장이 신석기 시대의 환경을 요구한다고 여기지 않는 이유들을 설명한 바 있다. 또한 알렉산더는 우리가 이미 논한 바 있는 "아담 안에서"와 "그리스도 안에서"라는 용어를 통해 전달되는 언약적 내포(covenantal inclusion)라는 개념을 정당하게 다루지 않는다. 나

---

44   Ibid., 360-61 n. 108.

는 "대표성"에 대한 그의 해석이 어떻게 해서 좋은 예나 나쁜 예의 배경 이상이 되는지 알지 못한다. N. T. 라이트(Wright)의 저서 『하나님의 아들의 부활』(*The Resurrection of the Son of God*)은 고린도전서 15장에 대한 훌륭한 해석을 담고 있다. 우리가 라이트의 결론에 동의하지 않을지라도 이 작품을 읽어야 할 필요가 있다. 나는 고린도전서 15:50에 대한 라이트의 견해가 매력적이라고 여긴다. 그는 "혈과 육은 하나님 나라를 이어 받을 수 없다"는 구절이 아담의 죄 이후 지금과 같은 상태의 혈과 육을 가리킨다고 여긴다. 즉 "사멸하기 쉬움"(perishability)은 창조 때문이 아니라 죄를 통해서 왔다는 것이다.[45] 바울에게 "사멸할 수 있는 존재"라는 용어는 "부패"라고도 번역되는데, 그것은 부패하게 하는 죄의 효과를 가리킨다(참조. 갈 6:8; 엡 4:22; 고후 7:2).[46]

내가 보기에, 알렉산더가 인간의 죽음을 "자연스러운" 것으로 다룰 때 그는 "타락"이 상황을 바꾼 것인지에 대해 결코 고려하지 않는다.[47] 성서에서 죽음을 맞는 모든 인물들은 창세기 3장 이후에 죽는다. 뿐만 아니라, 그는 신약성서에서 죽음이 적으로 묘사되고 있는 것을 인식하고 있으나, 그의 논의는 전체적으로 환영받지 못하는 무

---

45 N. T. Wright, *The Resurrection of the Son of God* (Minneapolis: Fortress, 2003), 359.

46 타락이 "자연"에 끼친 영향에 대한 나의 논의를 위해서는, 나의 책 *Genesis 1-4*, 162-66 (창 3:16-29에 관한), 182-84 (롬 8:18-25에 관한)을 보라. 또한 나의 책 *Science and Faith*, 9-10장을 보라.

47 Alexander, *Creation or Evolution*, 246-49.

언가로서 또는 우리가 마땅히 슬퍼해야 할 무언가로서의 죽음에 대한 인간의 반응을 진지하게 다루지 않는다. 오히려 인간의 고통이 선한 창조 질서의 정상적인 일부라고 주장하면서 그것을 물리적 감각에 국한시킨다. 나는 그런 고통을 느끼는 능력이 좋은 것이라는 데 동의한다. 하지만 이것은 우리가 "고통의 **문제**"를 논할 때 염두에 두는 그 "고통"이 아니다. 대신 우리는 절망에 대해, 욱신거리는 탄압에 대해, 불안과 고뇌에 대해, 그리고 영원을 갈망하는 삶의 낭비에 대해 생각한다. 이것이야말로 창세기가 묘사하는, 인간의 불순종의 결과에 따라 하나님이 인간에게 내린 평결로서의 고통으로 보인다(창 3:16, 17).[48]

알렉산더에 관한 전체적인 논의 중 특별한 주제에 관해 말해야 할 것이 더 남아 있다. 하지만 여기서는 우리의 목적을 위해 알렉산더의 제안이 내가 5.c에서 제시한 기준에 미치지 못한다는 것과 과학도 성경도 그런 시나리오를 요구하지 않는다는 것에 주목할 것이다. 그러므로 우리는 보다 만족스러운 다른 접근법을 찾아내야 한다.

내가 제시할 마지막 시나리오는 그것을 제공한 C. S. 루이스를

---

48 Alexander는 현재의 삶이 "영혼을 형성하는 골짜기"라는 자신의 견해를 실증하기 위해 어느 일본인 가족이 고난을 통해 그리스도인이 되어가는 감동적인 일화를 들려준다. 그러나 이것은 요점을 놓치고 있다. 고난은 우리에게 무언가가 잘못되어 있음을, 그리고 우리가 그것을 바로잡기에 무력하다는 것을, 우리에게는 하나님의 도우심이 필요하지만 우리는 그분으로부터 소외되어 있다는 것을 밝혀줌으로써 우리의 자만심을 무너뜨린다. 이것이 바로 고통이 (C. S. Lewis의 표현을 사용하자면) "하나님의 확성기"인 이유다.

위해 영광의 자리를 마련해 두었다. 미국의 데니스 알렉산더라고 할 수 있는 저명한 생물학자이자 그리스도인인 프랜시스 콜린스(Francis Collins)는 그 시나리오가 호소력이 있다고 여긴다. 루이스는 그의 책 『고통의 문제』(*The Problem of Pain*) 제5장에서 "인간의 타락"이라는 주제를 다룬다.[49] 그 장의 주제는 "하나의 종(種)으로서의 인간은 자신을 망쳤고, 그러므로 현재 상태의 우리에게 선은 주로 보충적이고 교정적인 선을 의미할 수밖에 없다"는 것이다. 그러나 이 주제를 발전시키는 과정에서 루이스는 "신화"(myth)를 소크라테스적 의미로 사용할 것을 제안한다. 루이스가 말하는 "신화"는 우리가 플라톤(Plato)의 대화편에서 발견할 수 있는 것, 즉 역사적 사실**이었을 수도 있는** 이야기, 다시 말해 "있음직하지 않을 것 같지 않은 이야기"(a not unlikely tale)다. 그것은 실제로 내가 시나리오라고 부르는 것과 유사하다. 루이스는 다음과 같이 고도로 회화적인 서술을 남겼다.[50]

오랜 세월에 걸쳐 신은 동물의 형태를 완성시켰다. 그것은 장차 인간과 신의 형상의 매개물이 될 것이다. 신은 그 형태에 손을 주었

49　이 책은 몇 가지 판본으로 출판되었다. 나의 책은 Geoffrey Bles가 런던에서 출판한 1940년 본문의 1943년 판본이다.

50　이 긴 인용의 본문은 Francis Collins, *The Language of God*, 208-209에, 그리고 Collins et al., "Question 15"에 실려 있는 발췌문과 동일하다. 불행하게도, 둘 중 어느 쪽에서도 여기서 논의된 Lewis의 시나리오에 관한 그 자신의 유보에 관해서는 다루지 않는다.

는데 엄지가 나머지 손가락들과 맞닿을 수 있게 했고, 턱과 이빨과 목구멍을 주어 분명한 발음을 할 수 있게 했고, 또한 모든 물질적 동작을 실행할 수 있을 만큼 충분히 복잡한 두뇌를 주어 이성적 사고가 실현될 수 있게 했다.…그 후, 시간이 찼을 때, 신은 이 유기체의 심리와 생리 모두에 "나는" 그리고 "나를"이라고 말할 수 있는 새로운 종류의 의식을 부여했는데, 그 의식은 자신을 하나의 객체로 여길 수 있었고, 신을 알았고, 진리와 선함과 아름다움에 대한 판단을 할 수 있었고, 과거를 지나 흘러가는 시간을 감지할 수 있었다.…우리는 신이 이런 피조물들을 얼마나 많이 만들었는지 알 수 없다. 또한 그들이 낙원의 상태에서 얼마나 존속했는지도 알지 못한다. 그러나 머지않아 그들은 타락했다. 어떤 이가 혹은 무언가가 그들에게 "너희도 신들처럼 될 수 있다"고 속삭였다.…그들은 신에게 "이것은 우리의 일이지 당신의 일이 아니오"라고 말할 수 있는 우주의 한구석을 원했다. 하지만 그런 구석은 없었다. 그들은 명사가 되고 싶었으나, 그저 형용사였을 뿐이고 영원히 형용사일 수밖에 없다. 우리는 어떤 특별한 행위나 일련의 행위를 통해 그토록 자기 모순적이고 불가능한 소망이 어떤 표현을 얻게 되었는지 알지 못한다. 내가 볼 수 있는 한, 그것은 말 그대로 어떤 열매를 먹는 것과 상관이 있을지 모르나, 그 질문은 중요하지 않다.

루이스는 "안에서"(in, "그리스도 **안에서**, 아담 **안에서**")에 해당하는 그리스어 단어(*en-*)를 이해하는 것이 쉽지 않은 일이라고 말한다. 우리가 구약성서에서 만나는 내포(inclusion) 혹은 연대(solidarity)의 의미를 이해하는 것이 쉽지 않은 것처럼 말이다. 그가 이 단어들을 분명히 이해하지 못했다 하더라도 그것이 양해가 되는 까닭은, 아마도 1930년대 옥스퍼드에는 위의 내용에 대해 분명히 밝혀준 이가 없었을 것이기 때문이다. 당신이 지금 읽고 있는 이 책에 제시된 개념들(그것이 지닌 내러티브적 성향과 언약적 포함이라는 개념과 더불어)은 우리를 이런 개념을 포함하고 있지 않은 접근법으로부터도 멀어지게 한다. 또한 루이스는 창세기의 이야기를 "신화"라고 부르는데, 이를 통해 확실히 그는 그것이 제한된 역사적 가치를 지니고 있음을 표현한 것이다. 나는 어째서 그가 창세기 이야기를 소크라테스적 의미에서의 "신화"로 취급하지 않는지 확실하게 알지 못한다. 추측건대 그는 그 이야기가 의도하는 효과가 주로 상상력에 관한 것이라고 보았던 것 같다.

루이스는 분명히 성서의 설명이 가지는 중요한 특징들을 보존한다. 나는 실제로 그가 5.c에 제시된 처음 세 가지 기준을 충족시키고 있으며, 아주 조금만 바꾸면 네 번째 기준과도 일치될 수 있다고 말하고자 한다. 루이스는 인간이 순전히 자연적인 과정을 통해 출현하지 않았다는 신적 감독의 필요성에 대해, 그리고 관련된 도덕적 문제에 대해 분명하게 알고 있다. 그는 자신이 쓴 다른 책에서 그런 개념들을 창의적으로 설명하고자 할 때마다 특별하게 창조된 아담과 하와라는 개념을 고수하는데, 그것은 창세기에 나오는 그 이야기의 형태에 대한 그의 깊은 관심에 의한 것이다.[51] 그러나 실제로 루이스의 창의적인 설명은 우리를 성서의 스토리라인에서 멀어지게 했다.

더 나아가 루이스는 타락의 역사적 성격을 유지한다. 즉 타락은 실제로 발생하고 인간의 삶을 영원히 변화시킨 하나의 사건(혹은 사건들의 집합)이었다. 확실히 이것은 죄를 "무시간적이고 영원한 것"의 결과로 따라서 (칼 바르트의 주장처럼) 비역사적인 무엇으로 혹은 (많은 현대 신학자들의 주장처럼) 하나님의 창조 안에 내재된 무언가로 여기는 모든 견해로부터 그의 견해를 구별해준다.

루이스의 견해가 가진 주된 난점은 다음과 같은 그의 문장으로 표현된다. "우리는 하나님이 이런 피조물들을 **얼마나 많이** 만드셨는지 알지 못한다."[52] 그는 아담과 하와보다 많은 사람들이 **분명히 있었**

---

51 예컨대 그의 소설 『페렐란드라』(*Perelandra*, 그의 우주 3부작[Space Trilogy] 중 하나)와 『카스피안 왕자』("나니아 연대기" 시리즈 중 하나)의 끝부분에서 아슬란이 카스피안 왕자에게 하는 말을 보면 그런 입장이 드러난다. "당신은 주인이신 아담과 그의 부인이신 하와로부터 왔다. 그리고 그 사실은 가난한 거지의 머리를 곧추세우게 할 만큼 충분히 명예로운 것이고, 또한 세상에서 가장 위대한 황제의 어깨를 굽게 할 만큼 충분히 수치스러운 것이다. 그러니 만족하라." C. S. Lewis, *Prince Caspian* (New York: Macmillan, 1951), 15장을 보라.

52 Lewis의 풍부한 설명을 통해 제기된 추가적인 이의는 Henri Blocher, *Original Sin: Illuminating the Riddle, New Studies in Biblical Theology* (Grand Rapids, MI: Eerdmans, 1997), 56-57에(Lewis의 말은 죄가 인간의 자유의지의 자연스러운 결과를 의미한다고 해석될 수 있다), 그리고 89(인간은 타락으로 인해 실제로 그들의 적절한 본성을 잃었는가?)에 실려 있다. 이런 주장은 통찰력이 있으나, 우리의 주제에는 영향을 주지 않는다. (97-98에서 Blocher는 연대에 대한 Lewis의 인식을 인정한다.)

다고 주장하는 게 아니다. 그는 그다지 중요하지 않은 질문에 대해 말하는 것이다. 그러나 만약 우리가 연대와 "아담 안에서"에 대한 루이스 자신의 언급에서 힌트를 얻고 또한 데렉 키드너의 잠정적인 주장을 통해 우리가 본 것에 대해 고찰한다면, 우리는 루이스의 시나리오를 보다 수용할 만한 방향으로 밀어붙일 방법을 얻게 된다. 우리는 그것을 키드너의 시나리오, 즉 족장으로서의 아담과 그의 왕비로서의 하와라는 시나리오와 보다 가까운 것으로 만들 수 있다.

데렉 키드너와 C. S. 루이스에게서 나온 이 두 가지 시나리오는 인간의 DNA에 의거한 "인구 규모 접근법"(population size approaches)을 선호하는 이들에게 매력적인 것이 될 수 있다. 내가 지적했듯이, 나의 집필 목표는 과학을 평가하는 것이 아니라 우리의 추론이 건전한 사고의 경계 안에 머물수 있도록 방법을 제시하는 것이다. 모종의 다원 발생설을 위해 우리가 일원 발생설을 포기하도록 요구하는 것은 아무것도 없다. 오히려 아담과 하와를 인정하는 수정된 일원 발생설이 더욱 설득력이 있다.

이런 시나리오들은 우리에게 여러 가지 불확실한 것들을 남긴다. 그러나 온전한 확신을 갖고 성서의 스토리라인을 고수할 우리의 권리는 결코 이에 의해 침해받지 않는다. 오히려 이런 굳건함이야말로 우리가 과학적 질문들을 제대로 생각하도록 돕는다!

제6장

결론들

6.a 내가 지금까지 보여왔다고 여기는 것

나는 지금껏 내가 모든 문제를 해결했다거나 예상 가능한 모든 반대 의견을 다뤘다고 주장하지 않는다. 하지만 나는 여기서 아담과 하와를 인간의 경험 속에 죄를 들여온 인류 최초의 조상으로 보는 전통적인 이해가 어째서 신뢰와 지지를 받을 만한 가치가 있는지 내가 충분히 설명했다고 믿는다. 이는 특정한 성서 본문들을 정당하게 다룰 뿐 아니라 성서의 스토리라인과 대표성, 그리고 언약적 내포라는 성서의 개념과 궤를 같이할 뿐 아니라 또한 우리 일상의 경험에 의미를 부여한다. 그것은 창세기와 바울의 집필에서, 그리고 무엇보다도 예수에 대한 복음서의 설명 안에서 분명하게 표현되고 전제되는 견해다. 다른 대안들은 이런 측면에서 만족스럽지 못하고 심지어 형편없기까지 하다.

6.b 그것이 중요하다고 보는 이유

내가 생각하기에 그리스도인들이 이 연구의 결과를 인정하는 것이 중요한 이유를 요약하면 다음과 같다.

첫째, 지금껏 나는 기독교의 이야기는 그것을 믿는 사람들이 세상을 이해할 수 있도록 하는 데 주요한 목표가 있다고 확신해왔다. 기독교의 이야기에는 관습적인 말하기 방식이 있다. 그 이야기는 타락으로 훼손된 선한 창조, 피조물의 적절한 기능을 회복시키기 위한 하나님의 지속적인 사역으로서의 구속, 그리고 회복이 완결되고 확인되는 완성이라는 요소를 갖췄다. 우리가 이 방식을 포기한다면 사실상 세계를 이해할 모든 기회를 포기하는 셈이 된다. 특히 우리가 만약 모든 사람이 애초에 선했으나 죄가 세상에 들어온 통로가 되는 공통의 근원을 갖고 있다는 사실을 부인한다면, 죄의 존재는 하나님의 잘못이거나 하나님조차 피할 수 없었던 무언가가 된다. 어떤 경우든 우리의 앞길에 구원이 있다고 확신할 이유가 없어지는 셈이다.

둘째, 속죄가 죄와 죄책과 오염을 다루는 하나님의 방식이라는 개념은 최초의 가족과 그들의 최초의 불순종에 관한 이야기에 의존한다. 여기서 죄는 모든 사람에게 영향을 주는 낯선 침입자로 취급되며 죄책은 부정케 하는 힘에서 비롯된다고 여겨진다. 그 이야기에서 속죄의 개념에 대한 부분이 없다면 속죄에 해당하는 성서의 용어들, 예를 들어 위로, 보상, 깨끗하게 함과 연관된 개념을 가진 용어들은 그 의미를 잃게 된다. 같은 맥락에서 예수의 죽음 역시 그것이 가지는 의미의 핵심을 상실하게 된다.

셋째, 만약 우리가 온 인류의 공통 기원을 주장할 수 없다면, 우리는 성서와 상식 양쪽 측면에서, 모든 인간이 공통으로 지닌 존엄성과 성서적 신앙이 제공한다고 주장하는 해결책에 대한 공통의 필요를 긍정하는 기반을 포기한 셈이 된다. 그러므로 우리의 공통의 기원을 포기하는 것은 위험한 실수가 될 것으로 보인다.

넷째, 아담과 하와의 이야기와 우리 사이의 연관성을 이해하는 방식에 따라 우리는 성서의 권위에 대해 다른 입장을 취하게 된다. 성서의 권위에 대해 어떤 입장을 취할 것인지에 대한 문제에는 여러 가지 미세한 구별점과 미묘한 차이가 있다. 그리고 나는 그중 몇 가지에 대해, 예를 들어 "세계상"(world picture)과 "세계관"(worldview)을 구별하고, 그것들이 내가 "좋은 믿음의 소통"(good faith communication)이라고 부르는 것 안에서 기능하는 방식에 대해 다른 곳에서 논한 바 있다.[1] 성서는 세계**상**(world-*picture*)보다는 세계**관**(world-*view*)과 더 많은 관계가 있다. 그렇기는 하나, 우리는 예수의 권위를 받아들일지 말지 결정해야 한다. 그 권위에는 예수가 모세, 바울, 요한 같은 이들을 그의 공인된 전령으로 삼아 우리에게 구

---

1 예컨대 C. John Collins, *Genesis 1-4: A Linguistic, Literary, and Theological Commentary* (Phillipsburg, NJ: P&R, 2006), 260-65.

속의 이야기를 해석하는 방법을 보여주는 것이 포함되어 있다. 나는 사도가 아니라 한 사람의 신자에 불과하며 기독교 신앙을 지탱하는 근본적인 가르침 중 어느 하나라도 선포할 권한이 없다. 그러나 하나님의 전령으로 활동하는 바울은 예수의 부활에 관해 그런 선언을 할 수 있다(고전 15:14-17). 그러나 나에게 인간 가족의 시원에 있는 아담과 하와 및 그들의 타락은 예수가 믿었던 것일 뿐만 아니라 그 이야기 전체의 제거할 수 없는 일부로 보인다.

6.c 결론적인(그리고 비학문적인) 일화: 슬퍼하는 법

내가 이 연구를 진행하며 글을 쓰고 있던 와중에 한 가지 유쾌하지 않은 일이 일어났는데, 그 사건으로 인해 나는 모든 것을 새로운 시각으로 보게 되었다. 어느 여름 아침에 나와 내 아내는 전화벨 소리에 잠을 깼다. 그 전화는 경찰서에서 걸려온 것이었는데 우리 부부의 소중한 친구인 짐과 재키의 집에 응급 상황이 생겼으니 그 집으로 가서 긴급 구조원들이 집 안으로 들어가게 도와달라는 것이었다. 사정을 알아보니, 37세로 심각한 지체 장애와 정신 장애를 갖고 있던 그들의 아들 지미가 갑자기 죽었는데, 당시 그의 엄마가 집에 없었다는 것이었다. 우리 가족은 슬픔에 빠진 그 가족을 위로하고 사랑으로 돌보는 일에 집중했다.

지미는 (비록 지미만큼 심각하지는 않았으나) 정신적 장애를 지닌 마이크와 닉과 함께 요양 보호 가정에서 살고 있었다. 짐과 재키는 종종 그 셋 모두를 집으로 초대했는데, 그 일이 벌어진 주말에는 아들인 지미만 함께 집에 머물고 있었다. 지미가 죽은 날 그 두 명의 룸메이트들이 짐과 재키의 집으로 와 가족으로서 자리를 지켰다. 마이크는 심각할 정도로 맥을 추지 못했다. 주말 내내 그는 내 어깨에 기대어 훌쩍이면서 지미가 보고 싶다고, 지미가 죽었다는 사실을 믿을 수 없다고 말했고, 나는 여러 차례 내 팔로 그를 안았다.

그때 내가 알게 된 것이 있다. 사람은 죄가 우리 세계 안으로 들어온 것에 대해 어떻게 생각하는지에 따라 아주 다른 방식으로 슬퍼한다. 나는 마이크에게 그가 그렇게 느끼는 것은 옳다고, 왜냐하면 그 일이 그를 아프게 하기 때문이라고 말해주었다. 또한 그 아픔으로 인해 우리는 세상에서 무언가가 잘못되었고 그렇기에 우리는 하나님의 도움을 필요로 한다고 말해주었다.

나는 지미의 장례식을 집례했다. 나는 요한복음 11:25-26을 본문으로 다음과 같은 내용을 포함한 설교를 했다.

토요일에 저는 재키가 이렇게 말하는 것을 들었습니다. "부모가 자식보다 오래 살아서는 안 돼요." 나는 아버지가 돌아가셨을 때 할머니가 같은 말씀을 하시는 것을 들었습니다. 그리고 나와 내 아내가 첫 아이를 잃었을 때도 같은 말을 했습니다. 자식을 잃은 고통은 끔찍한 것입니다. 그 상실감은 절대로 말로 표현할 수가 없습니다. 우리가 이런 슬픔을 느낄 때, 우리는 그런 일이 일어나는 것이 옳지 않다고 느낍니다. 우리는 우리가 사랑하는 이들이 고통을 당하는 것을 원치 않습니다. 우리는 죽음으로 인해 그들과 헤어지는 것을 원치 않습니다. 우리는 그들이 행복하다고 확신하기를 원합니다. 또한 우리는 언제나 그들과 즐거운 교제를 나누기를 원합니다. 성서는 우리에게 우리가 갖고 있는 이런 감정들이 **옳다**고 말합니다. 죽음과 고통은 하나님의 선한 세계 안으로 들어온 침입자들입니다. 죽음과 고통은 이곳에 속해 있지 않습니다. 최초의 인간들인 아담과 하와의 이야기는 이런 악한 것들이 어떻게 세상 속으로 들어왔는지에 대해 우리에게 알려줍니다. 우리 모두의 조상들인 그들이 하나님께 불순종했을 때, 그들은 모든 방식의 죄와 악을 향해 문을 열었습니다. 그들 자신들만이 아니라 우리를 향해서도 말입니다.

제가 그것을 입증할 필요도 없습니다. 그것은 우리 주변에 널려 있습니다. 바로 그것이 우리가 오늘 이곳에 모여 있는 이유입니다.

그러나 성서의 이야기는 거기서 끝나지 않습니다. 성서는 오히려 우리에게 하나님이 얼마나 우리를 돕고 싶어 하시는지 그리고 얼마나 우리의 잘못된 것을 치유하시기 원하시는지를 알려줍니다. 그리고 여러분은 바로 이 구절에서 제가 말씀드리고자 하는 내용을 발견할 수 있습니다. 예수께서는 슬픔에 빠진 그들과 함께 우셨

습니다. 그분의 마음 깊은 곳이 움직였고, 그분은 그것을 해결하고
자 어떤 일을 하셨습니다. 이어서 그분은 나사로를 죽음에서 일으
키셨습니다.

이야기의 전면에 실제 아담과 하와를 담고 있는 성서의 이야기
속에는 진정한 위로가 있다. 그것은 바로 하나님이 마침내 그 침입자
를 영원히 추방하실 때 우리가 구원과 치유 그리고 **회복과 최종적인
복**을 받게 되리라는 확신을 주는 위로다. 이 위로는 우리가 지금 이
순간에도 하나님의 사랑을 받는 백성으로서 온전하게 인간적인 삶
을 살아가도록 돕는다.

- 부록 1 -
고대 근동의 본문들과 창세기 1-11장

구약성서 독자들은 그 책의 저자들이 다른 고대 근동 국가들의 문화를 잘 알고 있었다는 것을 인지하고 있었다. 다음 신명기 구절에 드러나는 것처럼, 신약성서 저자들은 고대 근동의 다른 문화들이 지니고 있던 기본적 가치를 공박했다.

> 6:14 너희는 다른 신들 곧 네 사면에 있는 백성의 신들을 따르지 말라.

> 7:14 네가 네 하나님 여호와께서 네게 주시는 땅에 이르러 그 땅을 차지하고 거주할 때에 만일 우리도 우리 주위의 모든 민족들 같이 우리 위에 왕을 세워야겠다는 생각이 나거든…

그러나 실제로 드러난 구약성서 저자들의 태도는 때때로 "관대했다." 예컨대 사사기 11:24에서 이스라엘의 사사 입다는 암몬 왕에게 "네 신 그모스"가 암몬 사람들에게 그들이 소유할 땅을 주었다고 인정한다. 이것은 여호와가 이스라엘 백성에게 땅을 주었던 것을 연상시킨다.

　마찬가지로, 신약성서를 연구하는 이들은 그 책의 저자들이 동시대의 유대인들과 그리스-로마 문화를 언급하는 방식을 오래전부터 고찰해 왔다. 1800년대까지는 구약성서 연구자들보다 신약성서 연구자들이 이용할 수 있는 당대 본문에 대한 정보가 훨씬 더 많았다. 구약성서 시기의 문화에 대한 지식은 주로 그리스어를 말하는 저자들로부터 왔다. 그중 대표적인 인물이 할리카르나소스의 헤로도토스(Herodotus of Halicarnassus, 기원전 484-430년경)다. 그는 자신이 페르시아인, 시리아인, 그리고 이집트인들로부터 배웠던 것을 청중에게 말했다. 페르시아 황제들의 잔혹성에 대한 그의 설명은 다니엘 6:24에 등장하는 관습을 조명하는 데 도움이 된다. 그것은 또한 신자들이 페르시아 왕의 행위를 정당화할 필요를 줄여주기도 한다. 하지만 우리는 그의 서술의 정확성에 대해 늘 조심스러운 태도를 견지해야 한다. 그리스어로 된 다른 자료들은 알렉산드로스 대왕의 정복으로 인해 그리스어 사용 제국에 편입된 국가에서 나타난 청중들, 즉 헬라화 된 청중을 위해 글을 썼던 다른 문화의 원주민들로부터 왔다. 이런 저자에 관한 좋은 예로는 이집트인 마네토(Manetho, 기원전 240년경)와 바빌로니아인 베로수스(Berossus, 기원전 290년경) 등이 있다. 그런 저자들이 자기들의 문화를 설명하는 것은 믿을 만해 보인다. 그러나 그들의 작품들은 요세푸스의 저작처럼 다른 저자들이 발췌한 형태로만 전해진다.

고대어로 된 본문들 상당수는 1800년대까지 알려지지 않았고, 그 언어들은 오래전에 잊혔다. 그러나 그때 이후로 고대 근동과 그 지역의 문화들에 관해 제국적인 차원(가령 이집트, 메소포타미아, 히타이트 같은)과 지역적인 차원(가령 페니키아, 모압, 우가리트)을 모두 포괄한 새로운 지식이 폭발적으로 증가했다.[1] 우리는 이런 지역에서 나온 본문들을 통해 그들과 성서 저자들이 지녔던 믿음과 가치의 유사점과 차이점을 비교할 수 있다.[2]

고대 근동 지역에는 메소포타미아 남부의 수메르인들이 포함되어 있었는데, 그들은 다른 어족과의 관계가 알려지지 않은 언어를 사용했다. 그들은 기원전 4천 년대 혹은 그 이전까지 거슬러 올라가는 가장 오래된 문명에 속한 사람들이었다. 그리고 가장 오래된 것으로 알려진 그들의 문서는 기원전 3100년경까지 거슬러 올라간다. 셈어 계열의 아카드어를 말하는 이들(훗날 아시리아인과 바빌로니아인이 된 사람들)은 수메르 문화를 물려받았고, 기원전 3천 년대 중반 이후에 메소포타미아의 지배자가 되었다. 이집트 문명은 기원전 3천 년대 혹은 그 이전까지 거슬러 올라간다. 히타이트인들은 오늘날의 터키에 해당하는 지역을 점령했고, 인도-유럽어를 말했다. 그들의 제국

---

1   Allan Millard, *Treasures from Bible Times* (Tring, Hertfordshire, U.K.: Lion, 1985)는 이 새로운 지식이 어떻게 활용 가능한 것이 되었는지를 대중적 차원으로 훌륭하게 설명해냈다. Millard는 고대 근동 언어와 문헌 분야의 탁월한 학자다.

2   1800년대 이후로는 신약성서의 배경과 관련된 새로운 발견들이 없었다거나 그런 것들이 중요하지 않다고 말하는 것이 결코 아니다!

은 기원전 1800년경 세워졌다. 이들은 기원전 2천 년대 문명의 주요 세력이 되었다. 그들은 각 지역에 대한 통제권을 두고 다퉜다. 오늘날까지 문헌이 남겨진 소수 민족 중에는 북서부 지역의 셈어 계열 방언들을 말하는 다양한 민족들이 포함되어 있었는데, 가령 히브리인, 가나안인들과 그들의 후예인 페니키아인들, 우가리트인, 암몬인, 그리고 모압인 등이다. 이들은 기원전 2천 년대 후반에 등장해 1천 년대까지 있었다.[3]

창세기 이야기의 세부 내용을 점검하기에 앞서 우리는 이스라엘의 문헌과 고대 근동의 다른 민족의 문헌을 비교하는 과정 전체를 살펴볼 필요가 있다. 그런 비교를 통해 우리는 성서를 더 잘 이해할 수 있다. 성서의 저작들은 실질적인 목회적 필요를 지닌 이들에게 주어졌고 대개 그런 필요는 야웨께, 그리고 이 세상에서 그분이 요구하시는 삶의 방식에 신실하게 머무는 것과 관계가 있었다. 고대 근동의 다른 저작들은 오래전 하나님의 백성이 살아남기 위해 분투했던 그 세상을 이해하는 데 도움을 준다. 한편, 그저 유사한 이야기들이 존재하는 것처럼 보인다고 해서 오직 하나의 이야기만 존재한다는 뜻은 아니다. 우리는 병행하는 이야기들을 발견했다는 우리의 주장을 입증해야 한다. 더 나아가 우리는 성서의 글들이 단순히 우리가 다

---

3   John Walton, *Ancient Near Eastern Thought and the Old Testament: Introducing the Conceptual World of the Hebrew Bible* (Grand Rapids, MI: Baker, 2006), 29-83 (그의 책의 2장)에 활용 가능한 자료들이 깔끔한 목록으로 정리되어 있다.

른 곳에서 발견하는 주장에 대한 예시가 아니라 히브리어로 된 일관성 있는 본문들이라는 사실을 잊지 말아야 한다. 이른바 고대 근동의 병행하는 이야기들은 그것들이 히브리적 맥락(히브리 단어들, 문장들, 단락들, 그리고 본문들)에 얼마나 들어맞느냐에 따라 평가되어야 하며 그 반대가 되어서는 안 된다.[4]

본문의 양은 방대하다. 그리고 주요한 언어들은 서로 매우 다르다. 그럼에도 불구하고 창세기 1-11장의 배경이 될 만한 몇 가지 후보가 존재한다. 분명한 배경 하나는 이집트다. 다행히도 그동안 많은 학자들은 메소포타미아가 주된 해석상의 배경에 속해 있음을 보여 왔다.[5] (아브라함이 갈대아 우르 출신임을 감안한다면, 이것은 놀랄 만한

---

4 John Walton, *The Lost World of Genesis One: Ancient Cosmology and the Origins Debate* (Downers Grove, IL: InterVarsity Press, 2009)에 나오는 그의 접근법은 이런 지침들과 충돌한다. 그는 창 1장에 대한 언어학적 혹은 문학적 분석을 거의 수행하지 않으며, 자신이 다른 고대 근동 문헌들에서 발견하는 주제들을 강조한다. 그의 방법론을 취할 때 예견되는 결과를 다음과 같은 형태로 인정한다(104쪽). "이 책에서 제시된 관점은 이스라엘 사람들이 사고하는 방식과 고대 세계에서 숙고하는 개념들 사이의 차이점이 아닌 유사성을 강조한다." 즉 Walton의 접근법은 이스라엘인 저자(그는 이스라엘의 나머지 사람들이 사고하는 방식을 대표할 수도 있고 하지 않을 수도 있다)가 다른 민족들에서 발견되는 개념들에 도전하는 것을 허락하지 않는다. 우리는 오직 히브리 본문에 그리고 성서의 나머지 부분에서 등장하는 그 본문에 대한 성찰들에만 주목함으로써 성서 저자들이 어떤 특별한 메시지를 제시했는지 실제로 알 수 있다.

5 예컨대 David T. Tsumura, "Genesis and Ancient Near Eastern Stories of Creation and Flood: An Introduction," in Richard S. Hess and David T. Tsumura, eds., *I Studied Inscriptions from before the Flood: Ancient and Near Easter, Literary, and Linguistic Approaches to Genesis 1-11* (Winona Lake, IN: Eisenbrauns, 1994), 27-57 (특히 44-57); Richard Averbeck, "The Sumerian Historiographic Tradition and Its Implications for Genesis 1-11," in A. R. Millard, James K. Hoffmeier and

일이 아니다, 창 11:27-31.) 예컨대 이집트학자 케네스 키친(Kenneth Kitchen)은 실제로 중요한 유사한 이야기들을 보여주는 네 개의 "원시적인 원역사들"(primeval protohistories)이 있다고 주장해왔다. 그것들은 바로 메소포타미아에서 나온 본문 세 개와 창세기 1-11장이다. 메소포타미아 본문들은 다음과 같다.[6]

① **수메르 왕 명부**(*Sumerian King List*, 기원전 18세기경)는 "홍수" 이전과 이후에 수메르의 도시들을 통치했던 왕조들을 보여준다.[7]

② **아트라하시스 서사시**(*Atrahasis Epic*, 기원전 18세기경)는 인류의 창조와 그 이후의 대홍수 그리고 그 와중에 아트라하시스와

David W. Baker, eds., *Faith, Tradition, and History: Old Testament Historiography in Its Near Eastern Context* (Winona Lake, IN: Eisenbrauns, 1994), 79-102; Kenneth A. Kitchen, *On the Reliability of the Old Testament* (Grand Rapids, MI: Eerdmans, 2003), 423-25; Anne Drafkorn Kilmer, "The Mesopotamian Counterparts of the Biblical Nephilim," in Edgar W. Conrad, ed., *Perspectives on Language and Text* (Winona Lake, IN: Eisenbrauns, 1987), 39-43을 보라. Richard S. Hess, "The Genealogies of Genesis 1-11 and Comparative Literature," *Biblica* 70 (1989): 241-54 (Hess and Tsumura, I Studied Inscriptions, 58-72에 재수록)는 성서의 족보와 왕들의 명부 사이의 차이에 관해 몇 가지 유익한 주의사항을 덧붙인다.

6   모든 본문의 영어 번역은 여러 곳에서 얻을 수 있다. James B. Pritchard, ed., *Ancient Near Eastern Texts* (Princeton, NJ: Princeton University Press, 1969)는 모든 본문을 포함하고 있다. 다른 출처들은 항목별로 언급할 것이다.

7   가장 중요한 출판물은 Thorkild Jacobson, *The Sumerian King List* (Chicago: University of Chicago Press, 1939)다. 수메르의 자료는 현재 온라인에서 얻을 수 있다. The Electronic Text Corpus of Sumerian Literature (etcsl.orinst.ox.ac.uk).

그의 가족이 엔키 신의 도움으로 구원받은 과정을 묘사한다.[8]

③ **에리두 창세기**(*Eridu Genesis*, 수메르의 홍수 이야기[*Sumerian Flood Tale*]라고도 불린다, 기원전 16세기경)는 창조 이야기를 포함하고 있을 수도 있으나, 현재까지 알려진 본문들은 홍수와 지우수드라(Ziusudra) 왕의 구원에 초점을 맞춘다.[9]

키친은 이 자료들의 관계를 보여주는 표를 제시한다(표 1을 보라).[10]

수메르 왕 명부	아트라하시스 서사시	에리두 창세기	창세기 1–11
1. 창조가 가정됨; 왕권이 하늘로부터 내려옴	1. 창조가 가정됨; 신들이 자신들의 일을 떠맡을 인간들을 창조함	1. 창조; 도시들이 건설됨	1. 창조(창 1–2장)
2. 5개 도시에서 다스렸던 8명의 왕들의 명단	2. 시끄러운 인간들이 신들을 짜증나게 함	2. [신에게 추방됨]	2. 신에게 추방됨(창 3장), 족보들(창 4–5장)

---

8 가장 중요한 원천은 W. G. Lambert and A. R. Millard, *Atra-hasis: The Babylonian Story of the Flood* (Winona Lake, IN: Eisenbrauns, 1999 [1969])다; 또한 Stephanie Dalley, *Myths from Mesopotamian: Creation, the Flood, Gilgamesh and Others* (Oxford: Oxford University Press, 1989), 1–38을 보라.

9 Alexander Heidel, *The Gilgamesh Epic and Old Testament Parallels* (Chicago: University of Chicago, 1949), 102–105을 보라; M. Civil, in Lambert and Millard, *Atra-hasis*, 138–45; Thorkild Jacobsen, "The Eridu Genesis," *Journal of Biblical Literature* 100:4 (1981): 513–29; 그리고 etcsl.orinst.ox.ac.uk에 실려 있는 온라인 판을 보라.

10 이 표는 Kitchen, *On the Reliability of the Old Testament*, 424 (표 34)에 근거한 것이다.

3. 홍수	3. 홍수; 방주	3. 홍수; 방주	3. 홍수; 방주(창 6-9장)
4. 다시 왕정이 시작됨; 왕조가 계속됨	4. 새 출발	4. 새 출발	4. 새 출발; 그 후에 족보들, 계속 이어짐
5. "현대"	(5. "현대"가 암시됨)	(5. "현대"가 암시됨)	5. "현대"

표 1

키친이 배열한 패턴을 살펴보면, 창세기 1-11장과 메소포타미아의 이야기들 사이에 어떤 관계가 있음이 분명하게 드러난다. 사실, 이집트와 가나안에서 나온 이야기들 사이에 추가적인 연관성이 있을 수 있으나(우가리트 본문들에서 입증되듯이), 이 포괄적인 패턴에 비추어 보면, 주된 문학적 배경은 메소포타미아의 이야기들이다

그렇다면 그 "관계"의 본질은 무엇인가? 히브리 이야기가 메소포타미아의 이야기를 **빌려온** 것인가? 반대로 메소포타미아의 이야기가 히브리 이야기를 **빌려간** 것인가? 혹은 그들이 공통의 자료를 공유한 것인가? 아니면 애초에 우리가 **빌려옴**에 관해 말할 필요가 있는가?

이 질문에 답하려면 메소포타미아 사람들이 이런 작품들을 쓰거나 읽을 때 어떤 생각을 가지고 있었는지 살펴보아야 한다

「수메르 왕 명부」는 분명히 "신들에 의해 왕권이 수립된 때부터 자신의 시대까지 그 땅을 다스렸던 왕들의 명부를 편집한" "바빌로

니아의 어느 학자"에 의해 만들어졌다.[11] 그 명부는 다음과 같이 시작된다. "하늘에서 왕권이 내려왔을 때, 그것은 (처음에는) 에리두에게 있었다." 수메르의 다섯 개의 유력한 도시에 다섯 개의 왕조가 있었다. 그 후 홍수가 모든 것을 "휩쓸었다." 그리고 그 후에 다시 왕권이 하늘에서 내려왔다.

이러한 진술을 보면 저자 스스로 실제 있었던 사람과 사건을 다루고 있다고 여긴 것처럼 보인다. 우리로서는 이것을 의심해야 할 아무런 이유가 없다. 그러나 이 명부는 홍수 이전의 왕들이 18,600년에서(홍수 이전의 마지막 왕 우바라 투투—역자 주) 43,200년에 이르기까지(3번째 왕 엔멘루아나—역자 주) 아주 오랜 세월 동안 다스렸다고 말하고 있다. 홍수 이후에는 왕들의 통치 기간이 짧아지지만, 여전히 매우 길다(예컨대 1,200년, 690년 등). 그런 경향은 126년간 통치했던 길가메시와 30년간(최초의 합리적인 숫자) 다스렸던 그의 아들에게까지 이어진다.[12] 사실 이렇게 비정상적으로 큰 숫자들이 무엇을 의미하는지 아는 사람은 없다. 아마도 거기에는 우리가 아직 전수받지 못한 어떤 수사학적 장치가 사용되고 있는지도 모른다(가령 60이나 360 같은 숫자들을 포함하는 장치).

---

11 A. R. Millard, "King Lists," in Piotr Bienkowski and A. R. Millard, eds., *Dictionary of the Ancient Near East* (Philadelphia: University of Pennsylvania Press, 2000), 169.

12 대체로 홍수 이전의 부분은 홍수 이후의 명부와는 별개의 작문으로 간주된다.

이 명부에서 언급된 왕조들이 순차를 엄격하게 따르고 있는가 하는 또 다른 문제가 있다. 어떤 것들은 병행하는 것처럼 보인다. 명부의 편찬자가 그것을 의식했는지 알 수 있는 사람은 아무도 없다.

그러나 우리가 (그리고 아마도 바빌로니아인들이) 이런 숫자와 순서를 "문자적으로" 다루지 말아야 한다고 해서 우리가 그 명부를 "비역사적인" 것으로 취급해야 하는 것은 아니다. 오히려 그것이 역사적 핵심을 지니고 있고, 또한 이 핵심이 단순한 정보의 전달을 넘어서는 다양한 수사학적 목적을 지닌 채 제시되고 있다고 말하는 편이 낫다. 비록 우리가 그런 수사학적 목적을 이루기 위한 모든 장치들을 알지 못할지라도 말이다.

이 모든 출처에 공통적으로 등장하는 홍수라는 주제에 대해 생각해 보자. 「아트라하시스 서사시」에 포함된 홍수 이야기의 형태는 「길가메시 서사시」에 나오는 홍수 이야기의 배후에 있는 것으로 보인다. 창세기의 홍수 이야기와 가장 유사한 것이 바로 이 형태다.[13] 길가메시는 수메르 왕 명부에 등장한다. 「길가메시 서사시」 속에서 그는 (길가메시의 이야기에서 우트나피쉬팀[Utnapishtim]이라고 불리는데 분명히 그는 아트라하시스 그리고 지우수드라[Ziusudra]와 동일한 인물이다) 홍수의 생존자를 찾아 나선다. 그리고 아마도 이 홍수는 「수메르

---

13 이에 대한 고전적인 연구는 Heidel, *Gilgamesh Epic and Old Testament Parallels*인데, 그것에 대해 나중에 언급할 것이다.

왕 명부」에서 언급되는 대홍수일 것이다.

티그리스강과 유프라테스강을 근처에 둔 이 지역에서 홍수는 아주 흔한 일이었다. 하지만 이 홍수는 특별히 비극적이었다. 현재 보이는 풍경 아래의 땅 밑에 홍수의 증거가 있는가? 수메르인들의 도시를 발굴한 최초의 영국인 고고학자 중 한 사람인 레너드 울리(Leonard Woolley) 경은 자신이 우르 유적지에서 대홍수의 증거를 발견했다고 여겼다.[14] 이 증거는 기원전 3500년경의 것으로 보이는데, 대부분 사람들은 이것이 「수메르 왕 명부」가 말하는 홍수가 되기에는 너무 이르다고 생각한다. 왜냐하면 길가메시는 기원전 2700년에서 2600년 사이에 살았다고 여겨지기 때문이다.[15] 이것은 「수메르 왕 명부」가 말하는 홍수를 기원전 2900년경의 것으로 만들어주며, 그 무렵에 있었던 중요한 홍수 사건의 유물들이 존재하는 것처럼 보이게 한다.[16]

이것은 아마도 「수메르 왕 명부」의 역사적 지시 대상(historical referent)을 밝혀주는 홍수일 것이다. 또한 메소포타미아의 다른 홍수 이야기들의 역사적 지시 대상을 밝히는 홍수이기도 하다. 그러나 우리가 이런 사건들을 확인하는 데 머뭇거리는 이유가 있다. 예컨대 기

---

14   Millard, *Treasures from Bible Times*, 38-41에 서술되어 있다.

15   M. E. L. Mallowan(Agatha Christie의 남편), "Noah's Flood Reconsidered," *Iraq* 26 (1964): 62-82 (with plates 16-20), 여기서는 67-68을 보라.

16   Ibid., 80-81; 또한 Samuel Noah Kramer, "Reflections on the Mesopotamian Flood," *Expedition* 9 (Summer 1967): 12-18을 보라.

원전 2900년에 있었던 홍수는 보편적이지 않았고, 메소포타미아 문명의 지속성을 훼손할 만큼 규모가 크지도 않았다.[17] 우리는 그 이야기를 전하는 이가 사건을 과장한 것이라고 말할 수도 있다. 그러나 또 다른 문제는 조금 더 심각하다. 길가메시 이야기에서 (그리고 성서에서) "방주"는 산 위에 머무는 것으로 끝난다. 일반적인 홍수였다면 물줄기가 방주를 페르시아 만으로 이끌어 갔을 것이다. 여기서 다시, 시적 허용(poetic license)이 이 문제를 설명할 수 있을 것이다. 하지만 그 이야기의 몇 가지 추가적인 특징들로 인해 R. L. 라이케스(Raikes)는 다음과 같이 말한다.[18]

연례적으로 발생하는 홍수가 피할 수 없는 삶의 현실이었던 사람들은 자신의 아이들에게 그것을 설명해주기 위해 하나의(혹은 그 이상의) 사건을 지목했어야 하는데, 구전이 사건을 과장하는 경향을 감안하더라도, 그들은 다른 종류의 어떤 홍수를 그 전설의 기원으로 지적하고 있는 것처럼 보인다.…연례적인 유프라테스강의 범람을 크게 확대한 버전이라는 개념도 그 전설에 대한 주된 이유로서 타당치 않다고 간주되는데, 그 이유는 그 범람의 결과가 우리가 생각할 수 있는 모든 면에서 그 전설을 통해 묘사된 것과 전적으로

---

17   Mallowan, "Noah's Flood," 81이 지적하듯이,
18   R. L. Raikes, "The Physical Evidence for Noah's Flood," *Iraq* 28 (1966): 52-63, 여기서는 61.

다르기 때문이다.

라이케스는 특히 "그날에 큰 깊음의 샘들이 터지며"(창 7:11)라는 성서의 진술을 진지하게 다루면서 추가적인 연구를 위한 방법들을 제안한다. 그는 그 진술을 통해 갑작스러운 가라앉음에 관해 생각한다.

이런 문제들을 어떻게 다룰지에 대한 나의 의견을 제시하기에 앞서 방법론에 관해 언급하지 않을 수 없다. 나는 이런저런 성서 구절들이 실제로 역사적인 것인지에 대해 회의적인 성서학자들의 견해에 익숙하다. 따라서 나로서는 고대 근동을 연구하는 이런 학자들에게서 자신들이 다루는 자료의 역사적 근거에 대한 존경을 읽어내는 것은 매우 충격적이다. 그들은 "가장 이른 시기의 홍수 이야기들은 단순히 자연재해에 대한 모호한 메아리가 아니라 하나의 분명한 사건, 즉 역사적 시간 속에서가 아니라면 선역사적 시간 속에서라도 실제로 발생한 파국적인 대홍수와 관련이 있는 전설이다"라고 확언하는데, 이것은 매우 타당한 일이다.[19] 이런 이유로 케네스 키친 같은 학자(그는 고대 근동 연구 전반에 정통한, 그리고 성서가 충분히 역사적인 설명을 제공한다고 확신하는 이집트학자다)가 성서학자들이 고대 근동 문화의 다른 부분으로부터 나오는 결론들을 충분히 검토하지 않는

---

19   Mallowan, "Noah's Flood," 66.

다고 비난하는 것은 옳다. "아시리아학자들은 이 점[즉 홍수의 역사성]에 관해서는 이견이 없다"고 주장할 때, 그는 분명히 이 학문 분야를 대표하고 있다.[20]

아마도, 이 모든 것에 비추어본다면, 메소포타미아의 홍수 전승은 특별히 파국적인 홍수에 대한 기억을 보존하고 있는 것처럼 보인다. 그 홍수는 지금 우리가 가진 증거와 상관이 있고 학자들이 생각하는 것보다 훨씬 더 심각한 홍수였을 것이다. 그러나 아마도 그 홍수에 대한 설명은 태곳적에 있었던 그보다 훨씬 더 큰 홍수에 대한 기억과 합쳐졌을 것이다. 기원전 2900년에 있었던 홍수가 일련의 홍수 가운데 하나이거나 혹은 가장 최근의 예가 될 수 있다. 혹은 그 홍수들 모두가 하나의 이야기로 합쳐졌을 수도 있다. 어떤 경우든 우리는 메소포타미아의 홍수 전승을 비역사적인 것이라고 여길 필요가 없다.

창세기의 홍수 이야기는 메소포타미아의 전승과 어떻게 연결되는 것일까? 어떤 학자들은 창세기가 메소포타미아의 이야기를 빌려왔다는 주장을 간단하게 수용한다. 비록 모세가 창세기를 썼을지라도, 메소포타미아의 전승이 여전히 그보다 앞선다는 것이다. 그러나 그런 입장이 갖고 있는 난점이 있다. 바로 두 이야기 배후에 놓여 있는 크게 다른 이데올로기들을 반영하는 극명한 차이점들이 여럿 존

---

20   Kitchen, *On the Reliability of the Old Testament*, 426.

재한다는 것이다. 아시리아학자 알렉산더 하이델(Alexander Heidel)은 두 전승을 폭넓게 비교한 후 다음과 같은 결론을 내린다.[21]

바빌로니아 버전과 히브리 버전이 유전적으로 서로 상관이 있다는 것은 너무나 분명하기에 증명이 필요 없을 정도다. 논의가 필요한 유일한 문제는 그 상관관계의 정도다.

물론 우리가 생각해 볼 수 있는 가능한 관계는 다음 세 가지 정도다. ① 히브리 이야기가 바빌로니아 이야기를 빌려왔다. ② 바빌로니아 이야기가 히브리 이야기를 빌려갔다. ③ 두 이야기가 공통의 자료를 공유하고 있다. 하이델은 선택지에서 뚜렷한 답을 낼 수 없음을 확인하는데, 그것은 우리가 잠시 그냥 놔두어야 할 문제다. 다만 우리는, 그 관계가 무엇이든, 성서의 버전이 메소포타미아 이야기들의 직접적인 **복사본**라고 확언해서는 안 된다.

메소포타미아 이야기들의 본질과 목적은 무엇이었을까? 일반적으로 우리는 그것을 "신화와 전설들"(myths and legends)로 분류하지만, 이런 용어는 혼란을 일으킬 수 있다. 왜냐하면 일상적인 영어에서 이런 용어는 해당 이야기들이 역사적 의도나 가치를 거의 가지고 있지 않음을 의미하기 때문이다. 위의 논의를 통해 분명하게 드러

---

21   Heidel, *Gilgamesh Epic and Old Testament Parallels*, 260.

나는 것은, 그런 이야기들이 **얼마간** 역사적인 내용을 갖고 있다는 것이다. 비록 그 얼마간이 어느 정도인지는 확신할 수 없을지라도 말이다. "세계관 이야기의 전(pre-) 그리고 원(proto-)역사"라는 용어야말로 최고의 명칭인 것처럼 보인다. 이것은 철학자 리처드 퍼틸(Richard Purtill)이 "신화"의 기능으로 보는 것과 상응한다.[22]

> 원래의 엄격한 의미에서 신화는 대개 종교적이거나 도덕적인 목적을 지닌 신 혹은 영웅의 이야기다.…사람들이 신화를 말하기 시작할 때, 그들은 어떤 이유에서든 그 이야기들이 사실이라고 여기는 것이다. 그러나 신화 작가들은 그 이야기의 모든 부분 혹은 모든 중요한 요소들이 사실이라고 생각할 필요가 없다.…원래의 신화 작가들은 (비록 그들이 적어도 그런 것을 의도했다는 것을 기억하는 것이 중요하기는 하지만) 흥미로운 이야기를 전하는 것을 유일한 목표로 삼지 않았다. 그들은 아마도 신들과 영웅들을 **기리고** 청중들을 **고무하고자** 하는 갈망의 표현의 하나로 무언가를 행하려 했다.

메소포타미아의 이야기들을 이런 식으로 생각하는 것은 리처드

---

22 Richard Purtill, *J. R. R. Tolkien: Myth, Morality, and Religion* (San Francisco: Ignatius, 2003 [1984]), 1-2.

에이버벡(Richard Averbeck)의 주장을 통해 지지를 얻는다.[23]

고대인들은 주로 "신화집"을 통해 "이론적인 사고"를 했던 것으로 보인다. 그들은 원인과 결과를 이해했고 논리적인 귀납과 연역을 할 줄 알았다. 하지만 이런 인간적 능력들을 이론적 차원에서 그들의 세계를 이해하고 다루는 일에 적용하는 것은 신화론적이고 제의적인 형식을 취했다.

세계관 이야기는 청중의 삶을 역사적 관점으로 설명함으로써 "청중을 격려한다." 즉 우리가 우리보다 앞서 일어난 이런 사건들의 후계자로서, 수혜자로서, 혹은 희생자로서 이곳에 존재한다고 말하는 것이다. 아마도 메소포타미아의 원역사들(protohistories)은 사람들이 기꺼이 계층화된 사회의 질서를 유지하도록 다독이는 것을 이상적인 목표로 삼았을 것이다.[24] 이것은 신들이 인류를 만든 이유를 따르는 것처럼 보인다. 아트라하시스에 따르면, 신참 신들인 이기기(Igigi)들은 고된 노동에 지쳐 고참 신들에 맞서 파업을 일으켰고, 결

---

23 Averck, "Sumerian Historiographic Tradition," 여기서는 87 n. 20.

24 Brevard Childs, *Myth and Reality in the Old Testament* (London: SCM, 1960), 27-28이 신화의 기능을 묘사하는 방식을 참고하라. "신화는 기존 현실의 구조를 이해하고 유지하는 통로의 형태다. 그것은 원시 시대에 일어났던 것으로 이해되는 신의 행동이 현재 세계 질서의 한 부분을 규정하는 방식을 보이는 것에 관심을 갖는다."

국 그 일을 인간이 하도록 만들었다.

그러므로 키친이 메소포타미아의 홍수 전승 배후에 있는 의미를 묘사하기 위해 (비역사적인 것으로 이해되는) "신화"라는 용어 대신 "원역사"(protohistory)라는 용어를 사용하는 것은 견고한 논거 위에서 이루어지고 있는 것이라 할 수 있다.[25]

> 아주 먼 옛날에 발생한 신기원을 이룰 만큼 중요했던 홍수는 메소포타미아의 문화와 창세기 6-9장 모두가 공유하고 있는 전승을 통해 전해 내려왔으나, 두 문화가 우리에게 남긴 문헌들 안에는 서로 분명히 다르고 구별되는 표현들이 발견된다.…창세기는…메소포타미아의 것을 보완한 작품이 아닌, 보다 간결하고 단순한 이야기를 제공한다. 신화 혹은 "원역사"라는 정의에 대해서는, 수메르인들과 바빌로니아인들이 그 점에 대해 아무런 의심도 갖고 있지 않았다는 것에 주목해야 한다. 그들은 분명히 그것을 가장 이른 시기의 역사적 전승 한 가운데 포함시켰다. 그 앞과 뒤에는 왕들이 등장하고, 홍수는 1900년 이전부터 이어져 내려온 그 전승 안에서 분기점의 역할을 한다.

램버트(Lambert)와 밀라드(Millard)는 「아트라하시스 서사시」가

---

25 Kitchen, *On the Reliability of the Old Testament*, 425-26.

청중의 세계관을 형성하는 데 도움을 주었던 여러 가지 방식들을 보여준다.[26] 그들은 그 서사시의 "내용이 공적 낭송을 위해 의도되었다는 인상을 준다"고 말한다. 더 나아가

> 이 서사시의 첫 번째 청중은 그 시를 통해 제시된 많은 문제들과 필수불가결하게 관련되어 있었다. 그 시에서 묘사되는 사회적 시스템은 그들이 실제로 알고 있는 것이었다. 그리고 그들은 자신들의 존재가 실제로 엔키와 엔릴이 했던 일에 의존하고 있다고 생각했다.…그러므로, 사적이든 공적이든, 중요하든 사소하든, 문명화된 삶의 모든 측면은 어떤 신적 패턴과 완벽하게 일치하는 것처럼 보였다.

이런 패턴의 예가 출산이다. "저자는 인간의 최초 창조 때 일어난 일이 모든 인간의 탄생에서 되풀이된다는 견해를 주장함으로써 청중에게 자신이 지어낸 신화의 적절성을 인식시킨다." (어쨌거나 이것은 역사적 사건을 말하려는 의도와 그 사건에 의해 정해진 지속적인 패턴을 상기시키려는 의도가 서로 상충하지 않음을 보여준다.)

어떤 학자들은 창세기 저자가 메소포타미아의 견해와 사실상 이스라엘 주변의 이방민족들의 모든 견해에 맞서 명백한 **반론**을 제

---

26   Lambert and Millard, *Atra-hasis*; 인용문들은 서론 부분에 나온다(8, 13, 21, 13).

기했다고 결론을 내렸다. 이를 뒷받침하기 위해 우리는 창세기 1:16 에서 해와 달이 각각 "큰 광명체"와 "작은 광명체"로 불리는 것에 주목한다. 그 이야기는 하늘에 있는 그런 빛들에 해당하는 평범한 히브리 단어인 세메쉬(Shemesh)와 야레아흐(Yareakh)[27]─그것들은 또한 신들의 이름이기도 하다─를 사용하지 않음으로써 해와 달을 한 분 하나님이 만드신 것들의 위치에 올려놓는다. 이런 예에도 문제가 있는데, 즉 창세기 1장에서 하나님과 인간을 제외하고는 **아무것도** 평범한 히브리 이름을 얻지 못한다는 것이다. 결국 "씨 맺는 채소", "열매 맺는 나무", "생물", "[날개 있는 모든] 새들" 그리고 "가축과 기는 것과 땅의 짐승" 같은 표현들은 모두 아주 일반적인 것들이다. 화자가 우리에게 들려주는 것은 "과학적" 분류법이 아니라, 하나님의 세상에서 유목민 양치기가 만날 수 있는 온갖 종류의 사물에 대한 광범위한 묘사다.

그러므로 만약 창세기가 어떤 "반론"을 제공하고 있다면, 그것은 매우 점잖은 반론이다. 움베르토 카수토(Umberto Cassuto)가 주장하듯이,[28]

---

27 이것들은 표준적인 이름들이다. 덜 보편적인 이름들로는 보다 시적인 *Khammâ*("열기의 근원"으로서의 해)와 *Lebanâ*("백색 여인"으로서의 달; 참조.『반지의 제왕: 두 개의 탑』[The Lord of the Rings: The Two Towers]에서 골룸이 달에게 준 이름은 "하얀 얼굴"이었다) 등이 있다.

28 Umberto Cassuto, *From Adam to Noah: Genesis I-VI.8* (Jerusalem: Magnes, 1961[1944]), 7.

이 단락[1:1-2:3]에서 토라의 목적은 온 세상과 그 안의 모든 것이 한 분 하나님의 말씀으로 제약 없이 작동하는 그분의 뜻을 따라 창조되었음을 우리에게 가르치는 것이었다. 그러므로 그것은 이스라엘의 이웃이었던 고대 근동 민족들 사이에서 통용되고 있던 개념들과 반대되었다. 그리고 또한 그것은 어떤 면에서 이미 우리[이스라엘] 민족 안으로 들어오는 길을 찾았던 몇 가지 개념들과도 충돌을 일으킨다. 그러나 언어는 평온하며 반론이나 논쟁에 의해 방해받지 않는다. 논쟁적인 어조는, 말하자면, 서로 갈등하는 견해들을 침묵이나 미묘한 암시를 통해 무시하는 성서의 신중하고 조용한 발언을 통해 간접적으로 들릴 뿐이다.

아마도 창세기 1-11장을 대안적 세계관 이야기, 즉 하나님, 세상, 그리고 나머지 인류에 대한 이스라엘의 입장을 정하는 것이 목적인 이야기의 준비 단계를 마련하는 것으로 설명하는 것이 보다 정확할 것이다. 키친이 지적하듯이,[29]

창세기 1-11장은 최초로 온전하게 "역사적인" 인물인 족장 아브라함으로부터 야곱에 이르는 시대 이전에 있었던 "전역사/원역사"를 어떻게 제시할까 하는 문제에 대해 히브리인들이 내놓은 답이

---

29   Kitchen, *On the Reliability of the Old Testament*, 447.

다. 다시 말하지만, 그들이 택한 접근법은 그들의 이웃들에게도 공통적인 것이었다. 그들은 그 시대의 동일한 기본적인 도구와 개념을 사용했다. 인간의 세대의 계승과 그 세대들을 포괄하는 방법 같은 것들이 그에 해당한다. 메소포타미아인들은 너무 적은 유효한 통치 기간을 "영웅적으로" 확대하는 쪽을 택했다. 반면에 히브리인의 족보는 대표적인 숫자를 유지하면서 시간적으로 압축되었다.

성서가 들려주는 대안적 이야기는 이스라엘이 입수할 수 있었던 (혹은 매력적으로 여긴) 다른 이야기들이 갖고 있던 여러 요소를 확실하게 거부하거나 수정한다. 창세기는 홀로 하늘과 땅과 그 안에 있는 모든 것을 지으신 한 분의 참된 하나님에 대해 말한다. 다른 신이 해야 할 일은 아무것도 없다. 설령 그런 것들이 존재할지라도 말이다. 다른 문화의 지혜 문헌들이 전제하는 바와 같이 세상에는 일관성이라는 것이 있다. 창세기는 이에 대해 참된 설명을 제공한다. 즉 한 분의 선하신 하나님이 그 모든 것을 인간이 살고, 사랑하고, 섬기기에 적합한 곳으로 만드셨다는 것이다. 그리고 인간은 하나님이 하기 싫어하시는 일로부터 그분을 구해드리기 위해 지음을 받은 것이 아니라, 그분의 형상을 덧입었을 뿐 아니라 지혜롭고 자애로운 방식으로 창조세계를 다스리는 과업을 얻음으로써 위엄을 갖추게 되었다. 태초에 인간의 "일"은 에덴에서의 삶을 즐기고, 그곳에서 누리는 복을 온 세상에 전하는 것이었다. 오늘날 사람들이 겪고 있는 고통스러운 노역은 엄밀한 의미에서 창조의 일부가 아니다. 그런 노역은 인간의 불순종의 결과이며, 신적 속량을 필요로 한다.

창세기는 아담과 하와 안에서 인간의 단일성을 단언하는 방식으로, 세상에 빛을 전하는 이스라엘의 소명을 위한 토대를 놓는다. 또한 비록 그런 믿음을 **고백하는** 이들 모두가 그런 존경심을 보이는 것은 아니지만, 그것을 믿는 이들 안에 있는 인간의 공통된 위엄에 대한 존경심을 강화한다. 하나님은 사회적·경제적 지위에 따라 사람들을 달리 대우하시거나 자신의 백성이 계층화된 사회를 지향하는 것을 지지하시지 않는다(참조. 레 19:9-18). 종들조차 인간이다.[30]

이런 관점에서 보면 우리는 창세기 4장이 도시의 건축, 악기, 금속 가공 같은 기술과 공예의 발전을 묘사하는 이유를 이해할 수 있다. 메소포타미아의 이야기들은 왕권과 기술을 신들이 부여한 선물로 묘사한다. 그러므로 그것들은 완전무결한 선이다.[31] 창세기 4:17-24은 이런 기술들을 가인의 후손들에 의한 것으로 돌림으로써 그것들을 올바른 관점으로 보게 해준다. 그 구절에서 하나님이 전혀 언급되지 않는 것은 주목할 만하다. 이스라엘 사람들은 이런 기

---

30   이 점에 관해서는 Christopher Wright, *Old Testament Ethics for the People of God* (Downers Grove, IL: InterVarsity Press, 2004), 292-93, 333-37을 보라.

31   Lambert and Millard, *Atra-hasis*, 18 참조. "수메르 문헌으로부터 베로수스에 이르기까지 모든 곳에서 인간은 처음에 그리고 본래 야만스러운 것으로 가정된다. 문명은 신들의 선물이었다. 그것은 왕권이 [수메르 왕 명부에서처럼] 하늘로부터 내려오는 것을 이해하는 방법이다. 신들은 사회를 다스리기 위한 제도로서 그것을 수여했다."

술들이 여러 가지 선한 일을 이룰 수 있음을 인정한다. 하지만 그들은 또한 다른 문화들(이집트, 가나안, 메소포타미아 등)에 이끌린다. 그런 문화들이 이룬 성취는 낙후된 이스라엘 안에서 이루어진 성취를 훨씬 앞질렀기 때문이다(참조. 삼상 13:19-22; 신 1:28). 그러므로 기술들은 **상대적으로** 선하다. 인간의 재간을 드러내기도 하고 유익을 가져오는 데 사용될 수도 있기 때문이다. 그러나 기술들은 그 자체로 선하지는 않다. 그러므로 하나님의 신실한 백성은 먼저 도덕적 순결을 추구해야 한다.

창세기 5장에 등장하는 홍수 이전 족장들의 수명은 매우 길다. 아담은 930년을 살았고, 셋은 912년, 에노스는 905년, 그리고 여러 명을 지나 라멕은 777년, 그리고 노아는 950년을 살았다(창 9:29). 비슷하게, 창세기 11:10-26에 나타나는 (홍수 이후의) 인간의 수명 역시 아주 길다. 비록 줄어드는 경향을 보이기는 하지만 말이다(여기서 화자는 독자들이 숫자를 합산하도록 만든다). 그 명단의 맨 마지막으로 등장하여 관심의 초점이 되는 아브라함은 175세에 죽는다(창 25:7). 이런 수명은 청중의 생각보다도 훨씬 길다. (모세의 것으로 알려진) 시편 90:10은 당시 인간의 평균 수명이 70-80년이라고 알려준다. 요셉은 110세에 죽었고(창 50:26), 모세는 120세에(신 34:7), 그리고 여호수아는 110세에 죽었다(수 24:29). 한편, 이들의 수명은 「수메르 왕 명부」에 등장하는 사람들의 수명만큼 어마어마하게 길지는 않다. 비록 우리는 그것들이 무엇인지 알지 못하지만, 여기서 언급되는 수사학적 숫자들에 대한 모종의 증거가 있을 수 있다. 확신할 길은 없으나, 카수토가 주장한 것처럼 성서의 이야기는 메소포타미아의 이야기들에서 나온 숫자들을 줄이고 있는 것처럼 보인다. 우리는 여기서 웬함(Wenham)의 합리적인 주장을 생각해 본다.[32]

큰 나이에 대한 접근법에 있어서, 족장들의 정확한 나이에서 상징적이거나 역사적인 진실을 발견하려는 [즉 본문을 문자주의적으로 읽는] 시도보다는 이러한 [수사학 중심의] 설명이 더 나은 것으로 보인다. 정확한 숫자로 이런 족장들이 실제 사람들이었다는 생각을 전달하는 한편, 그 숫자들의 거대함으로 족장들과 창세기 저자 사이의 거리감을 알려주는 것이 아닐까?

홍수 이야기에 관한 한, 나는 창세기와 「수메르 왕 명부」가 동일한 사건을 가리키고 있는지 확신하기 어렵다.[33] 내가 이미 지적했듯이, 아트라하시스 이야기의 배후에는 또 다른 사건(들)이 있을 수도 있다. 어쩌면 창세기는 그보다 큰 홍수(혹은 홍수들)를, 혹은 그보다 훨씬 더 큰 홍수(혹은 홍수들)를 가리키고 있을지도 모른다. 결국

---

32   Gordon J. Wenham, *Genesis 1-15*, Word Biblical Commentary (Dallas: Word, 1987), 134.

33   Josephus, *Antiquities*, 1.3.6, line 93에 대한 당연한 존중에도 불구하고.

창세기는 (크로커다일 던디[Crocodile Dundee][34] 스타일로) 이렇게 말할 것이다. "그건[메소포타미아의 홍수] 홍수가 아니야. 이게[성서의 홍수] 홍수지." 나는 창세기가 말하는 홍수가 실제로 범세계적인 것이었는지, 혹은 적어도 메소포타미아의 홍수 전승이 주장하는 것 이상으로 존재하는 모든 인간의 생명에 영향을 주었는지 확신하지 못한다. "온 지면"(all the earth/the whole earth, 창 7:3; 8:9)이라는 용어는 창세기에서 다시 나타난다. "각국 백성[all the earth]도 양식을 사려고 애굽으로 들어와 요셉에게 이르렀으니 기근이 온 세상[all the earth]에 심함이었더라"(창 41:57). 그러나 여기서 언급되는 곳들은 분명 지중해 동쪽 끝에 국한된다. 따라서 홍수 이야기에서 언급되는 곳 역시 제한적일 **수도 있다**(하지만 나는 확실히 알지 못한다).[35]

우리가 아무리 이런 문제들을 해결하고 싶어도, 메소포타미아의 이야기들에 맞서는 것으로서의[36] 이 이야기의 요점은 홍수가 발생한 이유에 있다. 메소포타미아의 이야기들은 인간이 만들어내는

---

34 1986년에 개봉된 영화 *Crocodile Dundee*에서 잭나이프(switchblade)를 든 노상강도가 주인공인 믹 크로커다일 던디를 위협하자 믹은 그 칼을 보며 "그건 칼이 아니야"라고 말하면서 그 위협을 무시한다. 이어서 그는 자신의 엄청난 크기의 보이 칼(Bowie knife)을 뽑아 들고 외친다. "이게 칼이지." 그러자 그 강도는 줄행랑을 친다.

35 세계 전역에서 발견되는 홍수 이야기들이 어떤 고대의 원형적 홍수와 관련된 것인지, 혹은 주요한 수역 근처에서의 삶의 공통된 경험을 반영하는 것인지와 관련해 학자들의 의견이 다르다.

36 그리고 라스 샤므라(우가리트)에서 발견된 홍수 이야기의 한 판본의 증거를 통해, 이 이야기가 이스라엘이 쫓아내라는 명령을 받은 민족들에게도 알려져 있었다고 추론할 수 있을 것이다.

소음에 좌절한 신들이 인간을 멸하기로 작정하는 것으로 묘사한다. 그리고 어느 교활한 신이 한 남자에게 가족을 구해내라는 메시지를 흘린다. 반면에 창세기는 사실상 인식 가능한 도덕적 이유를 열거한다(창 6:5, 11: "여호와께서 사람의 **죄악**이 세상에 가득함과 그의 마음으로 생각하는 모든 계획이 항상 **악할** 뿐임을 보시고…**포악함**이 땅에 가득한지라."). 더 나아가 메소포타미아 전승에서는 신들이 홍수 이후에 자신들이 한 일을 후회하고, 몇 사람이 살아남은 것을 발견하고서 안도한다. 아트라하시스가 번제를 드렸을 때, "신들은 코를 킁킁거리며 그 냄새를 맡고 파리 떼처럼 그 제물 위로 몰려들었다." 제사를 바칠 인간들이 없었기에, 신들이 음식을 구하지 못했던 것이다! 이와 대조적으로, 노아가 번제를 드렸을 때 야웨께서는 그 향내를 맡으셨고 다시는 그와 같은 방식으로 인간을 멸망시키지 않겠노라고 약속하셨다. 하나님이 인간의 제사에 의존하고 계시다는 암시는 없다(참조. 시 50:7-15. 그 구절은 창조 이야기에 관해 분명하게 생각하는 누구에게든 명백한 것을 주장한다!).

최초의 인간(들)의 창조에도 비교와 대조가 두드러지게 나타난다. 창세기 2:7에서 하나님은 마치 옹기장이처럼 땅의 "흙"(티끌)을 사용해 인간을 "지으시고"("짓다"에 해당하는 히브리어 *yatsar*가 바로 그것을 암시한다), 이어서 그의 콧구멍에 생기를 불어넣으신다. 「아트라하시스 서사시」에서는(I.172ff.) 신들이 한 신을 죽인 후 그의 살과 피를 진흙과 섞는다. 그 과정을 통해 최초의 인간 부부 7쌍이 나타난다. 베로수스(Berossus)는 그 사건을 이렇게 설명한다. "다른 신들이 [살해된 신에서 흘러나온] 피를 흙과 섞어 인간들을 만들었다. 그로 인해 인간은 이성적인 존재가 되었고 신적 이해를 갖게 되었다."[37] 신들이 동물을 만드는 데도 이런 재료들을 사용했음에도 불구하고, 그는 합리성과 신적 이해를 인류만이 독특하게 지닌 성질로 여겼던 것 같다. 우리는 고대 세계의 다른 곳에서도 이런 종류의 서술을 발견할 수 있다. 예컨대 스토아주의자인 에픽테토스(Epictetus, 50-130년경)는 "우리와 동물들이 공통으로 가진 몸, 그리고 우리와 신들이 공통으로 가진 이성과 지성"에 대해 썼다(*Discourses*, I.iii.3). 아리스토텔레스(Aristotle, 기원전 384-322)는 인간이 세 부분을 갖고 있다고 서술했다. 우리와 식물들이 공통으로 지닌 생존하고 성장하는 것과 관련된 부분, 우리와 모든 동물들이 공통으로 지닌 감각과 몇 가지 형태의 의식을 지닌 부분, 그리고 독특하게 인간적인 이성과 원리를 따라 행동하는 부분(*Nicomachean Ethics*, I.vii.12-13; I.xiii.9-20)이 그것이다. 이 모티프는 의심할 바 없이 인간이 어떤 면에서는 다른 살아 있는 것들(식물과 동물)과 비슷하고, 또 다른 어떤 면에서는 그것들과 아주 다르다는 확실하고도 경험적인 지식을 설명하려는 것이다.

앨런 밀라드(Alan Millard)는 이런 "병행하는 이야기들"이 의미

---

37 Berossus, Alexander Heidel, *Babylonian Genesis* (Chicago: University of Chicago Press, 1951), 78에서 인용.

하는 것과 의미하지 않는 것을 다음과 같이 요약한다.[38]

성서와 바빌로니아의 창조 이야기들은 모두 인간을 "땅의 흙" 혹
은 "진흙"으로부터 창조된 것으로 묘사한다. 여기에 몇 가지 신적
요소들이 덧붙여지는데, 창세기에서는 "숨"이, 그리고 바빌로니아
의 이야기들에서는 신의 살과 피와 타액이 쓰인다. 진흙과 신적 물
질의 혼합이라는 이런 개념은 두 가지 문헌에만 배타적으로 존재
하는 것이 아니다. 그것은 이집트 문헌에서도, 더 멀리는 중국의 문
헌에서도 나타난다. 공통 개념이라고 해서 공통의 자료를 공유할
필요는 없다. 독자적으로 이루어질 수 있는 자연적 과정으로부터
의 추론이라는 범주 안에 세속적인 개념이 들어설 수도 있다. 신의
내주하는 "불꽃"에 대한 믿음은 많은 신앙과 문화에 공통으로 나
타나고 있기에 이것 역시 공통 기원을 추적할 필요가 없어 보인다.

우리는 밀라드가 창세기의 "신적 요소"라고 부르는 것을 오해
하지 않도록 조심해야 한다. 생명의 숨은 하나님으로부터 나와서 하
나님이 빚어놓으신 "진흙"에 생기로 불어넣어진다. 하지만 그것은
실제로는 신적 물질이 아니다. 인간은 하나님과 **유사성**을 갖고 있다.

---

38   A. R. Millard, "A New Babylonian 'Genesis' Story'," *Tyndale Bulletin* 18 (1967):
      15.

하지만 인간을 이루는 물질은 하나님과는 완전히 구별된다. 이것이 창세기와 메소포타미아의 이야기들 사이의 차이다. 메소포타미아의 이야기들에서 "신적 물질"(살과 피)은 인간의 본질의 실제적 요소다.

이런 모티프의 존재는 창세기 2:7이 최초의 인간에 대해 확언하는 내용, 즉 그를 다른 동물들과 구별해주는 그의 특별한 기원(하나님의 형상에 대한 언급을 포함하는 1:26-27에 비추어)에 집중하게 한다. 그것은 또한 우리가 창세기 2:7의 말을 인간의 기원에 관한 물리학적이고 생물학적인 설명과 연관시킬 때 지나치게 확고한 문자주의를 적용하지 않도록 주의를 준다.

인간의 생명에 관한 서로 다른 상상들, 그리고 하나님의 친구로서의 인간의 안녕에 관한 여러 이해들은 명확하지 않을 수 있다. 그 두 종류의 이야기를 "선전"(propaganda)이라고 부를 수도 있을 것이다. 하지만 우리는 "고대 근동 사람들과 히브리인들 모두 이 실제 사건에 기초를 둔 선전이 순전히 날조된 것보다 더 효과적이라고 생각했다"는 사실을 떠올려야 한다.[39] 그러므로 히브리 버전은 이런 사건들에 관한 이야기를 그것이 "마땅히" 들려져야 할 것으로 말하고자 한다. 앨런 밀라드가 주장하듯이, "설령 [히브리인들이 메소포타미아인들의] 이야기를 빌려오는 일이 있었을지라도, 그것은 그 이야기의 "역사적" 틀만 확대했을 뿐 의도나 해석까지 포함하지는 않았을

---

[39]   Kitchen, *On the Reliability of the Old Testament*, 300.

것이다."⁴⁰

이 글을 끝내기 전에 우리는 그동안 창세기 1-11장과 병행하는 이야기로 알려져왔던 메소포타미아의 몇 가지 다른 이야기들을 살펴보아야 한다. 예컨대 한때는 「에누마 엘리쉬」(*Enuma Elish*, 작품의 처음 두 단어가 아카드어로 "그때 높은 곳에서"라고 시작되기에 붙여진 이름이다)라고 불리는 바빌로니아의 시를 창세기의 배경의 일부로 보는 것이 일반적이었다.⁴¹ 이 이야기에는 젊은 신 마르두크(Marduk)와 늙은 여신 티아마트(Tiamat)의 갈등을 묘사하는 부분이 나온다. 마르두크는 티아마트를 죽인 후 그녀의 몸을 사용하여 세상을 만든다. (바빌로니아 버전은 마르두크 신을 이야기의 주인공으로 삼고 있는데, 이는 바빌로니아에서 마르두크가 가진 탁월한 명성을 반영한다. 그러나 아시리아 버전은 아수르 신을 영웅으로 삼고 있다.)

이런 비교가 매력적인 이유는 유사한 주제(세상의 창조)를 다루는 고대 세계의 자료를 찾는 흥분감이 있기 때문이다. 더 나아가 아카드어 이름 티아마트는 "깊음"에 해당하는 히브리어 테홈(*tᵉhôm*, 창 1:2)과 병행하는 것처럼 보인다. 어떤 학자들은 이를 근거로 창세기가 하나님과 자연의 세력들 (혹은 바다의 괴물) 사이의 갈등을 묘사한다고 여긴다. 그리고 그런 생각은 "혼돈하고 공허하며"(창 1:2)가

---

40 Millard, "New Babylonian 'Genesis' Story," 3-18.

41 이에 대한 고전적인 연구는, Alexander Heidel, *The Babylonian Genesis* (Chicago: University of Chicago Press, 1951[1942])를 참조하라.

"혼란"(chaos)에 대한 풀어쓰기일 가능성이 있다는 이유로 지지를 얻는다. 어떤 학자들은 아카드 이야기의 첫 단어들인 "그때 높은 곳에서"(when on high)에 영향을 받아 창세기의 첫 단어들 또한 "하나님이…를 창조하기 시작하셨을 때"(when God began to create…)가 되어야 한다고 주장하기도 한다(RSV의 대안적 번역을 보라).[42]

성서학자들이 계속해서 이런 비교를 시도하고 있으나, 아시리아학자들이 그것을 이전보다 더 지지해 줄 가능성은 없어 보인다.[43] 이것은 부분적으로 W. G. 램버트(Lambert)의 작품 때문인데, 그는 다음과 같이 주장했다.[44]

첫 번째로 중요한 결론은 「창조 서사시」(*Epic of Creation*, 「에누마 엘리쉬」의 다른 이름)가 바빌로니아나 수메르의 우주론의 기준이

---

42 예컨대 Cyrus H. Gordon, "Ancient Middle Eastern Religions: The Cultural Context," in Philip W. Goetz et al., eds, *The New Encyclopedia Britannica* (Chicago: University of Chicago Press, 1989), 24:60-64, 여기서는 61b를 보라.

43 Kitchen, *On the Reliability of the Old Testament*, 425은 이렇게 말한다. "대부분의 아시리아학자들은 오랫동안 창세기 1-11장과 「에누마 엘리쉬」가 직접적으로 연결되어 있다는 개념을 거부해 왔다." "대부분의 아시리아학자들"에 관한 Kitchen의 사회학적 주장은 옳을지도 모른다. 하지만 나는 그것이 사실인지 알지 못한다. Millard, "New Babylonian 'Genesis' Story," 4는 이런 새로운 태도의 몇 가지 이유를 요약한다. (Millard의 글의 제목 "New Babylonian 'Genesis' Story"는 Heidel의 보다 앞서 나온 책을 가리키는데, 이것은 아트라하시스의 이야기가 창세기를 위해 더 적합한 문맥이라는 Millard의 견해를 제시한다.)

44 W. G. Lambert, "A New Look at the Bablylonian Background of Genesis," *Journal of Theological Studies* n.s. 16:2 (1965): 287-300, 여기서는 291.

아니라는 것이다. 그것은 신화의 씨줄들이 합쳐져 편협하고 엉뚱한 조합이 된 전대미문의 합성물이다. 내 의견으로 그것은 기원전 1100년보다 앞서 출현하지 않았다.

더 나아가 램버트와 밀라드는 "「창조 서사시」는 기원전 700년경 혹은 그보다 앞서 바빌로니아의 신년 축제 기간에 마르두크 신의 조각상을 향해 암송되었다고 알려져 있다"고 지적한다.[45] 「에누마 엘리쉬」의 결말은 그것이 개인적인 읽기와 성찰을 위해 쓰였다는 것을 암시하는 듯하다. "그 내용은 전적으로 그와 일치한다"(Lambert and Millard).

성서 역사의 이른 시기에는 「에누마 엘리쉬」의 중요성이 제한적이었을 것이다. 한편, 베로수스는 설명 과정에서 「에누마 엘리쉬」에서 나온 자료를 사용한다. 베로수스가 분파적이거나 특이한 것을 표준으로 제시하는 괴짜가 아니라면, 그 이야기가 어떤 영향력을 행사하는 지점이 있었다는 뜻이다.[46]

더 나아가 창세기 1:1의 (적어도 우리가 갖고 있는 히브리어 본문에서의) 문법은 사실상 대안적 해석을 허용하지 않는다. 익숙한 번역

---

45 Lambert and Millard, *Atra-hasis*, 7.

46 더 나아가 그녀는, 「에누마 엘리쉬」에 붙인 Dalley의 서문(*Myths from Mesopotamia*, 231-32)에서, 그 서사시가 어느 시점에서 고위 관료의 모임에서 낭독되었다는 증거를 발견한다.

인 "태초에 하나님이 천지를 창조하시니라"는 분명히 옳다. 유일하게 심각한 언어적 문제는 그 절이 전체 이야기(창 1:2-2:3은 하나님이 어떻게 천지를 "창조하셨는지"를 설명한다)를 요약하는 역할을 하는 것인지, 아니면 이후에 등장하는 주요한 행위들의 시작을 알리는 첫 번째 사건을 제시하는 서론 역할을 하는 것인지에 있다. 내가 보기에 그 문법은, 다른 요소들과 함께, 알렉산더 하이델의 견해를 강력하게 옹호하는 것처럼 보인다.[47]

창세기의 첫 번째 구절은 본질적 형태의 우주 창조를 간략하게 기록한다. 그리고 두 번째 구절은 우주의 한 부분인 지구를 들어 그것의 상황을 상세하게 묘사한다.

그러므로 이 두 절은 최초의 주요한 사건이 발생하는(창1:3) 상황의 토대를 놓는다.[48]

많은 이들이 깨닫게 된 바에 따르면, 바빌로니아의 티아마트와 히브리어 테홈(ṯ'hôm, "깊음") 사이에 존재한다고 추정되는 병행은 사실상 있을 법하지 않다. 언어학은 히브리어 테홈이 아카드어 티아마

---

47   Heidel, *Babylonian Genesis*, 93.

48   담화 문법의 원리를 사용하며 이루어지는 문법적 논의를 위해서는, 나의 책 *Genesis 1-4: A Linguistic, Literary, and Theological Commentary* (Phillipsburg, NJ: P&R, 2006), 50-55을 보라.

트에서 빌려온 것일 가능성이 없다고 설명한다. 마찬가지로, "혼돈하고 공허하며"라는 어구는 "통제 불능의 무질서한 혼돈"이 아니라 "사람들이 거주하지 않는 불모지"를 나타내는 표현이다.[49] 더 나아가 창세기 1장에는 하나님 편의 어떤 투쟁을 의미한다고 볼 수 있는 것이 전혀 없다. 시편 33:9("그가 말씀하시매 이루어졌으며 명령하시매 견고히 섰도다")는 창조 이야기에 대한 훌륭한 요약이다.

또 다른 바빌로니아의 이야기는 많은 이들이 성서의 아담과 비교하는 아다파(Adapa)에 관한 전설이다. 그 이야기를 보면 아다파가 어느 날 페르시아만에서 낚시를 하고 있는데 갑자기 남풍이 불어와 배를 전복시켰다. 아다파가 바람을 저주하자 그 바람의 날개 중 하나가 부러졌고, 그로 인해 7일간이나 바람이 불지 못했다. 그러자 하늘의 신 아누(Anu)가 아다파를 소환해 자초지종을 설명하라고 한다. 하지만 그 전에 에아(Ea) 신이 아다파에게 어떻게 처신해야 할지를 가르쳐주면서, 하늘의 신들이 그에게 죽음의 음식과 음료를 줄 것이니 절대로 먹거나 마시지 말라고 경고했다. 아다파는 에아의 지시를 따랐고 아누에게 호의를 얻었다. 아누는 그에게 불멸을 주는 생명의 음식과 음료를 주기로 했다. 하지만 아다파는 그것을 거절하고 돌아와 인간들 사이에서 살았다. 그리고 함께 살아갈 사람들에게 질병도

---

49   이 점에 관해서는, Heidel과 최근 David Tsumura에 의해 이루어진 언어학적 작업에 의존하고 있는 Collins, *Genesis 1-4*, 44-45, nn.15-16을 보라.

가져다준 것이 확실해 보인다.

아다파가 실제 인물일 가능성이 있다. 그는 대홍수 이전에 살았던 메소포타미아의 현인 7명 중 첫 번째로 거명된다. 학자들은 대개 그를 우안(Uan)이라고 알려진 인물과 동일시하는데, 오안네스(Oannes)라고도 불리는 우안은 베로수스가 첫 번째 현자에게 붙인 이름이다. 그 이야기가 언제 처음으로 지어졌는지는 아무도 모른다. 우리가 보유한 목판은 이집트의 텔엘-아마르나에서 나온 것(기원전 15-14세기)과 아시리아의 수도인 앗수르에서 나온 것(기원전 20세기 후반)인데 모두 아카드어로 쓰여 있다.

어떤 이들은 자음 p와 m의 연관성을 보여주는 다른 예들이 있으므로 아다파(Adapa)라는 이름이 언어학적으로 아담(Adam)과 연결될 수도 있다고 주장한다.[50] 한 가지 난점은 아담(자음 m을 사용하는)이라는 고유한 이름의 형태들이 서부 셈어로 된 자료들에서도 입증된다는 점이다.[51] 이로 인해 누군가가 어떻게 아다파(자음 p를 사용하는)라는 이름의 인물을 서부 셈어(히브리어 같은) 안으로 "빌려올" 수 있었는지 설명하는 것이 어려워진다. 실제로 아다파라는 이름은 사실상 아카드어(히브리어와 상관이 있는 셈어)라기보다는 수메르어(그

---

50 예컨대 William H. Shea, "Adam in Ancient Mesopotamian Traditions" *Andrews University Seminary Studies* 15:1 (1977): 27-41.

51 Richard Hess, "Adam," in T. Desmond Alexander and David W. Baker, eds., *Dictionary of the Old Testament: Pentateuch* (Downers Grove, IL: InterVarsity Press, 2003), 18a-21b, 여기서는 21a를 보라.

리고 따라서 비셈어)다.[52] 이런 요소들을 고려하면 그 히브리 이야기가 바빌로니아의 이야기를 **반향하고 있다**는 주장이 불가능한 것은 아니다. 하지만 동시에 그것들은 그 이야기가 **그렇게 하고 있다**고 주장할 수 없는 이유를 제시한다(우리가 기껏 말할 수 있는 것은 그것이 **그렇게 하고 있을지도 모른다**라는 것이다).

아다파와 아담의 동일시를 어렵게 만드는 또 다른 요소는 아다파가 현자(아카드어, *apkallu*), 즉 왕(「수메르 왕 명부」에 따르면, 수메르의 첫 번째 왕 알룰림[Alulim])의 고문이었다는 사실이다. 성서의 아담의 역할을 하나님의 대리인으로서 세상을 다스린다는 의미로 보면 그는 본질적으로 "왕족"이다. 확실하지는 않으나, 아다파가 다른 이들을 대신하는 모종의 대표자 역할을 한다고 추측할 수 있다. 어떤 해석자들은 6번째 줄을 "에아가 그[아다파]를 인간들의 지도자(혹은 모델)로 창조했다"라고 해석한다.[53] 반면에 그를 인간들 사이에 있는 "보호하는 영"(protecting spirit)이라고 부르기도 있다.[54] 만약 아다파가 모종의 대표자라면, 그는 자신과 자신이 대표하는 이들(의심할 바 없이 그의 동료 수메르인들; 그것이 모든 인간이라고 가정할 이유는 없다)을 위해 불멸을 얻을 기회를 가졌을 수도 있다.

---

52 William W. Hallo, "Adapa Reconsidered: Life and Death in Contextual Perspective," *Scriptura* 87 (2004): 267-77, 여기서는 272을 보라.

53 Heidel, *Babylonian Genesis*, 148; Pritchard, ed., *Ancient Near Eastern Texts*, 101.

54 Dalley, *Myths from Mesopotamia*, 184.

그 이야기들은 주제적 측면에서도 서로 다르다. 아다파는 자신과 다른 이들을 위해(그가 그들 중 첫 번째 사람은 아니다) 불멸을 얻을 기회를 얻었으나,[55] 어느 신이 내린 지시에 순종하느라 그 기회를 놓쳤다. 그의 "범죄"(남풍의 날개를 꺾은 것)가 인간에 의해 저질러진 최초의 죄라는 징후는 없다. 한편, 아담은 하나님의 명령에 불순종함으로써 도덕적 순수라는 그의 원래의 상태에서 멀어졌다(아마도 성숙의 과정도 망가졌을 것이다).

주제의 측면에서 유일하게 나타나는 병행은 개인적인 믿음의 문제다. 아다파는 그 믿음을 발휘했던 반면, 아담은 실패했다. 지오르지오 부첼라티(Giorgio Buccelati)가 주장하듯이,[56]

감히 주장하건대, 이 이야기는 바빌로니아 신화가 우리에게 "믿음"이라고 부를 수 있는 현상을 보여주는 몇 가지 경우 중 하나다. 아다파는 에아와 개인적인 관계를 갖고 있었고, 에아는 그에게 다른 신들 앞에서 위험한 결과를 무릅쓰더라도 그의 신에 대해 증언하라고 촉구한다.

---

55 Shea, "Adam in Ancient Mesopotamian Traditions,": "수메르인들은 알룰림과 아다파가 인류의 첫 번째 중요한 세대에 속한다고 믿었다."

56 Giorgio Buccelati, "Adapa, Genesis, and the Notion of Faith," Ugarit-Forschungen 5 (1973): 61-66, 여기서는 63. Buccelati가 아담과 아다파를 비교하기는 하나, 둘 사이의 직접적인 의존성을 주장하지는 않는다.

어떻게 증명할 수 있을지는 모르겠으나, 그럼에도 불구하고 창세기 이야기가 아다파의 이야기를 반향한다고 생각할 여지는 남아 있다. 그렇다고 할지라도, 아담과 아다파가 동일한 사람이라는 것은 아니다. 오히려 모든 사람이 갈망하는 불멸의 상실이 아다파와 연관된 것보다 더 큰 재앙, 더 기본적인 잘못에 의한 것이라고 말하고 있다. 다시 말해, 아다파 이야기는 많은 메소포타미아의 자료들처럼 인간의 문제를 밝히고 있지만, 그에 대해 충분히 설명하지는 못한다.[57]

때때로 우리는 「길가메시 서사시」의 요소들이 창세기의 구성 요소가 되었다는 식의 주장을 발견한다. (이미 언급한 바 있는) 홍수 이야기는 차치하더라도, 그런 제안들 대부분은 억지인 경우가 많다. 그러나 길가메시의 서사 중에도 주목할 만한 요소가 하나 있다. 그것은 불멸에 이르는 열쇠를 찾던 길가메시가 신들이 불멸하게 만든 우트나피쉬팀(아트라하시스나 지우수드라와 동일한, 그리고 노아와 병행하는 인물)을 만난 후에 나타난다. 우트나피쉬팀은 길가메시에게 자신에게 지속적인 회춘을 가져다줄 수중 식물에 관해 이야기한다. 결국

---

57 Niels-Erik Andreasen, "Adam and Adapa: Two Anthropological Characters," *Andrews University Seminary Studies* 19.3 (1981), 179-94은 Shea의 논문보다 조심스럽기는 하나 여전히 같은 것을 주장한다. 그는 Shea보다는 두 인물 사이의 차이를 더 분명하게 인식한다. 그는 그들을 동일한 배우에 대한 두 가지 표현이라고 보는데, 나는 그렇게 보지 않는다. 하지만 그는 "아담과 아다파는 인간 본성의 서로 다른 두 가지 묘사를 대표한다"는 흥미로운 주장을 한다. 그러나 나는 그 두 이야기 사이에 어떤 연관성이 존재한다는 점에서, 그 두 사람이 인간의 상황에 대한 서로 다른 분석을 보여준다고 말하는 편을 선호한다.

길가메시는 물속으로 들어가 그 식물을 회수해 온다. 집으로 돌아오는 길에 그는 어느 연못가에서 하룻밤을 묵으면서 목욕을 하기 위해 연못에 들어가는데, 그가 경계를 늦춘 사이 뱀이 회춘을 돕는 식물을 훔쳐간다. 어떤 이들에 따르면, 이것은 창세기의 "타락" 이야기가 변형시킨 원래의 이야기다.

이에 대해 답을 하자면, 우선 그 두 이야기를 같은 이야기라고 부르는 것은 어리석은 것이다. 각각의 이야기는 큰 문맥의 일부로서 나름의 자리를 갖고 있다. 더 나아가 창세기 3장은 불멸을 얻을 기회를 놓친 것을 도덕적 맥락 안에서 설명한다. 인간은 하나님의 명령에 직접적으로 불순종했기 때문에 실패했다. 만약 길가메시의 서사에 등장하는 이 에피소드가 창세기 3장을 읽는 우리의 방식에 영향을 준다면, 아마도 그것은 뱀이 인간의 안녕을 해치는 세력의 원형으로서 어떤 역할을 하는 방식을 보여줌으로써 가능할 것이다. 히브리 이야기인 창세기 3장에 대한 신중한 연구는 우리에게 그 뱀이 후세에 사탄이라고 불리게 될 어둠의 세력의 대변인 역할을 하는 것을 보여준다(3.a를 보라). 길가메시 이야기에서 드러나는 뱀의 원형적 역할은 우리가 뱀을 다루면서 지니기 쉬운 문자주의적 태도에 얽매이지 말아야 할 것을 상기시킨다. 그러나 우리는 이미 그것을 알고 있다.

- 부록 2 -

제임스 바의 『에덴동산과 불멸에 대한 소망』

(*The Garden of Eden and The Hope of Immortality*, Minneapolis: Fortress, 1992)에 대한 서평

제임스 바(James Barr, 1924-2006)는 지난 세대의 가장 중요한 목소리 중 하나다. 그는 성서학자들에게 사전학(lexicography, 단어의 의미를 다루는 학문)과 비교언어학(comparative philology, 히브리 단어의 뜻을 명확하게 밝히기 위해 히브리어와 연관된 언어들을 살피는 학문) 분야의 건전한 방법론을 소개하는 획기적인 책들을 썼다. 바는 성서의 기원에 대해 관습적인 "비평적" 관점을 지녔으나 역설적으로 그의 책들은 (나를 포함해) 수많은 전통주의적인 학생들에게 언어학적 방법론을 진지하게 연구하도록 독려했다.[1] 바는 『에덴동산과 불멸에 대한

---

1   Barr의 책들로는 *The Semantics of Biblical Language* (Oxford: Oxford University Press, 1961)와 *Comparative Philology and the Text of the Old Testament* (Oxford: Oxford University Press, 1968)가 있다. 나의 박사학위 논문은 *Homonymous Verbs in Biblical Hebrew: An Investigation of the Role of Comparative Philology* (University of Liverpool, 1988)였는데, 제목을 통해 Barr의 책들에 빚진 바를 드러내고자 했다. Barr에게 빚을 지고 있는 또 다른 전통주의자는 *Biblical Words and Their Meaning: An Introduction to Lexical Semantics* (Grand Rapids, MI: Zondervan, 1983 [개정판 1994])를 쓴 Moisés Silva다. 핵심적 차이는 Barr의 작품이 주로 비평적이고 잘못된 방법론을 드러내는 반면, 그에게서 영향을 받은 이런 작품들은 건설적인 방법론을

소망』이라는 짧지만 읽어볼 만한 책에서 불멸에 관한 성서의 견해를 다룬다. 특히 그는 자신이 극렬하게 반대하는 "성서 신학" 운동에서 표준적인 것으로 간주되던 영혼의 불멸과 몸의 부활 사이의 대립에 대해 의문을 표한다.

바의 공격 계획은 창세기 3장을 읽는 방법을 제안하는 것이었다. 그는 (ix, 그리고 곳곳에서 반복해서) 다음과 같은 선언으로 제안을 시작한다.

> 구약성서학자들은 그 이야기를 전통적 의미에서 "인간의 타락"으로 읽어내는 방법이 창세기 본문을 면밀하게 읽어낸 조사를 견뎌내지 못한다는 것을 오래전부터 알고 있었다. 비록 그것이 바울의 사용을 통해 신성시되었을지라도 말이다.

4쪽에서 바는 창세기 이야기에 대한 자신의 "기본적인 주장"을 분명하게 설명한다.

> 나이 이야기에 대한 나의 주장은 이렇다. 이 이야기는 그 자체만 놓고 보자면 우리의 전통 안에서 이해되어온 바와 같이 기본적으로 죄와 악의 기원에 관한 이야기가 아니며, 절대 악이나 전적 타

명확히 설명하는 데 주력했다는 것이다.

락에 관한 묘사는 더더욱 아니다. 그것은 인간이 어떻게 해서 불멸을 거의 획득할 뻔했다가 잃어버리게 되었는지에 관한 이야기다.

바의 주장은 다섯 장에 걸쳐 전개된다. 제1장에서 그는 창세기 3장에 대한 "바울식" 읽기를 거부하는 이유를 열거한다. 제2장에서는 구약성서가 죽음을 악한 침입자가 아닌 "자연스러운 것"으로 간주하며, 몸-영혼 이원론을 지지한다고 주장한다. 내 판단에 이 장은 "자연스러운"이라는 얼버무리는 듯한 단어에 의지하고 있다. 그 단어는 우리가 지금 경험하고 있는 인간의 삶의 불가피한, 또한 그러하기에 예상되는 결과를 가리키는 **것일 수도** 있다. 그런 경우에 우리는 잘 죽을 준비를 해야 한다. 다른 한편으로, 그것은 창조 안에서 의도되었던 유형, 즉 창세기 3장이 말하는 죄에 의해 방해받을 가능성이 있는 유형일 수도 있다. 죽음이 첫 번째 의미에서 "자연스러운 것"이라고 해도 그것이 두 번째 의미에서 "자연스러운 것"인지를 결정해주지는 않으며, 또한 확실히 그 두 번째 뜻이 무의미한 것이라는 증거로 사용될 수도 없다. 사전편집자인 바는 그렇게 알고 있었다.[2]

제3장은 창세기 3장에 등장하는 생명나무와 같은 다양한 주제

---

2   Barr는 느슨한 사전적인 의미론에 대한 그의 정당한 비판 과정에서 불합리한 사전적인 절차에 이름을 붙이기 위해 "불법적인 전체성 이전"(illegitimate totality transfer)이라는 용어를 고안했다. 이것은 일종의 모호한 오류다. 그의 책 *Semantics of Biblical Language*, 218을 보라.

들을 다룬다. 그는 창세기가 아담과 하와가 추방당하기 전에 그 나무의 열매를 맛본 적이 없었음을 암시한다고 여긴다. 즉 그들은 영생의 기회를 잃었고 그로 인해 자연적인 삶의 과정 속에서 죽었다는 것이다. 제4장에서 바는 노아의 이야기가 "타락"에 관해 더 나은 내러티브를 보여준다고 주장한다. 또한 그는 창세기의 이 부분에 등장하는 족보가 히브리인들이 연대기에 깊은 관심을 갖고 있었으며, 따라서 그들은 영생의 "연대기적" 측면(주요 "성서 신학" 지지자들에 의해 부인되는 관점)에 관심을 기울일 수 있었다고 주장한다. 마지막 장의 제목은 책의 주제다. "불멸과 부활: 갈등인가 상보인가?"(Immortality and resurrection: Conflict or complementarity?). 그동안 우리는 아마도 "히브리적 사고"의 특징에 근거해 그 둘 사이에서 이것이냐/저것이냐(either-or)를 선택해야만 했다. 하지만 이것과 저것 둘 다(both-and)가 될 수도 있지 않을까?

이 책은 계몽과 좌절 사이를 오간다. 계몽 부분은 "히브리적 사고" 안에 있는 몸-영혼 이원론에 관한 논의다(36-47쪽). 대체로 인상적인 논의 끝에 그는 이렇게 결론을 내린다(44쪽).

인류에 대한 고대 히브리인들의 개념은 몸과 영혼을 구별하는 개념들이 세워질 수 있는 토대를 놓았다. 후기 유대교가 초기 기독교 안에 존재했던 것처럼, 그런 개념들 역시 후기 구약성서의 층 안에 이미 존재하고 있었다.

오늘날에는 인간의 본성에 관해 "일원론적" 견해로 기울어지는 경향이 있다. 이를 지지하는 사람들은 인간이 두 가지 구성요소(보통 몸과 영혼)를 갖고 있다고 여기는 "이원론"에 맞서, 오직 하나의 구성요소(보통 몸)만으로 이루어져 있다고 주장한다. 이런 경향은 과학-종교에 관련된 글을 쓰는 이들의 인기를 얻고 있다. 그들은 그것이 인간에 대한 "히브리적" 견해라고 생각한다. 그러나 그것은 잘못된 생각이다. 그런 경향은 바가 이 책에서 상세하게 논박하는 주장에 의존하고 있으므로, 진지한 확신의 대상이 될 수 없다. 바는 이런 유의 느슨한 논쟁에서 진가를 발휘한다.

한편 이 책에도 몇 가지 실망스러운 요소가 있다. 첫째로, 바는 주류 구약성서학계의 책임 있는 대변인으로 자처한다. 물론 그는 지도자급 학자임이 분명하다. 하지만 "책임 있는"이라는 단어를 어떻게 정의해야 하는가? 91쪽에 나오는 몇 문장이 이에 답을 준다. "능숙한" 학자들은 아담의 이야기가 전통적 의미에서 "인간의 타락"에 관한 이야기가 아니라는 데 동의해왔다. 그는 이것을 "현대의 주류 학문"이라고 부른다. 그러나 안타깝게도 이런 접근법은 프란츠 델리치(Franz Delitzsch)와 고든 웬함(Gordon Wenham) 같이 신학적으로 보수적인 학자들의 작품을 빠뜨리고 있으며 심지어 논박조차 하려 하지 않는다. 노아에 관한, 그리고 죽음과 내세에 관한 바의 논의는 죽음과 영생에 관한 길가메시 이야기의 견해와 구약성서의 견해를 비교하는 알렉산더 하이델의 값진 연구를 언급조차 하지 않는다. 이런 점을 보면 바가 전통적인 견해들을 캐리커처와 같이 묘사하고 있다고 생각하게 된다. 80-81쪽에 한 예가 나온다. 거기서 그는 "완전한 타락"에 대해 언급하면서 그것이 "끔찍하고 비참한 죄인"인 타락한 아담 안에서 우리로 하여금 기대하게 만들었던 것에 대해 언급한다. 그러나 지금껏 나는 그런 서술을 기대하도록 이끌었던 전통적인 자료를 접한 적이 없다. 나는 바가 모종의 오용에 대응하고 있거나, 아니면 허수아비를 세우고 있는 것이라고 결론지을 수밖에 없다.

더군다나 그 논의가 전개되는 방식은 말하기(telling)다. 그 논의에는 방법론에 관한 성찰이 없을 뿐 아니라, 고대 문헌에 대한 지식을 얻는 데 도움을 주는 문학적이고 담화-언어학적인 연구를 통해 발전한 도구들을 사용하려는 노력도 그다지 보이지 않는다(바가 "면밀한 읽기"에 대해 말했을 때 나는 이에 대한 관심을 기대했다). 이것은 그의 글에 드러난 확신에 대해 의문을 갖게 만든다.

성서 연구자들이 언어학적 원리를 사용할 때 주의해야 할 것을 그토록 강조했던 바가 이 책에서 몇 가지 큰 실수를 저지르는 것은 놀랍기까지 하다. 예컨대 6쪽에서 그는 창세기 3장의 이야기에 대해 정말로 엄청난 주장을 한다.

첫째, "죄"라는 용어가 그 이야기의 어디에서도 사용되지 않는다는 것은…또한 우리가 보통 "악", "반역", "범죄" 혹은 "죄책"으로 이해하는 용어들 중 어느 것도 발견하지 못하는 것은 중요하지 않은

게 아니다.

이것은 언어적 차원에서 놀라운 일이다. 왜냐하면, 의미론 학자인 바가 매우 잘 알고 있듯이, 무언가가 어떤 본문 안에 있기 위해서 그 본문이 반드시 그것에 해당하는 평범한 단어를 갖고 있어야 할 필요는 없다. 게다가 창세기 3:11(거기서 하나님은 아담에게 "내가 네게 먹지 말라 명한 그 나무 열매를 네가 먹었느냐?"라고 물으신다)은 "네가 나의 명령에 불순종했느냐?"에 대한 훌륭한 풀어쓰기다. 문학적 차원에서 저자는 그들의 죄와 그것의 결과를 **말하는 것**이 아니라 **보여주고 있는 것**이다. 이것은 이야기의 스타일로 인정을 받고 있는 한 측면인데, 바는 그것을 놓쳤다.

65쪽에서 그는 "하와"(히브리어 하와[khawwâ])라는 이름과 "뱀"에 대항하는 아람어 히브야(khewyâ) 사이의 어원학적 연관성을 주장한다. 그러므로 "하와의 신화론적 조상은 아마도 생명의 여신이었을 모종의 '뱀의 여신'이었다." 바는 다음과 같이 인정한다. "이런 주장은 입증된 적이 없으며 아마도 입증 불가능할 것이다. 그럼에도 그것은 꽤 매력적인 요소를 갖고 있다." 비교 문헌학의 오용에 관한 중요한 책(*Comparative Philology and the Text of the Old Testament*)을 썼던 바는 그동안 자신이 예리하게 비판했던 바로 그 덫에 빠진다. 그가 주장하는 어원학적 연관성은 근거가 빈약한 것으로, 창세기 3장의 형태로 우리가 갖고 있는 **히브리 이야기**에 대해서는 별다른 의미를 갖지 못한다. 그보다는 차라리 어근들 *kh-y-h/kh-w-h*("살아 있음")과의 연관성이 훨씬 더 그럴듯해 보인다. 사실, 1997년에 스캇 레이톤(Scott Layton)이 쓴 논문은 하와라는 이름의 의미가 "생명의 수여자"(Life-giver)임을 보이면서 그 연관성을 견고하게 확립했다.[3] 물론 바는 그의 책을 출판하기 전에 레이톤의 연구에 대해 알지 못했다. 이런 결론은 히브리 이야기 자체가 의미하는 것인데, 분명 바는 그런 결론에 도달하지 않았다.

문학적 차원에서 바는 모호한 예민함을 드러낸다. 예컨대 "네가 먹는 날에는 반드시 죽으리라"(창 2:17)라는 하나님의 위협과 그 위협에 대한 뱀의 부인에 관한 논의에서(8-14쪽) 그는 그 명백한 사실, 즉 구약성서 이야기에서 하나님이 신뢰할 만한 인물이라는 사실에 대해 숙고하지 않는다. "죽다"라는 단어는 의미론적으로 우리가 물리적 죽음이라고 부르는 것을 포함한다. 하지만 또한 창세기 3장에서 분명하게 발생한 것, 즉 "영적 죽음"도 포함한다. 더 나아가 그가 "그 이야기는 어디에서도 불순종하기 이전의 아담이 불멸의 존재였다고, 즉 결코 죽지 않을 것이라고 말하지 않는다"라고(5쪽), 또한 창세기 3장에서 우리가 "그 본문으로부터 죄책과 비극의 분위기를 발견하지 못한다"(11쪽)라고 주장할 때, 다시 한번 그는 말하기(telling)

---

3   Scott C. Layton, "Remarks on the Canaanite Origin of Eve," *Catholic Biblical Quarterly* 59:1 (1997): 22-32.

를 대신하는 보이기(showing)를 설명하는 일에 실패한다. 따라서 그는 성서 본문을 잘 읽고 있는 게 아니다.

그러나 이에 대응한다는 이유를 들어 교리주의로 후퇴하는 것은 좋은 대응이 아니다. 오히려 바는 신학적 전통주의자들에게 창세기와 바울 모두를 건전하게 읽기 위해 활용할 수 있는 최고의 도구들을 사용하라고 요청한다. 나는 나의 논문 "아담과 하와에게 무슨 일이 일어났는가? 창세기 3장에 대한 문학적-신학적 접근법"("What Happened to Adam and Eve? A Literary-Theological Approach to Genesis 3", *Presbyterion* 27:1 [Spring 2001])과 나의 책 『창세기 1-4장: 언어학적, 문학적, 그리고 신학적 주석』(Genesis 1-4: A Linguistic, Literary, and Theological Commentary [Phillipsburg, NJ: P&R, 2006])에서 이를 위해 노력했다. 그리고 이 연구들은 부분적으로 바의 책에 의해 자극을 받았다! 그 정도로 바는 우리에게 헤아리기 어려울 만큼의 도움을 주었다. 그러나 창세기의 독자로서의 바울에 관한 나의 결론은 바의 결론과 매우 다르다. 신중한 언어학적 지향을 지닌 문학적 방법론은 거룩한 본문을 지지하고 있으며, 나는 바울이 그 안에서 상황을 보는 일에 매우 유능했다고 여긴다. 어떤 읽기가 바울의 읽기와 일치하지 않는다면, 그 읽기는 바울의 읽기보다 고대 문학에 대한 독해 능력이 부족하다는 것을 보여줄 뿐이다.

- 부록 3 -
창세기의 연대

이 책의 제3장에서 나는 창세기의 저작 시기에 관한 기존의 견해에
크게 의존하지 않은 채 나의 주장을 펼쳤다. 오랜 세월 동안 대부분
의 유대인들과 그리스도인들은 창세기를 모세의 작품으로 여겼는
데(그렇게 되면 창세기의 연대는 기원전 1440년이나 1250년경이 될 것이
다), 그것은 모세가 그것을 지은 과정에 대해서는 거의 고려하지 않
은 채 이루어진 사고의 결과다. 그러나 18세기 후반 들어 학자들은
그 책의 집필 과정에 대해 의문을 품기 시작했고, 혹시 현재 형태의
창세기(와 오경 전체)의 배후에 확인이 가능한 자료들이 있는지 연구
하기 시작했다. 처음에는 그들도 여전히 모세를 창세기의 저자나 편
찬자로 여겼다. 하지만 이론들이 발전됨에 따라, 일반적으로 그 자료
들(과 따라서 그 책)의 연대를 모세 시대 이후로 추정하게 되었다.

19세기 말, 그리고 20세기 대부분 동안 이런 이론들의 지배
적인 형태는 오경에 네 가지의 주된 출처가 되는 자료가 있다고 주
장했다. 이 자료들은 뚜렷한 특징들을 갖고 있고, 각각 J(야웨문서
저자[Yahwist], 그것이 하나님의 주된 이름으로 "주님"을 의미하는 야웨
[Yahweh], 즉 독일어 야베[Jahwe]로 철자되는 용어를 사용하기에), E(엘로

힘문서 저자[Elohist], 그것이 하나님의 주된 이름으로 "엘로힘"[*elôhîm*], 혹은 "하나님"[God]을 사용하기에), D(신명기사가[Deuteronomist], 그것이 신명기에서 특별히 분명하게 드러나는 관심을 반영하기에), 그리고 P(제사장 계열의 작가[Priestly writer])라고 불렸다. 이 이론에는 많은 변형이 존재하지만, 대체로 자료들이 이런 질서를 따른다고 여긴다. 이런 접근법은 "자료비평"(source criticism)이라고 불린다. 또한 자료에 의존하지 않는 다른 이론들이 있는데, 그에 따르면 지금 우리가 보유한 오경은 (포로기에 혹은 그 이후에) 지금은 되찾을 수 없는 자료들을 사용하여 한꺼번에 작성된 것이라고 한다.

대부분의 자료-비평 모델들에 따르면, 창세기는 주로 J와 E 자료에 상당량의 P 자료를 섞은 형태로 작성되었다. 표준적인 분석에 따르면, 창세기 1-11장은 크게 보아 다음과 같이 분류될 수 있다. 1:1-2:4a는 P 자료고, 2-4장의 나머지 부분은 J 자료다. 5장의 대부분(족보)은 P 자료고, 6-9장의 홍수 이야기는 P와 J 자료의 혼합이며, 10-11장의 족보들은 P 자료고 그중 바벨탑 이야기(11:1-9)는 J 자료다.[1]

나는 여기서 자료와 관련된 이론들을 평가할 생각은 없다. 그리고 내가 이 책의 제2장과 3장에서 내린 결론들은 창세기의 근거 자

---

1   S. R. Driver, *The Book of Genesis*, Westminster Commentary (London: Methuen, 1904)에 근거한 분류.

료나 그것들이 결합된 방식에 대한 견해에 의존하지 않는다. 중요한 것은, 이런 자료들의 전역사가 무엇이든 간에, 지금은 이 자료들이 하나의 일관성 있는 문학적 산물로 읽히고 있음을 인정하는 것이다. 사실 이 자료들에는 일관성을 드러내기 위해 편집된 흔적이 보인다(이미 나는 3.a에서 창세기 1-5장의 일관성에 대해, 그리고 3.b에서는 그것과 창세기 나머지 부분과의 일관성에 대해 논한 바 있다). 이것은 이런 자료들이 창세기의 일부가 되기 **이전에** 어떤 역할을 했는지 논하는 것은 의미가 없음을 뜻한다. 중요한 것은 그 자료들이 지금 우리가 갖고 있는 창세기 안에서 어떻게 서로 관련되어 있는가 하는 점이다.

성서의 이야기에 대한 문학적 이해의 진전에 따라 자료 비평의 매력은 더욱 축소되었다. 그 자료들이 어디서부터 왔는지 상관없이, 창세기를 엮은 사람은 아주 정교한 문학적 재능을 보여주었다. 한때 서로 다른 자료들에 대한 증거로 간주되었던 특징들, 그래서 전역사를 반영하고 있을지도 모른다고 여겨진 여러 가지 특징들은 현재 형태의 창세기 안에서 하나의 기능을 수행하고 있는 것처럼 보인다. 예컨대 우리는 하나님의 이름이 창세기 1:1-2:3에서는 "하나님"으로 불리다가 2:4에서는 "야웨 하나님"으로 불리는 것을 근거로 두 이야기가 서로 다른 자료에서 나왔다고 추론한다. 그러나 우리가 그것에 대해 어떻게 생각하든 간에 분명한 점은, 이름의 변화는 수사학적 기능을 갖고 있다는 것이다. 즉 1:1-2:3의 위엄 있고 초월적인 창조주는 "주님"(야웨), 즉 이스라엘의 언약의 하나님과 동일시된다. 이것은 창세기가 하나의 백성으로서의 이스라엘에게 세상의 모든 나라들을 위한 복, 즉 유일하신 참된 하나님의 빛의 통로가 되는 소명을 제시하는 근거가 됨을 보여준다.

한편, 우리는 현재 형태의 창세기가 **언제** 출현했는지에 관해 더 많이 말할 수 있다. 흔히 P 자료는 가장 나중에, 즉 포로기(혹은 심지어 그 이후)에 나왔다고 여겨진다. 그러나 히브리어의 역사에 기초한 연구들은 P 자료가 포로기 **이전**에 사용되었다고 한다.[2] 더 나아가 오경의 이야기들은 정착민으로서의 이스라엘 민족의 후기 상황보다는 족장 시대(기원전 20세기 전반)의 관습을 반영하는 것처럼 보인다. 이것은 이런 이야기들이 실제적인 기억을 담고 있음을 의미한다. 창세기 1-11장의 문학적 배경이 되는 메소포타미아의 자료들은 모두 기원전 1600년경에 편집이 완료되었고, 잘 교육 받은 이집트인들(모세와 같은 이들)은 적어도 자료 중 일부를 이용할 수 있었다. 출애굽기에 있는 자료들은, 비돔(Pithom)과 라암셋(Raamses)라는 국고성의 이름을 통해 알 수 있듯이(출 1:11), 람세스 2세(Rameses II, 기원전1279-1213년 재위) 시대에 잘 들어맞는다. 이런 이름들은 그 후 곧 잊혔다. 역병의 패턴 역시 이집트의 1년 주기에 대한 정확한 지식을

---

2   Avi Hurvitz, *A Linguistic Study of the Relationship between the Priestly Source and the Book of Ezekiel: A New Approach to an Old Problem* (Paris: Gabalda, 1982). 또한 Gordon Wenham, *Genesis 1-15*, Word Biblical Commentary (Dallas: Word, 1987), xxxi-xxxii를 보라.

보여준다. 출애굽기-민수기 그리고 신명기에서 드러나는 언약 조항들은 기원전 20세기 말 이스라엘 이외의 다른 곳에서 나타났던 언약 형식들을 반영하며, 기원전 10세기에 발견되는 언약 형식들과 구별된다.[3]

문학적 증거를 보면 성서의 모세가 받았던 것과 같은 종류의 교육을 받은 사람이라면 오경의 기본적인 자료를 수월하게 엮어낼 수 있었을 것이라는 결론을 내릴 수 있게 된다. (모세는 분명 자신의 죽음을 묘사하는 신명기 34장을 쓰지 않았다!) 그러나 우리는 종종 오경에 나오는 히브리어가 모세 시대에 사용된 것이 아니라는 말을 듣는다. 그것은 그보다 훨씬 후대에 사용된 것이다.[4] 그에 대해서는 준비된

---

3 이 문단에서 나는 Kenneth A. Kitchen, *On the Reliability of the Old Testament* (Grand Rapids, MI: Eerdmans, 2003)의 6-7장에서 발견되는 주장에 주로 의존한다. 또한 Ronald S. Hendel, William W. Hallo, and Kenneth A. Kitchen, "The Kitchen Debate," *Biblical Archaeology Review* 31:4 (2005): 48-53에 실려 있는 Hendel의 비평을 보라. Hendel은 아랫사람을 다루는 듯한 말투를 택하고, Kitchen은 자료에 의해 잘 뒷받침된 주장으로 자신에 대한 모든 비판과 맞선다. 이런 조합의 결과로 인해 Hendel의 모든 주장이 독설로 들린다. 한 가지 매력적인 비판은 Kitchen이 "그 자신의 견해와 해석을 객관적 사실로 간주하는 경향을 보인다"는 그의 불평이다 (49a). 그러나 Kitchen이 데이터(나는 내가 할 수 있는 한 그 데이터들을 검토해보았다)를 다루는 솜씨는 보면, 그의 견해를 잘 확립된 결론이라고 부를 만하다. 현명한 사람이라면 Kitchen의 적극적인 글쓰기 스타일(그것은 꽤 즐겁다)이나 용어상의 다툼이 그의 주장을 약화시키는 것이라고 생각하지 않을 것이다.

4 예컨대 Peter Enns, *Inspiration and the Incarnation: Evangelicals and the Problem of the Old Testament* (Grand Rapids, MI: Baker, 2005), 51-52; Daniel Harlow, "Creation according to Genesis: Literary Genre, Cultural Context, Theological Truth," *Christian Scholars Review* 37:2 (2008): 163-98, 여기서는 168-69. 이런 저자 중 그 누구도 서기관들의 가필의 가능성에 대해서는 언급조차 하지 않는다. 나는 그들이 그것에 대해 알고서도 부인했는지, 혹은 그저 그에 대해 생각해 본 적이 없는 것

답변이 있다. 고대 세계에는 잘 확립된 서기관의 관습이 있었다. 즉 원고를 필사하고 유행이 지난 문법적 형식과 철자를 고치며, 어떤 장소를 현대적 지명과 일치시키기 위해 설명하는 말을 이곳저곳에 덧붙이는 것이다.[5]

이 모든 것의 결과는 약간의 가필과 수정을 포함하고는 있으나 실질적으로 오경이 모세로부터 왔다는 전통적인 설명이 증거에 부합한다는 것을 보여주고, 또한 이것이 나의 입장이다. 몇 가지 난점들이 남아 있으며, 어떤 이들은 실질적으로 모세로부터 온 자료들이 다윗과 솔로몬 시대에 최종적 모습을 갖췄다고 가정하지만[6], 이런 늦은 연대설이 창세기 1-11장에 대한 결론에 영향을 주지 않는다.

인지는 알지 못한다.

5 비록 Kitchen, *On the Reliability of the Old Testament*, 305-306이 이런 주장을 하는 하나의 자료이기는 하나, 나는 그것을 영국의 Tyndale Fellowship과 관계가 있는 학자들 사이의 표준과 같은 것으로 여겼다.

6 예컨대 Gordon Wenham, *Story as Torah: Reading Old Testament Narratives Ethically* (Grand Rapids, MI: Baker, 2000), 41은 "모세의 시대는 분명히 창세기 안에 들어 있는 핵심적 특징 중 많은 것을 설명해준다"고 지적한다. "비판적 정통주의"로부터 나온 비평에 직면해 그는 이렇게 주장한다(42). "이런 비평 중 어느 것도 통일 왕국 시대[다윗과 솔로몬 시대]로 제작 연대를 가늠하는 것에 걸림돌이 되지 않는다."

참고문헌

Adler, Jerry. "Thinking Like a Monkey: What do Our Primate Cousins Know and When Do They Know It? Researcher Laurie Santos Is Trying to Read Their Minds." *Smithsonian* 38.10 (January 2008): 58(5)

Alexander, Denis. *Creation or Evolution: Do We Have to Choose?* Oxford: Monarch/Grand Rapids, MI: Kregel, 2008.

Alexander, T. Desmond. "From Adam to Judah: The Significance of the Family Tree in Genesis." *Evangelical Quarterly* 61.1 (1989): 5-19.

_____. "Genealogies, Seed and the Compositional Unity of Genesis." *Tyndale Bulletin* 44.2 (1993): 255-70.

_____. "Further Observations on the Term 'Seed' in Genesis." *Tyndale Bulletin* 48.2 (1997): 363-67.

Anderson, Gary A. "Necessarium adae peccatum: An Essay on Original Sin." *Pro Ecclesia* 8.3 (1999): 319-37.

Anderson, Niels-Erik. "Adam and Adapa: Two Anthropological Characters." *Andrews University Seminary Studies* 19.3 (1981): 179-94.

Averbeck, Richard E. "The Sumerian Historiographical Tradition and Its Implications for Genesis 1-11," in *Faith, Tradition, and History: Old Testament Historiography in Its Near Eastern Context*, edited by A. R. Millard, James K. Hoffmeier and David W. Baker, 79-102. Winona Lake, IN: Eisenbrauns, 1994.

Ayala, Francisco, et al. "Molecular genetics of speciation and human origins." *Proceedings of the National Academy of the Sciences* 91 (July 1994): 6787-94.

Baker, David W. "Scribes as Transmitters of Tradition." In *Faith, Tradition, and History: Old Testament Historiography in Its Near Eastern Context,* edited by A. R. Millard, James K. Hoffmeier and David W. Baker, 65-77. Winona Lake, IN: Eisenbrauns, 1994.

Barr, James. The Garden of Eden and the Hope of Immortality. Minneapolis: Fortress, 1992.

_____. "One Man, or All Humanity? A Question in the Anthropology of Genesis 1." In

Recycling Biblical Figures: Papers Read at a NOSTER Colloquium in Amsterdam, 12-13 May 1997, edited by Athalya Brenner and Jan Willem van Henten, 3-21. Studies in Theology and Religion. Leiden: Deo, 1999.

Barrett, Charles K. *1 Corinthians*. Harper's New Testament Commentary. Peabody, MA: Hendrickson, 1968.

_____. *Act 15-28*. International Critical Commentary. Edinburgh: T&T Clark, 1998.

Barth, Karl. *Romans*. Translated by E. C. Hoskyns. London: Oxford University Press, 1933[1921].

Bartholomew, Craig, and Michael W. Goheen. *The Drama of Scripture: Finding Our Place in the Biblical Story*. Grand Rapids, MI: Baker, 2004. 『성경은 드라마다』(IVP 역간).

Bartusiak, Marcia. "Before the Bing Bang." *Technology Review* 112.5 (September/October 2009): MIT News Section, M14-15.

Beale, Gregory. *The Temple and the Church's Mission: A Biblical Theology of the Dwelling Place of God*. New Studies in biblical Theology, edited by Donald A. Carson, Downers Gove, IL: InterVarsity Press, 2004. 『성전 신학』(새물결플러스 역간).

Bechtel, Lyn M. "Genesis 2.4b-3.24: A Myth about Human Maturation." *Journal for the Study of the Old Testament* 67 (1995): 3-26.

Beckwith, R. T. *The Old Testament Canon of the New Testament Church*. London: SPCK, 1985.

Bienkowski, Piotr, and A. R. Millard, eds. *Dictionary of the Ancient Near East*. Philadelphia: University of Pennsylvania Press, 2000.

Blocher, Henri. *In the Beginning*. Downers Grove, IL: InterVarsity Press, 1984.

_____. *Original Sin: Illuminating the Riddle*. New Studies in Biblical Theology, edited by Donald A. Carson. Grand Rapids, MI: Eerdmans, 1997.

_____. "The Theology of the Fall and the Origins of Evil." In *Darwin, Creation and the Fall*, edited by R. J. Berry and T. A. Noble, 149-72. Leicester, U.K.: Apollos, 2009.

Bloom, John A. "On Human origins: A Survey." *Christian Scholars Review* 27.2 (1997): 181-203.

Brandon, S. G. F. "The Origin of Death in Some Ancient Near Eastern Religions." *Religious Studies* 1 (1966): 217-28.

Bruce, F. F. *Acts: Creek Text with Introduction and Commentary*. London: Tyndale Press, 1970.

_____. *Acts*. New International Commentary on the New Testament. Grand Raids, MI: Eerdmans, 1988.

Buccelati, Giorgio. "Adapa, Genesis, and the Notion of Faith," *Ugarit-Forschungen* 5

(1973): 61-66.

Bunt, Lucas, Phillip Jones, and Jack Bedient. *The Historical Roots of Elementary Mathematics*. New York: Dover, 1988 [1976].

Caird, G. B. *The Language and Imagery of the Bible*. Philadelphia: Westminster, 1980.

Callender, Dexter E. *Adam in Myth and History: Ancient Israelite Perspectives on the Primal Human*. Harvard Semitic Studies. Winona Lake, IN: Eisenbrauns, 2000.

Carpenter, Humphrey. *J. R. R. Tolkien: A Biography*. London: George Allen & Unwin, 1976.

Cassuto, Umberto. *From Adam to Noah: Genesis I-Vi.8*. Jerusalem: Magnes, 1961 [1944].

Chavalas, Mark. "Genealogical History as 'Charter' A Study of Old Babylonian Period Historiography and the Old Testament." In *Faith, Tradition, and History: Old Testament Historiography in Its Near Eastern Context*, edited by A. R. Millard, James K. Hoffmeier and David W. Baker, 103-28. Winona Lake, IN: Eisenbrauns, 1994.

Chesterton, G. K. *The Everlasting Man*. New York: Doubleday, 1955 [1925].

_____. *As I Was Saying*. Grand Rapids, MI: Eerdmans, 1985.

Chomsky, Noam. "Universals of Human Nature." *Psychotherapy and Psychosomatics* 74 (2005): 263-68.

Collins, C. John. *Homonymous Verbs in Biblical Hebrew: An Investigation of the Role of Comparative Philology*. Ph.D. thesis, University of Liverpool, 1988.

_____. "The Wayyiqtol as 'pluperfect' When and Why." *Tyndale Bulletin* 46.1 (1995): 117-40.

_____. "A Syntactical Note on Genesis 3:15: Is the Woman's Seed Singular or Plural?" *Tyndale Bulletin* 48.1 (1997): 141-48.

_____. "Discourse Analysis and the Interpretation of Gen 2:4-7." *Westminster Theological Journal* 61 (1999): 269-76.

_____. *The God of Miracles: An Exegetical Examination of God's Action in the World*. Wheaton, IL: Crossway, 2000.

_____. *Science and Faith: Friends or Foes?* Wheaton, IL: Crossway, 2003.

_____. "Galatians 3:16: What Kind of Exegete Was Paul?" *Tyndale Bulletin* 54.1 (2003): 75-86.

_____. "The Eucharist as Christian Sacrifice: How Patristic Authors Can Help Us Read the Bible." *Westminster Theological Journal* (2004): 1-23.

_____. *Genesis 1-4: A Linguistic, Literary, and Theological Commentary*, Phillipsburg, NJ: P&R, 2006.

____. "The Theology of the Old Testament." In *The ESV Study Bible*, edited by Lane T. Dennis, et al., 29-31. Wheaton, IL:Crossway, 2008.

____. "Proverbs and the Levitical System." *Presbyterion* 35.1 (2009): 9-34.

____. "Echoes of Aristotle in Romans 2:14-15: Or, Maybe Abimelech Was Not So Bad After All." *Journal of Markets and Morality* 13.1 (2010): 123-73.

Collins, Francis. *The Language of God: A Scientist Presents Evidence for Belief.* New York: Free Press, 2006. 『신의 언어』(IVP 역간).

Collins, Francis, et al. *The Biologos Foundation: Questions.* 2009.

Cranfield, C. E. B. *Romans 1-8.* International Critical Commentary. Edinburgh: T&T Clark, 1975.

Dalley, Stephanie. *Myths from Mesopotamian: Creation, the Flood, Gilgamesh and Others.* Oxford: Oxford University Press, 1989.

Day, Allan John. "Adam, Anthropology and the Genesis Record: Taking Genesis Seriously." *Science and Christian Belief* 10 (1998): 115-43.

de Moor, Johannes C. "The First Human Being a Male? A Response to Professor Barr." In *Recycling Biblical Figures: Papers Read at a NOSTER Colloquium in Amsterdam, 12-13 May 1997.* edited by Athalya Brenner and Jan Willem van Henten, 22-27. Leiden: Deo, 1999.

Dennis, Lane T., et al., ed. *The ESV Study Bible.* Wheaton, IL: Crossway, 2008.

deSilva, David A. *Introducing the Apocrypha: Message, Context, and Significance.* Grand Rapids, MI: Baker, 2002.

Dillmann, A. *Genesis Critically and Exegetically Expounded.* Edinburgh: T&T Clark, 1897 [1892].

Driver, S. R. *The Book of Genesis.* Westminster Commentary. London: Methuen, 1904.

Dubarle, André-Marie. "Les chromosomes, Adam et Ève: Un nouveau concordisme." *In Revue des Sciences Philosophiques et Théologiques* 61.3 (1977): 429-36.

Dunn, James D. G. *Romans 1-8.* Word Biblical Commentary. Dallas: Word, 1988. 『로마서(상)』(솔로몬 역간).

Emmrich, Martin. "The Temptation Narrative of Genesis 3:1-6: A Prelude to the Pentateuch and the History of Israel." *Evangelical Quarterly* 73.1 (2001): 3-20.

Enns, Peter. *Inspiration and Incarnation: Evangelicals and the Problem of the Old Testament.* Grand Rapids, MI: Baker, 2005. 『성육신의 관점에서 본 성경 영감설』(기독교문서선교회 역간).

Fee, Gordon D. *1 Corinthians.* New International Commentary on the New Testament. Grand Rapids, MI: Eerdmans, 1987.

Finlay, Graeme. "*Homo divinus*: The Ape that Bears God's Image." *Science and Christian Belief* 15.1 (2003): 17-40.

_____. *Human Genomics and the Image of God*. Vol. 14 of Faraday Papers. Cambridge: The Faraday Institute for Science and Religion, 2009.

Fischer, Dick. "In Search of the Historical Adam, part 1." *Perspectives on Science and Christian Faith* 45 (1993): 241-51.

_____. "In Search of the Historical Adam, part 2." *Perspectives on Science and Christian Faith* 46 (1994): 47-57.

Fitch, W. Tecumseh, Marc D. Hauser, and Noam Chomsky. "The Evolution of the Language Faculty: Clarifications and Implications." *Cognition* 97 (2005): 179-210.

Fitzmyer, J. A. *Romans*. Anchor Bible. New York: Doubleday, 1993. 『앵커바이블 로마서』 (CLC 역간).

Fodor, Jerry. "The Trouble with Psychological Darwinism." *London Review of Books* 20.2 (1998).

Gordon, Cyrus H. "The Middle Eastern Religions: The Cultural Context." In *The New Encyclopedia Britannica*, edited by Philip W. Goetz et al. Vol. 24, 60-64. Chicago: University of Chicago Press, 1989.

Groothuis, Douglas. "Deposed Royalty: Pascal's Anthropological Argument." *Journal of the Evangelical Theological Society* 41.2 (1998): 297-312.

Gunkel, Hermann, *Genesis*. Macon: Mercer University Press, 1997 [독일어 원서, 1910].

Hallo, William W. "Part 1: Mesopotamia and the Asiatic Near East." In *The Ancient Near East: A History*, edited by William W. Hallo and William K. Simpson, 3-181. Fort Worth, TX: Harcourt Brace College Publishers, 1998.

_____. "Adapa Reconsidered: Life and Death in Contextual Perspective." *Scriptura* 87 (2004): 267-77.

Hamilton, Victor P. *The Book of Genesis, Chapters 1-17*. New International Commentary on the Old Testament. Grad Rapids, MI: Eerdmans, 1990.

Harlow, Daniel C. "Creation according to Genesis: Literary Genre, Cultural Context, Theological Truth." *Christian Scholars Review* 37.2 (2008): 163-98.

Hauser, Marc D., Noam Chomsky, and W. Tecumseh Fitch. "The Faculty of Language: What Is It, Who Has It, and How Did It Evolve?" *Science* 298 (November 22, 2002): 1569-79.

Hayden, Erika Check. "Life Is Complicated." Nature 464 (2010): 664-67 (published online, 31 March 2010).

Hays, J. Daniel. "A Biblical Perspective on Interracial Marriage." *Criswell Theological Review* 6.2 (Spring 2009): 5-23.

Heidel, Alexander. *The Gilgamesh Epic and Old Testament Parallels*. Chicago: University of Chicago Press, 1949.

_____. *The Babylonian Genesis*. Chicago: University of Chicago Press, 1951.

Hendel, Ronald S., William W. Hallo, and Kenneth A. Kitchen. "The Kitchen Debate." *Biblical Archaeology Review* 31.4 (2005): 48-53.

Hess, Richard S. "Splitting the Adam: The Usage of *adam* in Genesis i-iv." In *Studies in the Pentateuch*, edited by John A. Emerton, 1-15. Leiden: Brill, 1990.

_____. "Adam." In *Dictionary of the Old Testament: Pentateuch*, edited by T. Desmond Alexander and David W. Baker, 18a-21b. Downers Grove, IL: InterVarsity Press, 2003.

Hess, Richard S., and David T. Tsumura, eds. *I Studied Inscriptions from before the Flood: Ancient Near Easter, Literary, and Linguistic Approaches to Genesis 1-11*. Winona Lake, IN: Eisenbrauns, 1994.

Hurvitz, Avi. *A Linguistic Study of the Relationship between the Priestly Source and the Book of Ezekiel: A New Approach to an Old Problem*, Paris: Gabalda, 1982.

Jacobs, Alan. "Leon Kass and the Genesis of Wisdom." *First Things* 134 (June/July 2003): 30-35.

Jacobsen, Anders-Christian. "The Importance of Genesis 1-3 in the Theology of Irenaeus." *Zeitschrift Für antikes Christentum* 8.2 (2005): 299-316.

Jacobsen, Thorkild. *The Sumerian King List*. Assyriological Studies, Oriental Institute of the University of Chicago. Chicago: University of Chicago Press, 1939.

_____. "The Eridu Genesis." *Journal of Biblical Literature* 100.4 (1981): 513-29.

Kaeuffer, Renaud, et al. "Unexpected Heterozygosity in an Island Mouflon Population Founded by an Single Pair of Individuals." *Proceedings of the Royal Society B*, 24 September 2006: published online as doi:10.1098/rspb.2006.3743.

Kass, Leon R. *The Beginning of Wisdom: Reading Genesis*. New York: Free Press, 2003.

Kelly, Douglas F. *Creation and Change: Genesis 1.1-2-4 in the Light of Changing Scientific Paradigms*. Fearn, Ross-shire: Christian Focus, 1997.

Kennedy, James M. "Peasants in Revolt: Political Allegory in Genesis 2-3." *Journal for the Study of the Old Testament* 47 (1990): 3-14.

Kidner, Derek. *Genesis*. Tyndale OT Commentary. Downers Grove, IL: InterVarsity Press, 1967.

Kiel, Yehudah. *Sefer Bereshit*, 1-17 (Genesis 1-17). Da'at Miqra'. Jerusalem: Mossad Harav

Kook, 1997.

Kilmer, Anne Drafkorn. "The Mesopotamian Counterparts of the Biblical *Nephilim*." In *Perspectives on Language and Text*, edited by Edgar W. Conrad, 39-43. Winona Lake, IN: Eisenbrauns, 1987.

Kitchen, Kenneth A. *Ancient Orient and Old Testament*. London: Tyndale Press, 1966.

_____. "A Possible Mention of David in the Late Tenth Century BCE, and Deity *Dod as Dead as the Dodo?" *Journal for the Study of the Old Testament* 76 (1997): 29-44.

_____. *On the Reliability of the Old Testament*. Grand Rapids, MI: Eerdmans, 2003.

Kramer, Samuel Noah. "Sumerian Historiography." *Israel Exploration Journal* 3.4 (1955): 217-32.

_____. "Sumerian Theology and Ethics." *Harvard Theological Review* 49.1 (1956): 45-62.

_____. *Sumerian Mythology: A Study of Spiritual and Literary Achievement in the Third Millennium B.C.* New York: Harper & Row, 1961.

_____. "Reflections on the Mesopotamian Flood." *Expedition* 9 (Summer 1967): 12-18.

Kreitzer, L. J. "Adam and Christ." In *Dictionary of Paul and His Letters*, edited by Gerald F. Hawthorne and R. P. Martin, 9a-15b. Downers Grove, IL: InterVarsity Press, 1993.

Kufeldt, George. "Were There People before Adam and Eve? No." In *The Genesis Debate: Persistent Questions about Creation and the Flood*, edited by Ronald F. Youngblood, 148-65. Grand Rapids, MI: Baker, 1990.

Ladd, George E. *The Pattern of New Testament Truth*. Grand Rapids, MI: Eerdmans, 1968.

Lambert, W. G. "A New Look at the Babylonian Background of Genesis." *Journal of Theological Studies* n.s.16.2 (1965): 287-300.

Lambert, W. G. and A. R. Millard. *Atra-hasis: The Babylonian Story of the Flood*. Winona Lake, IN: Eisenbrauns, 1999[1969].

Lamoureux, Denis. *Evolutionary Creation: A Christian Approach to Evolution*. Eugene, OR: Wipf & Stock, 2008.

Layton, Scott C. "Remarks on the Canaanite Origin of Eve." *Catholic Biblical Quarterly* 59.1 (1997): 22-32.

Lewis, C. S. *The Problem of Pain*. London: Geoffrey Bles, 1940. 『고통의 문제』(홍성사 역간).

_____. *Mere Christianity*. New York: Scribner, 1952. 『순전한 기독교』(홍성사 역간).

_____. *Prayer: Letters to Malcolm*. London: Collins, 1966.

_____. *Christian Reflections*. Grand Rapids, MI: Eerdmans, 1967.

_____. *Present Concerns*. London: Collins, 1986.

Livingstone, David N. "Preadamites: The History of an Idea from Heresy to Orthodoxy."

Scottish Journal of Theology 40 (1987): 41-66.

Long, V. Philips. *The Reign and Rejection of King Saul: A Case for Literary and Theological Coherence.* SBL Dissertation Series. Atlanta: Scholars, 1989.

_____. *The Art of Biblical History.* Grand Rapids, MI: Zondervan, 1994.

Lucas, Ernest. "Some Scientific Issues Related to the Understanding of Genesis 1-3." *Themelios* 12.2 (1987): 46-51.

_____. *Interpreting Genesis in the 21st Century.* Vol. 11 of Faraday Papers. Cambridge: Faraday Institute for Science and Religion, 2007.

Mallowan, M. E. L. "Noah's Flood Reconsidered." *Iraq* 26 (1964): 62-82, with plates 16-20.

Mayell, Hillary. "Documentary Redraws Humans' Family Tree." *National Geographic News*, January 21, 2003.

Maynard Smith, John. The Theory of Evolution. Canto. Cambridge: Cambridge University Press, 1993.

McCurdy, J. F., Kaufman Kohler, and Richard Gottheil. "Adam." In *Jewish Encyclopedia*, edited by Isidore Singer. Vol. 1, 173b-79a. New York: Funk & Wagnalls, 1901.

McGrath, Gavin Basil. "Soteriology: Adam and the Fall." *Perspectives on Science and Christian Faith* 49.4 (1997):252-63.

McIntyre, John A. "The Historical Adam." *Perspectives on Science and Christian Faith* 54.3 (2002):150-57.

_____. "The Real Adam." *Perspectives on Science and Christian Faith* 56.3 (2004): 162-70.

_____. "The Real Adam and Original Sin." *Perspectives on Science and Christian Faith* 58.2 (2006): 90-98.

Millard A. R. "A New Babylonian 'Genesis' Story." *Tyndale Bulletin* 18 (1967): 3-18.

_____. "Methods of Studying the Patriarchal Narratives as Ancient Texts." In *Essays on the Patriarchal Narratives*, edited by A. R. Millard and Donald J. Wiseman, 43-58. Leicester, U.K.: Inter-Varsity Press, 1980.

_____. *Treasures from Bible Times.* Tring, Hertfordshire: Lion, 1985.

_____. "Story, History, and Theology." In *Faith, Tradition, and History: Old Testament Historiography in Its Near Eastern Context*, edited by A. R. Millard, James K. Hoffmeier and David W. Baker, 37-64. Winona Lake, IN: Eisenbrauns, 1994.

Moye, Richard H. "In the Beginning: Myth and History in Genesis and Exodus." *Journal of Biblical Literature* 109.4 (1990): 577-98.

Naugle, David K. *Worldview: The History of a Concept.* Grand Rapids, MI: Eerdmans, 2002.

Noort, Ed. "The Stories of the Great Flood: Notes on Gen 6:5-9:17 in Its Context of the Ancient Near East." In *Interpretations of the Flood*, edited by Florentino G. Martínez and Gerard P. Luttikhuizen, 1-38. Themes in Biblical Narrative: Jewish and Christian Tradition. Leiden: Brill, 1998.

_____. "The Creation of Man and Woman in Biblical and Ancient Near Eastern Traditions." In *The Creation of Man and Woman: Interpretations of the Biblical Narratives in Jewish and Christian Traditions*, edited by Gerard P. Luttikhuizen, 1-18. Themes in Biblical Narrative. Leiden: Brill, 2000.

Oakes, Edward T. "Original Sin: A Disputation." *First Things* 87 (November, 1998): 16-24.

Orr, James. *The Christian View of God and the World*. Edinburgh: Andrew Elliott, 1897.

Oswalt, John N. *The Bible Among the Myths*. Grand Rapids, MI: Zondervan, 2009.

Papageorgious, Panayiotis. "Chrysostom and Augustine on the Sin of Adam and Its Consequences." *St Vladimir's Theological Quarterly* 39.4 (1995): 361-78.

Pascal, Blaise. *Pensées*. Translated by A. J. Krailsheimer. London: Penguin, 1995.

Paton, John G. *John G. Paton, D.D., Missionary to the New Hebrides: An Autobiography*. Edited by James Paton. London: Hodder and Stoughton, 1894.

Pederson, Don. "Biblical Narrative as an Agent for Worldview Change." *International Journal of Frontier Missions* 14.1 (1997): 163-66.

Piperno, D. R. et al. "Processing of Wild Cereal Grains in the Upper Paleolithic Revealed by Starch Grain Analysis." *Nature* 430 (August 2004): 670-73.

Plantinga, Cornelius. *Not the Way It's Supposed to Be: A Breviary of Sin*. Grand Rapids, MI: Eerdmans, 1995.

Plaut, W. G. Genesis. Vol. 1 of *The Torah: A Modern Commentary*. New York: Union of American Hebrew Congregations, 1981.

Pollard, Katherine S. "What Makes Us Human? Comparisons of the Genomes of Humans and Chimpanzees Are Revealing Those Rare Stretches of DNA That Are Ours Alone." *Scientific American*, April 20, 2009.

Pope, Marvin H., et al. "Adam." In *Encyclopedia Judaica*, edited by Fred Skolnik. Vol. 1, 371a-76b. Jerusalem: Keter, 2007.

Porter, Stanley. "The Pauline Concept of Original Sin, in Light of Rabbinic Background." *Tyndale Bulletin* 41.1 (1990): 3-30.

Pritchard, James B., ed. *Ancient Near Eastern Texts*. Princeton, NJ: Princeton University Press, 1969.

Purtill, Richard. *J. R. R. Tolkien: Myth, Morality, and Religion*. San Francisco: Ignatius, 2003 [1984].

_____. *C. S. Lewis' Case for the Christian Faith*. San Francisco: Ignatius, 2004 [1981].

Raikes, R. L. "The Physical Evidence for Noah's Flood." *Iraq* 28 (1966): 52–63.

Rana, Fazale, with Hugh Ross. *Who Was Adam? A Creation Model Approach to the Origin of Man*. Colorado Springs: NavPress, 2005.

Rogerson, J. W. "Slippery Words, V: Myth." *Expository Times* 90 (1978): 10–14.

Ross, Marcus, and Paul Nelson. "A Taxonomy of Teleology: Phillip Johnson, the Intelligent Design Community, and Young-Earth Creationism." In *Darwin's Nemesis: Phillip Johnson and the Intelligent Design Movement*, edited by William Dembski, 261–75. Downers Grove, IL: InterVarsity Press, 2006.

Ryle, H. E. *Genesis*. Cambridge Bible for Schools and Colleges. Cambridge: Cambridge University Press, 1921.

Sarna, Nahum M. *Genesis*. JPS Torah Commentary. Philadelphia: Jewish Publication Society, 1989.

Schreiner, Thomas. *Romans*. Baker Exegetical Commentary on the New Testament. Grand Rapids, MI: Baker, 1998.

Seaford, H. Wade. "Were There People before Adam and Eve? Yes." In *The Genesis Debate: Persistent Questions about Creation and the Flood*, edited by Ronald F. Youngblood, 148–65. Grand Rapids, MI: Baker, 1990.

Shea, William H. "Adam in Ancient Mesopotamian Traditions." *Andrews University Seminary Studies* 15.1 (1977): 27–41.

Shiina, Takashi, et al. "Rapid Evolution of MHC Class I Genes in Primates Generates New Disease Alleles in Man via Hitchhiking Diversity." *Genetics: Published Articles Ahead of Print*, May 15, 2006: published online as 10.1534/genetics.106.057034.

Simpson, George Gaylord. *The Meaning of Evolution*. New Haven, CT: Yale University Press, 1967.

Sklar, Jay. *Sin, Impurity, Sacrifice, Atonement: The Priestly Conceptions*. Sheffield: Sheffield Phoenix Press, 2005.

Sollberger, Edmond. *The Babylonian Legend of the Flood*. London: British Museum, 1966.

Stek, John H. "What Says the Scripture?" In *Portraits of Creation*, edited by Howard J. Van Till, et al., 203–65. Grand Rapids, MI: Eerdmans, 1990.

Sternberg, Meir. *The Poetics of Biblical Narrative: Ideological Literature and the Drama of Reading*. Bloomington: Indiana University Press, 1985.

Stevenson, J. *A New Eusebius: Documents Illustrative of the History of the Church to A.D. 337*. London: SPCK, 1968.

Stone, Michael E. *Fourth Ezra*. Hermeneia. Minneapolis: Fortress, 1990.

Stott, John. *Romans*. Downers Grove, IL: InterVarsity Press, 1995. 『로마서 강해』(IVP 역간).

Thiselton, Anthony C. *1 Corinthians*. New International Greek Text Commentary. Grand Rapids, MI: Eerdmans, 2000.

Tigay, Jeffrey H. *The Evolution of the Gilgamesh Epic*. Philadelphia: University of Pennsylvanian Press, 1982.

Towner, W. Sibley. "Interpretations and Reinterpretations of the Fall." In *Modern Biblical Scholarship: Its Impact on Theology and Proclamation*, edited by Francis A. Eigo, 53–85. Villanova, PA: Villanova University Press, 1984.

Trigg, Roger. "Sin and Freedom." *Religious Studies* 20.2 (1984): 191–202.

Tsumura, David T. "Genesis and Ancient Near Eastern Stories of Creation and Flood: An Introduction." In *I Studied Inscriptions from before the Flood: Ancient Near Eastern, Literary, and Linguistic Approaches to Genesis 1-11*, edited by Richard S. Hess and David T. Tsumura, 27–57. Winona Lake, IN: Eisenbrauns, 1994.

United Bible Societies. *Fauna and Flora of the Bible*. London: United Bible Societies, 1980.

Vermes, Geza. *The Dead Sea Scrolls in English*, 4th ed. London: Penguin, 1995.

von Rad, Gerhard. *Genesis*. London: SCM, 1961 [1956].

Wallace, Howard N. "Adam." In *Anchor Bible Dictionary*, edited by David N. Freedman. Vol. 1, 62b–64a. New York: Doubleday, 1992.

Waltke, Bruce, and Cathy J. Fredericks. *Genesis*. Grand Rapids, MI: Zondervan, 2001.

Walton, John H. *Ancient Near Eastern Thought and the Old Testament: Introducing the Conceptual World of the Hebrew Bible*. Grand Rapids, MI: Baker, 2006. 『고대 근동 사상과 구약성경』(CLC 역간).

_____. *The Lost World of Genesis One: Ancient Cosmology and the Origins Debate*. Downers Grove, IL: InterVarsity Press, 2009. 『창세기 1장의 잃어버린 세계』(그리심 역간).

Ward, Keith. *Divine Action: Examining God's Role in an Open and Emergent Universe*. Philadelphia: Templeton Foundation Press, 2007 [1990].

Wedderburn, A. J. M. "Some Observations on Paul's Use of the Phrases 'In Christ' and 'With Christ.'" *Journal for the Study of the New Testament* 25 (1985): 83–97.

Wenham, Gordon J. *Genesis 1-15*. Word Biblical Commentary. Dallas: Word, 1987.

_____. *Story as Torah: Reading Old Testament Narratives Ethically*. Grand Rapids, MI: Baker, 2000.

Wilcox, David L. "Establishing Adam: Recent Evidences for a Late-Date Adam (AMH@100,000 BP)."

_____. "The Original Adam and the Reality of Sin." *Perspectives on Science and Christian Faith* 58.2 (2006): 104–05.

Wilkinson, David. The Message of Creation: Encountering the Lord of the Universe. The Bible Speaks Today. Downers Grove, IL: InterVarsity Press, 2002.

Williams, Michael D. *Far as the Curse Is Found: The Covenant Story of Redemption*. Phillipsburg, NJ: P&R, 2005.

Wolters, Albert M., and Michael W. Goheen. *Creation Regained: Biblical Basics for a Reformational Worldview*, 2nd ed. Grand Rapids, MI: Eerdmans, 2005.

Wright, Christopher J. H. *Walking in the Ways of the Lord: The Ethical Authority of the Old Testament*. Downers Grove, IL: InterVarsity Press, 1995.

_____. *Old Testament Ethics for the People of God*. Downers Grove, IL: InterVarsity Press, 2004. 『현대를 위한 구약윤리』(IVP 역간).

_____. *The Mission of God: Unlocking the Bible's Grand Narrative*. Downers Grove, IL: InterVarsity Press, 2006.

Wright, N. T. *The New Testament and the People of God*. Minneapolis: Fortress, 1992. 『신약 성서와 하나님의 백성』(CH북스 역간).

_____. *The Resurrection of the Son of God*, Minneapolis: Fortress, 2003. 『하나님의 아들의 부활』(CH북스 역간).

_____. *Paul in Fresh Perspective*. Minneapolis: Fortress, 2005.

Yoder, Perry. "Will the Real Adam, Please Stand Up!" *Perspectives on Science and Christian Faith* 58.2 (2006): 99-101.

Young, Davis A. "The Antiquity and Unity of the Human Race Revisited." *Christian Scholars Review* 24.4 (1995): 380-96.

아담과 하와는 실제로 존재했는가

그들은 누구이며 우리는 왜 그들에게 관심을 가져야 하는가?

Copyright © 새물결플러스 2019

1쇄 발행 2019년 9월 11일

지은이　C. 존 콜린스
옮긴이　김광남
펴낸이　김요한
펴낸곳　새물결플러스

편　집　왕희광 정인철 박규준 노재현 한바울 정혜인
　　　　　이형일 서종원 나유영 노동래
디자인　윤민주 황진주 박인미
마케팅　박성민 이원혁
총　무　김명화 이성순
영　상　최정호 조용석 곽상원
아카데미 차상희

홈페이지 www.holywaveplus.com
이메일　hwpbooks@hwpbooks.com
출판등록 2008년 8월 21일 제2008-24호
주　소　(우) 04118 서울특별시 마포구 마포대로 19길 33
전　화　02) 2652-3161
팩　스　02) 2652-3191

ISBN 979-11-6129-120-8 03230

책값은 뒤표지에 있습니다.

이 도서의 국립중앙도서관 출판예정도서목록(CIP)은 서지정보유통지원시스
템 홈페이지(seoji.nl.go.kr)와 국가자료공동목록시스템(nl.go.kr/kolisnet)
에서 이용하실 수 있습니다. CIP2019031272